창세기 원역사와 손잡고 거닐기 1

다시 시작이다

창세기 원역사와 손잡고 거닐기 1

다시 시작이다

정현진 지음

바이북스
ByBooks

머리말

푸른 돌이끼 나무들 다 흠뻑 젖고
물소리 요란한데 산봉우리들 날아갈 듯 서 있네

다산 정약용이 지은 '세검정에서 노닐며'(遊洗劍亭)의 한 구절이다. 장마철이다. 높은 곳을 마다하고 늘 낮은 곳으로 떨어지는 비, 높은 곳으로 올라가는 대신 낮은 곳으로 찾아 흐르는 물이 눈에 가득한 계절이다. 주룩주룩 내리는 그 비를 하염없이 바라본다. 바라보면 볼수록 역시 비는 좋다.

창세기는 하늘 높은 곳에 계신 하나님이 바람맞으며 먼지 뒤집어쓰며 사는 우리를 찾아오시는 이야기를 담고 있다. 그래서일까? 창세기가 인류의 가장 오래된 이야기들을 다루는 책인데도 이것을 읽는 사람들은 이구동성으로 말하곤 한다. "어쩌면 이 책은 이다지도 현대적인가!" 사실 창세기는 성경 66권 가운데 오늘의 현실에 가장 가까운 책이다.

이 책은 창세기의 첫 부분(1-11장)을 다룬다. 이것의 특징은 크게 네 가지이다.

첫째는 히브리성경의 본문을 개역개정과 직역으로 나란히 제시했다. 나는 이 부분에서 비록 우리말 순서에 어색하더라도 가급적 히브리 성경의 어순에 따르려 했다.

둘째는 히브리 낱말의 의미를 폭넓게 살피면서 그것의 본래 의미를 천착(穿鑿)하고자 했다. 이는 성경을 깊이 알고자 하는 이에게 도움이 될 것이다.

셋째는 성경의 메시지를 우리 각 사람에게 어떻게 적용할지를 예시했다.

넷째는 창세기 1-11장 본문을 전부 다 다루었다. 이미 창세기에 관한 책이 많이 나와 있다. 그 가운데 대부분은 그것의 일부분만 다룬다. 그것은 독자들에게 익숙하거나 관심 있는 본문을 알기 쉽게 설명하는 한편 정작 이해하기 어렵거나 궁금해하는 부분이 빠지는 결과를 낳기도 한다.

난삽한 글을 꼼꼼하게 살펴 준 김원석 목사님에게 고마운 마음을 전한다. 여러 자료를 볼 수 있게 마음깊이 배려해 준 감리교신학대학 이정배 교수님과 도서관의 김문성 과장님에게 감사드린다. 늘 세심하게 책을 편집하고 정성스럽게 내주는 바이북스의 윤옥초님과 편집팀 여러분에게도 감사드린다.

장맛비를 흐뭇하게 바라보며… 2018년 7월

차례

다시 시작이다

다시 시작이다

하나님께서 우리 부부에게

주신 첫 열매 정이랑(1987. 9. 1)에게

사랑의 마음을 담아…

얘야, 너에게 당부한다. 하늘과 땅을 바라보고
그 안에 있는 모든 것을 살펴보아라.
그리고 하나님께서, 이미 있는 것에서 그것들을 만들지
않으셨음을 깨달아라. 사람들이 생겨난 것도 마찬가지다

(마카베오하 7:28; 롬 4:17 참조)

1
창조주 하나님을 내가 믿나이다

(창 1:1)

개역개정	직역
1 태초에 하나님이 천지를 창조하시니라	한처음에 하나님께서 창조하셨다, 그 하늘과 그 땅을.

이것은 설명이 아니다. 하나님이 창조주라는 선언이다. 아주 간단하면서도 웅장한 이 선언에 따라 동서고금을 막론하고 온 교회가 다 이렇게 신앙을 고백한다.

"(나는) 전능하사 천지를 만드신 하나님 아버지를 믿사오며…"(사도신경)

"나는 전능하신 아버지, 곧 하늘과 땅과 눈에 보이는 것과 보이지 않는 만물의 창조주이신 하나님을 믿나이다 …"(니케아-콘스탄티노플 신경)

성경은 첫 장 첫 절에서 하나님을 창조주로 소개한다. 성경 첫 부분(창 1-2장)에는 창조주 하나님께서 넘치는 사랑으로 세상을 창조하는 모습이 한 폭의 그림처럼 그려져 있다. 이렇게 창조된 세상은 '하나님께서 보시기에 참 좋았다.'(창 1:31)

레쉬트(re'šît)란 말은 i) 질적인 측면에서 볼 때 가장 중요한 것 또는 최고(암 6:1; 렘 26:1) ii) 시간(순서)으로 볼 때 첫 번째(창 10:10) iii) 장자(맏아들 창 49:3; 시 105:36) iv) 과정에서 볼 때 첫 단계(미 1:13; 잠 4:7; 욥 8:7; 42:12) v) 주요 원리(잠 1:7; 4:7; 렘 49:35) vi) 태초, 첫 시작(창 1:1) 등을 가리킨다.

김정우는 말한다.(창세기 어떻게 설교할 것인가 40)

> 창세기를 시작의 책이라고 말하는 사람들은 이 책에서 ① 천지만물의 시작(1:1) ② 인류의 시작(1:26-28) ③ 안식일의 시작(2:1-3) ④ 결혼제도의 시작(2:22-24) ⑤ 죄의 시작(3:6-7) ⑥ 구원의 시작(3:15) ⑦ 예배의 시작(4:1-7) ⑧ 형제살해(4:8)와 일부다처(4:22)의 시작 ⑨ 문화의 시작(4:20-22) ⑩ 대홍수 심판의 시작(7:1-22) ⑪ 언약의 시작(9:8-17) ⑫ 열국의 시작(10:1-32) ⑬ 여러 언어의 시작(11:1-9) ⑭ 선택의 시작(12:1-3) ⑮ 믿음의 시작(15:6) ⑯ 선민 이스라엘의 시작(29:32-30:24)를 찾아낸다.

이에 덧붙여 ⑰ 이주생활의 시작(창 11:1; 12:1-4) ⑱ 용서 및 화해의 시작(야곱-에서 및 요셉과 그 형제들)을 덧붙일 수 있다. 여기서 시작이란 말은 첫 번째라는 뜻과 아울러 근본(기본) 또는 으뜸이란 말맛을 지녔다.

고대 그리스 철학자들은 우주의 존재원인(源因)을 물질 등 이미 존재하여 눈으로 볼 수 있는 것에서 찾으려 했다. 이를테면 탈레스는 우주 만물의 근원은 물이라 여겼다. 아낙시메네스는 공기라 보았다. 헤라클레이토스는 불이라고 말했다. 피타고라스는 만물의 근원은 수(數)라고 생각했다. 엠페도클레스는 만물의 근원을 흙 물 공기 불이라 간주했다. 다만 아낙시만드로스만이 만물의 근원이 되는 존재는 죽지도 않고 특성도 없고 변화하지 않는 신적인 존재인 무한자라 주장했다.

성경은 만물이 존재하는 근원(존재의 제일원인)은 하나님이라 하였다. 그분이 우주만물을 창조하셨으며 그것의 주인이라는 뜻이다.

창 1:1은 낱말 일곱 개로 되어 있다: 쁘레쉬트 빠라 엘로힘 엣 핫샤마임 브엣 하아레츠. 이는 마치 창조의 7일을 연상시키는 듯하다. 그 첫 낱말은 시간을 나타낸다.(전치사 쁘 + 처음이란 뜻의 명사 레쉬트 = 태초에) 우리는 그 때가 언제인지 모른다. 태초(한처음)란 시간의 시작이요 만물의 시작을 가리킨다. (욥 38:4 내가 땅의 기초를 놓을 때에 네가 어디 있었느냐 네가 깨달아 알았거든 말할지니라)

2절은 창조 이전의 모습(상태)이 어떠하였는지에 관한 것이다. 그렇더라도 그 무게중심은 어떤 시간이나 상태보다는 하나님께서 하시고자 하는 일이 무엇이냐에 실려 있다.

창 1:1–3을 다음과 같이 여러 가지로 해석할 수 있다:

① 창세기의 첫 단어(쁘레쉬트)를 연계형으로 보지 않고(잠 8:22이나 시락서 15:14같이), 1절을 독립된 문장으로 본다. 이 경우 1:2이하는 1절에 관한 설명이 된다. 거의 모든 성경번역은 이런 입장이다.

② 창세기의 첫 낱말(쁘레쉬트)를 연계형(St. cs.)으로 보고, 1절을 때(시간)를 나타내는 부문장으로, 2절을 주문장으로 읽는 방법이다: "하나님께서 하늘과 땅을 창조하실 때에(또는, … 하늘과 땅을 창조하기 시작하실 때에)"…

③ 1절을 부문장, 2절을 삽입문, 그리고 3절을 주문장으로 보는 것이다: "하나님께서 하늘과 땅을 창조하시던 태초에 … (3절) (그때에) 하나님께서 말씀하셨다."

④ 세 번째 경우를 약간 변화시킨 것으로, 2절도 때를 나타내는 부문장으로 읽는 것이다: "태초에 하나님께서 …하실 때, (2절) … 때, (3절) (그때에) 하나님께서 말씀하셨다 …"

⑤ 엔니(J. Enni)는 이렇게 제안한다: "한 처음에 (이러 하였다), 하나님께서 하늘과 땅을 만들실 때, …"

비록 위와 같은 해석이 가능하더라도 이는 하나님의 천지창조를 선언하는 구절이며 1:2–3:24는 그에 대한 설명이라고 본 성경번역들과 교회의 전통은 여전히 타당하고 유효하다.

히브리 문법에 따르면 창 1:1-3은 문장의 시작과 끝 그리고 문장끼리의 관계를 달리하는 다양한 부문장으로 옮길 수 있다. 하나님을 창조주로 소개하는 사실에 착안하여 교회는 오랫동안 창세기 1장 1절을 독립된 완전한 문장 하나로 번역해 왔다.

창세기에 나오는 두 번째 낱말(동사) 빠라(= 창조하다 create)는 대체로 이전과 성격이 전혀 다른 새로운 활동을 묘사하는데 쓰이곤 하였다. 창세기 1-2장에 이 낱말은 일곱 차례 나온다.(1:1, 21; 27[3x]; 2:3, 4; 구약성경 전체에 49번 쓰였음 ThWAT I 773) 카르타고어(punisch)로 된 비문에서 빠라는 조각(조형)을 전문으로 하는 직업을 나타낸다.(THAT 336)

창조활동에 가장 중요하게 쓰이는 동사 빠라에 관해 다음 네 가지에 주목할 필요가 있다.(THAT I 336-339; ThWAT I 769-777; 월튼 228-240)

i) 이 동사의 주어는 항상 하나님이다.(Mathews 153) 인간 또는 다른 어떤 신도 주어로 쓰이지 않았다. 정치가 중에는 새 역사를 창조하자 혹은 새 나라를 창조하자는 슬로건을 내거는 사람도 있다. 엄격한 의미에서 그것은 창조가 아니다. 인간은 결코 그리 할 수 없다. 인간도 무엇인가를 만들거나 빚어내거나 세울 수는 있다. 하지만 창조는 어디까지나 하나님에게만 속한 것이지 인간의 영역이 아니다. 이 낱말로 함께 쓰이는 아사의 경우에는 하나님 혹은 사람이 주어로 등장하였다. 이 동사의 목적어로는 1) 우주(새로운 우주 포함 10번) 2) 인류(10번) 3) 특정 부류의 사람(6번) 4) 특정 개인 또는 그의 행태(5번) 5) 피조물(2번) 6) 자연현상(10번) 7) 우주의 구성 요소(3번) 8) 어떤 상태(정한 마음 1번) 등이 쓰였다.

ii) 이 동사는 전치사나 목적어 없이도 쓰이곤 하였다. 하나님은 전에 존재하는 어떤 것을 수단으로 사용하시지 않았다.(동사 아사와는 달리) 이를 너무 크게 받아들여 마치 이것이 '무로부터의 창조'(creatio ex nihilo)를 뒷받침하는 전문용어인양 받아들인 사람도 있다. 성 아우구스티누스가 그 선구자다. 그것을 암시하는 말씀은 마카베오하서가 유일하다.

> 얘야, 너에게 당부한다. 하늘과 땅을 바라보고 그 안에 있는 모든 것을 살펴보아라. 그리고 하나님께서, 이미 있는 것에서 그것들을 만들지 않으셨음을 깨달아라. 사람들이 생겨난 것도 마찬가지다(7:28; 롬 4:17 참조)

이를 근거로 빠라 동사가 무로부터의 창조를 나타낸다고 주장하는 것은 지나치다.(Mathews 140) 창 1:26-27; 2:7; 5:1에서 엿보이듯이 이 두 낱말은 아사(= 만들다 make)로 대체되기도 한다.(비교 - 창 1:1과 출 20:11; 사 41:20; 43:7; 45:7, 12) 때로는 이 두 낱말이 나란히 쓰였다. 빠라는 갱신(회복)과 개혁을 의미하는 이스라엘의 창조(사 43:15) 입술의 열매를 창조하는 자(사 57:19) 새 마음의 창조(시 51:10[12]) 등에도 쓰였다.

iii) 성경에서 이 낱말은 하나님의 창조활동을 일괄적으로 통칭할 때 처음 사용되었다.(창 1:1) 그리고 동물을 창조할 때 두 번째로 쓰였다.(창 1:21) 인간(창 1:27)을 포함하여 새로운 피조물(민 16:30; 사 65:17)의 창조는 주로 이 낱말을 통하여 표현되었다. 그 새로운 존재란 큰 물고기(창 1:21) 산(암 4:13) 동물(시 104:30) 등이었다.

iv) 이사야서에서 이 용어는 하나님의 은혜로운 선택과 관련하여 쓰였다.(사 43:1, 7, 15; 말 2:10 참조) 이로써 하나님의 창조는 하나님의 구원사건과 밀접하게 연결되었다.(von Rad, ThAT II 252이하; ThWAT I 775)

> 야곱아 너를 창조하신 여호와께서 지금 말씀하시느니라 이스라엘아 너를 지으

신 이가 말씀하시느니라 너는 두려워하지 말라 내가 너를 구속하였고 내가 너를 지명하여 불렀나니 너는 내 것이라(사 43:1)

이 말씀에서 창조하다(빠라) 짓다(야차르)는 말은 역사 안에서 하나님께서 이루신 위대한 일들 곧 이스라엘을 위한 하나님의 구원행위를 가리키는 것이다.(Westermann, Das Buch Jesaja Kapitel 40-66, Göttingen, 1986[5]. 96)

하나님은 하늘과 땅을 창조하셨다. 하늘과 땅이란 표현은 서로 대조되는 뜻을 지닌 낱말을 나란히 사용하여 전체를 가리키는 서술기법이다.(Merismus) 이는 하늘과 땅을 가리킬 뿐만 아니라 그 안에 있는 모든 것 모든 현상을 다 묶어내는 표현이다.

하나님께서 창조주라는 사실은 무슨 뜻일까? 그것은 내 눈 내 귀 내 마음에 들어오는 것은 물론 와 닿지 않는 것도 다 하나님께서 지으셨다는 뜻이다. 욥이 그런 경험을 하였다. 창조주 하나님을 만나면서 그는 진정으로 하나님을 알게 되었다.(38:1-40:5) 온갖 환난에 시달리면서 하나님 만나 뵙기를 목말라하던 그에게 하나님이 찾아오셨다. 그 하나님은 욥이 자신의 무죄를 증명해주기를 그토록 바라던 그런 분이 아니셨다. 그런 것에 한 마디도 하지 않으신 채 하나님은 욥을 이끌고 산으로 들로 바다로 다니셨다. 하나님께서 만들어놓으신 창조세계를 눈으로 직접 보게 하셨다. 그때 비로소 욥은 자신이 존재여부를 전혀 의식하지 않았던 것들도 창조주 하나님과 깊은 관계를 맺고 있는 것을 깨달았다.

하나님은 나(우리)와 우주 만물의 창조주라는 믿음은 우리 인생에 어떤 의미가 있는가? 하나님을 창조주로 고백하는 신앙은 우리 인생에 어떤 영향력을 발휘할까? 창조신앙은 하나님 중심으로 세상을 바라보며 하나님 중심으로 인생을 살라는 초청장이다. 창세기 1:1-2:4에는 하나님이란 낱말(엘로힘)이 33번 쓰였다. 창조의 주체도 하나님이요 창조의 주제도 하나님이다. 그러므로 하나님의 창조 세계에 살아가는 우리에게는 눈에 보이는 소유나 성공보다 하나님을 아는 것과 하나님을 경험하는 것이 더욱 더 중요하다.

오늘의 적용

창세기는 시작의 책이다. 성경의 시작이요 하나님 창조의 시작이요 우주만물의 시작이다. 여기서부터 인류와 역사가 시작되었다.

내(우리) 인생도 하나님으로부터 출발하였다. 그리고 생활하는 중간 중간에 이루어지는 새로운 출발도 하나님으로부터 비롯된다. 창조를 통해 하나님은 나(우리)에게 미래의 가능성을 열어주셨다.

나(우리)는 누구인가? 창조주 하나님은 나(우리)에게 누구신가? 하나님의 창조는 내(우리) 인생에 어떤 의미가 있는가?

2

인생의 혼돈과 공허는 언제 찾아오는가?

(창 1:2)

개역개정	직역
2 땅이 혼돈하고 공허하며(또는 형체가 없는) 흑암이 깊음 위에 있고 하나님의 영은 수면 위에 운행하시니라	2 그리고 그 땅은 형체가 없이 비어 있었다. 그리고 짙은 어둠이 깊은 바다 위에 있었다. 그러나 하나님의 영은 그 위에 맴돌았다.

이것은 하나님의 창조가 시작되기 이전의 상태를 알려주는 이야기다. 창세기 1장은 하나님을 우주만물의 창조주라고 고백했다. 1절은 선언이고 2절 이하는 그 내용을 구체적으로 설명하는 것이다. 2절은 명사문장 세 개로 짜여있다.

2절에서 가장 중요한 요소는 땅, 혼돈과 공허, 어둠 그리고 하나님의 신(영)이다. 창 1:2을 개역개정처럼 번역할 것인가, 아니면 카슛토(Cassuto 24)처럼 옮길 것인가? 그는 세 번째 봐브를 역접(adversative)으로 보았다. "그리고 그 땅이 혼돈하고 공허하였다. 그리고 흑암이 깊음의 얼굴 위에 있었다. 그러나 하나님의 영은 수면의 얼굴 위에 운행하였다." 히브리 문법으로는 둘 다 가능하다. 해석의 열쇠는 2절의 강조점을 어디에 둘 것이냐에 달려 있다. 우리는 이를 단순한 열거법으로 볼 것인지 아니면 하나님 영의 활동을 강조한 것인지를 결정해야 한다.

창조 이전의 상태를 성경은 '그리고 그 땅(세상)은 혼돈하고 공허하였다(

토후봐보후)'라 했다. 이 두 낱말을 접속사(그리고, …과 …)로 이어놓은 것을 어떻게 보아야 할까? 우선 다음 번역들을 비교해 보자.

ESV	NIRV
The earth was without form and void,	The earth didn't have any shape. And it was empty

몇몇 사람들은 이 두 낱말을 황량하고 텅 빈 상태를 가리키는 묶음말(중언법 hendiadion)로 보았다. 곧 두 낱말 중 하나를 형용사나 부사로 풀이하거나 중첩된 현상이라고 하는 것이다. 이에 따라 'formlees void(NRSV, NJB) formless wasteland(NAB) vast waste(REB)' 라고 했다. 대부분의 성경번역과 학자들은 이 둘이 비슷한 상태를 나타내기는 하더라도 각각의 의미로 풀어야 한다고 보았다. 그들은 토후를 꼴(형태)을 갖추지 못함으로, 보후를 비어있음이라는 의미로 옮겼다. 신 32:10과 욥 12:24가 이런 모습을 상상하는데 도움이 될 것이다.

여호와께서 그를 황무지에서, 짐승이 부르짖는 광야에서 만나시고 호위하시며 보호하시며 자기의 눈동자 같이 지키셨도다(신 32:10)

24 만민의 우두머리들의 총명을 빼앗으시고 그들을 길 없는 거친 들에서 방황하게 하시며 25 빛 없이 캄캄한 데를 더듬게 하시며 취한 사람 같이 비틀거리게 하시느니라(욥 12:24-25)

혼돈이란 말(토후)의 뿌리를 우가릿어(thw)에서 찾아보니 그 뜻은 사막(황무지)이다. 어떤 사람들은 이 혼돈과 공허(tohu wabohu)가 이집트 말에서 유래했다고 한다. 곧 목표를 잃다(th3)와 머리가 없이 날아다니다(bh3)라는 두 말이 합쳐졌다는 것이다. 그 뜻은 '정처와 정형(定型)이 없다 혹은 목표와 형체가 없다' 이다.

이것은 성경에 20번 나오는데, 문맥에 따라 여러 가지 뜻으로 쓰였다. 그 가운데 이사야서에만 열한 번 나온다. 그 쓰임새는 크게 세 가지로 분류된다.(Westermann 142-143) i) 황무지 광야(신 32:10; 욥 6:18 등) ii) 폐허 공허(히 26:7; 사 24:10 등) 이것은 창조와 반대되는 상태를 나타내기도 한다.(창 1:2; 사 45:18 등) iii) 비생산적 · 비기능적인 것 또는 무의미(헛것)란 의미에서 없음(삼상 12:21 [2x]; 사 29:21; 59:4 등)

공허란 말(보후)은 성경에 3번(사 34:11; 렘 4:23) 쿰란문서의 전쟁기록에 한 번 쓰였다.(1QM XVII 4) 성경에서 그 뜻은 '빈 것(곳) 황량한 것(곳)'이며, 항상 토후와 함께 사용되었다. 히브리어 보후가 페키니아의 모신(Muttergöttin) 바우(baau)에서 왔다는 카스파리(W. Caspari)를 비롯한 몇몇 학자의 주장은 근거 없다.(von Rad 30-31)

존 브라이트는 렘 4:23-26을 가리켜 '여호와의 날에 관한 묘사들 가운데 예언문학 전체를 통틀어 가장 강력한 서술'이라고 했다.(Jeremiah 32-33) 우선 렘 4:23을 보자.

개역개정	직역
보라 내가 땅을 본즉 혼돈하고 공허하며 하늘에는 빛이 없으며	나는 그 땅을 보았다. 그러자 보라, 그것은 이러하였으니 곧 형태가 없고 비어 있었으며 그 하늘에는 그(하늘)의 빛이 없었다.

	창세기 1–2장	렘 4장
혼돈과 공허	2절	23절
빛	3절	23절
하늘	8절	23절
땅	10절	23절
새	20절	25절
사람	1:25, 26; 2:5	25절

23b의 '내가 땅을 본즉 혼돈하고 공허하며'(토후봐보후)는 창 1:2을, 23c의 '하늘에는 빛이 없으며'는 창 1:2-3을 각각 생각나게 한다.(Bruggemann 59) 이것을 할러데이(Holladay, Jeremiah I 148, 164-165)는 '창조의 되물림'(de-creation of the cosmos) 톰슨(Jeremiah 230)은 '마치 땅이 아직 창조되지 않은 것 같다'고 했다. 이런 일이 생긴 것은 하나님에 대한 죄와 반역 때문이다. 그 어둠과 혼돈은 견고하고 안정감을 상징하는 산들이 흔들리는 것으로 이어진다.(24절) 예레미야는 창조자가 아니다. 이 혼돈과 공허의 현실에서 그는 여호와께서 주시는 말씀과 하실 일에 관해 이스라엘 백성에게 전달만 할뿐 그것을 막아낼 도리가 없었다.

신 32:10을 보자:

개역개정	직역
여호와께서 그를 황무지에서(버에레츠 밋드바르 우토후) 짐승이 부르짖는 광야에서 만나시고 호위하시며 보호하시며 자기의 눈동자 같이 지키셨도다	그가 (= 여호와께서) 그를 광야와 혼돈의 땅에서 만나시고, 광야(에 맹수들이) 울부짖는 황무지에서 그를 호위하시고, 그를 보호하시며, 그를 자신의 눈동자와 같이 지키시리라

신 32장은 이스라엘 백성의 악행(5절)과 지혜 없음(6절)을 책망했다. 그리고 하나님의 존재를 설명하며 유일한 분이요 참된 신이신 여호와 하나님께 신실할 것을 권면했다.

이 말씀은 먼저 태고의 일을 상기시킨다. 그 때 세상은 인간이 제대로 살 수 없으며 생명체의 생존이 위협받는 곳이었다. 그럴 때 하나님께서 민족들에게 삶의 터전을 정하여 주셨다. 야곱을 선택하여 자신의 백성으로 삼으셨다.(8-9절) 단지 그분만이 자기 백성 야곱의 후손을 맹수가 득실거리는 광야에서 눈동자와 같이 보살피며, 독수리가 자기 새끼를 보호하듯 보살피셨다.

이런 광경은 고대 사회에 이미 세워져 있는 질서 및 균형과 반대되는 현상이다. 당시 세계는 약육강식이란 사고방식이 지배했다. 하나님은 이스라엘을 통해 그런 세계 안에서 새로운 세계 질서를 만들어 가셨다. 당시 아직 힘의 균형과 질서가 확고하게 자리 잡지 못한 곳이 있었다. 그런 곳을 가리켜 광야(밋드바르, 예쉬몬 = 광야에 사는 맹수들이 울부짖는) 황무지(토후)라고 부른 것이다. 이것은 이스라엘이 광야를 통과하던 시간을 묘사할 때에도 쓰였다.(신명기 32장10절; 욥 6:18)

여기에서 말하는 광야는 히브리어 예쉬몬이다.(신 32:10; 사 43:19f. 등) 이 말은 광야의 특정지역, 곧 찌프와 마온 북쪽에 놓인 유다광야를 가리키기도 한다.(삼상 23:19,24; 26:1,3) 오늘날 고르 엘-벨가라고 부르는 사해 북동쪽 가장자리에 있는 요단계곡이 바로 그곳이다.

광야와 황무지와 관련해서는 부정적인 시각이 단연 우세하다. 거기는 먹잇감을 노리는 맹수들의 세상처럼 보인다. 먹고 먹히는 힘의 논리가 지배했다. 약자를 향한 배려나 돌봄을 찾아볼 수 없었다.

만약 이스라엘이 광야시절이나 광야에서 만난 하나님을 외면하고 다른 신(들)에게로 간다면 어떻게 될까? 그들은 하나님의 보호에서 떨려나고, 다시 광야와 황무지로 밀려나게 될 것이다. 이런 뜻에서 황무지는 이스라엘의 타락과 범죄에 대해 하나님께서 내리신 징계였다. 이스라엘이 하나님을 떠나면 땅은 '거주할 수 없는 곳'(토후)이 되며 백성은 포로로 잡혀간다는 것이다.(렘 4:23-26)

성경에는 광야에 관한 긍정적인 관점도 들어있다. 그곳은 이스라엘이 하나님의 은혜를 깊이 체험한 곳이다. 그리고 하나님과 만나 친밀한 교제를 한 곳이다. 각종 불리한 조건들이 널려있는 상황에서 하나님만이 약자(이스라엘)의 편에 서셨다. 이스라엘은 그 광야에서 자신을 보호하고 지키며 인도하시는 하나님을 경험했다.

하나님의 창조가 시작되기 이전의 자리는 빈자리(공 空)요 허탕 (허 虛)이며 없음의 자리였다. 그 공허와 혼돈의 자리에 하나님의 영이 작용하자, 그곳은 하나님의 창조가 시작되는 자리(胎자리 혹은 잉태되는 자리)로 되었다.

공허(비었다)라는 말은 무엇인가가 들어설 여유가 있다는 뜻이기도 하다. 가득찼다는 말은 모든 것이 충만하다는 긍정적인 뜻과 함께 무엇인가 새로운 것이 들어올 수 없는 경직성을 동시에 내포하고 있다. 그러므로 혼돈과 공허 그 자체를 부정적으로 보아야 할 지 긍정적으로 보아야 할 지 참으로 모호하다. 아니 그 자체로는 이 두 가지 의미가 다 들어 있다. 문제는 그 자리에 누가 있느냐, 무슨 일이 일어나고 있느냐이다. 하나님의 영이 함께 하시느냐 아니면 하나님의 영이 없어서 방치된(잊혀진, 잃어버린) 상태로 있느냐가 더 큰 문제일 것이다. 사람이 성령님과 함께 그 마음을 비우면 성령님과 함께 충만해진다.

겨울들판

한 때 찰랑거리던 물은 어디로 갔나
그 때 가득 찼던 푸른빛도 종적을 감추었다
한 때 살랑바람 받으며 넘실거리던 황금빛도 온데 간데 없다
겨울 들판은 거무죽죽하다
찬바람 몰고 찾아왔던 청둥오린 어디로 사라졌나
눈보라 속 오리무중이다
황량하다

다 비었기에 들어설 자리가 넉넉하다
겨울 들판은 텅 비어서 충만하다
겨울 들판은 거무스레해서 푸르다
누렇게 남아 있는 잘린 벼 밑둥엔
가을의 황금빛이 아련히 남아있다
지금 바람이 노니는 들판은 메뚜기 운동장이 되리라
겨울 들판 땅속엔 생명이 숨 쉬고 있다
생기가 그득하다

3

어둠은 생명의 산실이다

(창 1:2)

개역개정	직역
2 땅이 혼돈하고 공허하며(또는 형체가 없는) 흑암이 깊음 위에 있고 하나님의 영은 수면 위에 운행하시니라	2 그리고 그 땅은 형체가 없이 비어 있었으며 짙은 어둠이 깊은 바다 위에 있었다. 그러나 하나님의 영은 그 위에 배회하였다.

하나님은 우주와 만물을 지으셨다. 창 1:2-2:4a에는 그것들이 만들어져 있어야 할 자리에 있게 되는 과정이 나와 있다. 이에 하나님께서 그(저) 하늘과 그(저) 땅을 창조하셨다고 언급한 첫 구절을 바로 받아서 창 1:2에는 그 이전의 상태가 묘사되었다. i) 땅이 혼돈하고 공허하며 ii) 흑암이 깊음 위에 있고 iii) 하나님의 영은 수면 위에 운행하시니라.(창 1:2)

하나님께서 천지를 창조하기 이전 모습을 묘사하는 세 가지 중에 두 번째는 '흑암이 깊음 위에 있었다'는 것이다. 깊음이란 말(트홈)을 놓고 학자들은 설왕설래했다. 예를 들어 궁켈(H. Gunkel)은 이 말을 카오스로 이해하며, '원초시대와 종말시대의 창조와 카오스'(Genesis 1895년)라는 글에서 "창조는 카오스가 끝나는 지점에서 시작되었다"고 하였다. 그와 그 영향 아래 있는 사람들은 창조이야기가 고대 근동의 창조설화의 영향을 받았다고 주장했다.(이 말의 어원 및 바빌론 신화의 영향에 대한 반대 논리는 Hamilton, Genesis I, 110-111을 보라) 거기에는 신들이 지존의 자리에 올라서려고 서로 또는 다른 피조물과

티아맛을 제압하는 마르둑(O. Keel, Die Welt der altorientalischen Bildsymbolik und das Alte Testament 44)

싸우는 것이 주된 내용이다. 그들은 성경의 창조 이야기에도 투쟁(또는 대결)의 요소를 대입시키려 시도했다.

이를테면 바빌론의 창조신화(에누마 엘리쉬)이다. 그에 따르면 바벨론 신 마르둑이 바다의 여신 티아맛(티아마트)과 싸워 이겼다. 그리고 티아맛의 시신으로 우주만물을 만들었다. 그들은 깊음(트홈)이란 말이 고대 바빌론의 여신 티아맛에서 나왔다고 보았다. 이런 해석을 선호하는 사람은 창세기 1장의 창조 사건을 카오스와 대결하여(혼돈과 싸워서) 하나님이 승리한 것으로 받아들였다. 그리고 트홈이란 말을 바닥없는 심연(深淵) 흑암 원시적 깊음 원초적인 물 등으로 해석하며 부정적 의미를 노골적으로 혹은 은연중에 나타냈다. 그들에게 창조란 혼돈(카오스)을 제거하고 질서를 형성하는 과정이었다. 단순하게 표현하자면 하나님의 창조는 우주만물에게 질서를 부여하는 끊임없는 과정이라는 것이다.

트홈의 어원이 티아맛일까? 그럴 가능성이 많지 않다. 두 낱말에 자음 t와 m이 모두 들어 있으나, h는 한 곳에만 있기에 직접 연결되기 어렵다. 설령 트홈의 어원이 티아맛이더라도 그 낱말 하나를 근거로 성경의 이야기가 바빌론 신화(에누마 엘리쉬)의 영향을 받았다고 주장하는 것은 무리가 있다.(Hamiton, Hanbook 26; Genesis 110) 우리는 창조 이야기를 고대 근동의 종교 또는 신화와 연결시켜 이해하지 말아야 한다.(von Rad 30-31; Brueggemann 12)

최근의 언어학적인 연구는 창세기 1:2의 상황이 메소포타미아(바빌론)의 문헌들보다는 이집트의 그것에 더 가깝다는 결론에 이르렀다.(월튼 270)

	이스라엘	이집트
언제?	태초에	처음 때에
창조 이전의 상태(1)	토후봐 보후	비존재
창조 이전의 상태(2)	깊음(트홈)	태고의 물들
창조 이전의 상태(3)	루앗흐 엘로힘	바람 (슈의 '바' 창조신의 '카')

그렇더라도 고대 이집트 창조신화의 영향을 받았다고 주장하기는 어렵다. 붸스터만이 바르게 지적하였듯이(Westermann 43) 하나님의 은총인 창조 사역을 대결(전투)의 산물(결과)로 파악하기에는 어딘가 석연치 않다. 창 1:1-2:4a의 창조 이야기에는 그 어떤 갈등이나 전투적인 분위기가 들어있지 않다. 오히려 하나님의 말씀에 긍정적으로 반응하면서 크게 반기며 즐거워하는 분위기가 그 바탕에 깔려 있다.

고대 근동에는 창조 이야기가 여러 가지 있다. 그것들의 공통점은 다음과 같다: i) 신(여신) 또는 신들의 활동이다.(행위에 의한 창조) ii) 서로 양립할 수 없는 어떤 존재들끼리 다투어 적대자를 제압하는 과정이다.(카오스와의 전투) iii) 신(또는 여신)은 탄생 또는 스스로 다시 출생하는 것을 통해 존재한다. iv) 창조의 말씀이 주어진다.(말씀에 의한 창조)

성경에는 이 가운데 첫 번째와 네 번째 요소가 분명히 나타나지만 두 번째와 세 번째 요소는 빠져 있다. 고대 근동의 창조 이야기들에는 이 가운데 두 번째 요소, 곧 혼돈(카오스)상태 내지 전투적인 행동이 거의 빠짐없이 등장하여 강조되었다. 이에 비해 하나님의 신(루앗흐 엘로힘)에 관해 언급되지 않았다. 우리는 '하나님의 영이 운행하시니라'(창 1:3c)는 성경의 특징적인 표현에 주목해야 하리라.

창조 이전의 상태를 가리키는 어둠이 깊음 위에 있다는 말이 그 자체로 완전한 상황묘사인지, 아니면 혼돈과 공허의 모습을 구체적으로 설명하는 것인지는 결정하기 어렵다. 후한(後漢) 시대 과학자 장형(張衡 72-139)은 영헌(靈憲)이란 책에서 다음과 같이 말했다:

천지가 있기 전, 깊은 맑음과 오묘한 깨끗함, 적막하고 어두운 고요가 있었다. 형상이 될 수 없었다. 그 가운데에 오직 영만이 있었고 그밖에는 아무 것도 없었다. 이러한 것은 영원하다. 이것을 명행(천지 생성 이전의 혼돈)이라 부른다. 모든 것의 근원적 뿌리는 도(道)에 있다. 이미 있는 것의 뿌리가 다 도이다. 저절로 존재하는 것은 아무 것도 없다. 천지는 움에서 비롯되었다. 그 맹아에는 아직 조짐이 나타나지 않았다. 거기에는 기와 색이 나란히 같이 있으며, 만물생성의 근거가 아직 나누어지지 않아 분리되지 않은 채 흐릿하였다. 그러므로 노자는 다음과 같이 말씀하셨다: 천지가 생겨나기 전에 먼저 물질이 온통 뒤섞여 있었다.

그는 또 태평어람(太平御覽)에서 이렇게 말했다:

천지가 있기 전 혼돈상태가 계란 같았다. 명행(溟涬)에 싹이 트기 시작했다. 어둡고 큰 싹이 나왔다.

이로써 그는 노자(老子)와 장자(莊子)의 가르침을 이어받아 혼돈(混沌 혹은 無)과 어둠에서 긍정적이고 창조적인 무엇인가를 보았다. 노자가 "현묘하고도 현묘하여 모든 묘함이 여기에서 비롯한다(제1장 … 현지우현 중묘지문 玄之又玄 衆妙之門)"라고 말했다. 이는 그 신비하고 현묘(玄妙)한 이치를 감히 헤아릴 수 없다는 뜻이다. 회남자(淮南子)는 현(玄)은 곧 하늘(천 天)이라고 풀이하였다. 그 책에서 하늘은 평온하고 맑은 정적(寂靜, 淸靜)과 틀에 끼어 있지 않는 자유자재한 것을 가리켰다.(天道玄默 無容無則 천도현묵 무용무칙 - 主術篇) 하늘을 검다(까마득하다)고 한 것은 그것이 깊고 크며 넓고 높아서 사람이 도저히 그 실체를 완전하게 알 수 없다는 뜻이다.

일찍이 서양 사람들은 어두운 거룩(die dunkle Heiligkeit)이란 말을 썼다. 중세 때 고딕식으로 지어진 교회당 안은 대체로 어두침침하다. 동양식으로 표현하자면 이는 유현(幽玄) 또는 현묘(玄妙)을 표현한 것이다.

어떤 신비한 존재가 무엇인가 확실한 개념으로 파악되거나 설명될 수 없는 상태로 있는 것을 가리켜 옛 사람들은 흑암(깊은 어둠, 짙은 어둠)이란 말로 표현했다. 사실 생명이 잉태되어 탄생하는 자리는 참 신비롭다. 그곳의 특징은 어둡다는 점에 있다. 이를테면 땅속 동굴 물속 알 모태 등 어느 곳이나 다 어둡다.

성경에서 어둠이라는 말(코섹크)은 부정적 의미와 긍정적 의미를 다 포함하고 있다.(물론 죽음, 고통, 죄악, 절망 등 부정적인 의미로 쓰일 때가 훨씬 더 많다) 창세기 1장에서 이 말은 그 자체로는 긍정적이냐 부정적이냐 하는 점을 확정짓기가 어려울 정도로 신비하고도 모호하다.

빛과 어둠은 i) 각 긍정과 부정적 의미를 지녀서 서로 반대되는 동시에 ii) 서로 보완적이고(이를테면 빛[낮]과 어둠[밤]은 둘 다 반드시 필요하다) iii) 더 나아가 어둠 그 자체에도 긍정적이고 창조적인 의미가 들어 있기에 그 존재

가치가 충분하다는 것이다. iv) 빛이 하나님의 다스림 안에 있듯이 어둠(흑암)도 하나님의 통치권 아래 있다.(출 10:21-35 흑암 재앙 참조) 곧 하나님과 함께하면 어둠(흑암)이나 밝음(빛)이나 다 유용하고, 하나님 뜻(목적)에 따르지 않으면 빛이든 어둠이든 다 허망한 것이다.

창 1:2에서 깊은 어둠은 성령님이 활동하는 공간이자 창조(생명)의 산실(産室)이다. 물론 하나님에게는 어둠이 전혀 없다.(요일 1:15 하나님은 빛이시라 그에게는 어둠이 조금도 없으시다는 것이니라) 그렇더라도 출애굽기나 신명기에 따르면 흑암은 하나님이 계신 자리이다. 특히 매우 놀라운 일을 하실 때에도 하나님은 어두운 영역(신비)에 계셨다.

> 해 질 때에 아브람에게 깊은 잠이 임하고 큰 흑암(카셰카)과 두려움이 그에게 임하였더니 여호와께서 아브람에게 이르시되 …(창 15:12-13)

> 백성은 멀리 서 있고 모세는 하나님이 계신 흑암(아라펠, KJV 짙은 어둠; ELB 먹구름)으로 가까이 가니라(출 20:21)

> 여호와께서 이 모든 말씀을 산 위 불 가운데, 구름 가운데, 흑암(아라펠) 가운데에서 큰 음성으로 너희 총회에 이르신 후에 더 말씀하지 아니하시고 그것을 두 돌판에 써서 내게 주셨느니라(신 5:22)

> … 야훼께서는 몸소 캄캄한 데(아라펠) 계시겠다고 하셨습니다(왕상 8:12 = 대하 6:1 공동번역개정)

> 나는 빛도 짓고 어둠(코섹크)도 창조하며 나는 평안도 짓고 환난도 창조하나니 나

는 여호와라 이 모든 일들을 행하는 자니라 하였노라(사 45:7)

그가 또 하늘을 드리우시고 강림하시니 그의 발아래는 어두캄캄하도다(아라펠 시 18:9 = 삼하 22:10)

구름과 흑암(아라펠)이 그를 둘렀고 의와 공평이 그의 보좌의 기초로다(시 97:2)

주께서 흑암(코섹크)을 지어 밤이 되게 하시니 …(시 104:20)

성경에는 어둠을 나타내는 낱말로 코섹크(창 1:2)를 비롯하여 오펠 아펠라(복수 아펠로트) 케하 마우프 네쉐프 에파 알라타 아라펠 등이 쓰였다. 다른 낱말과 비교할 때 코섹크는 훨씬 더 깊고 짙은 어둠을 가리켰다.

창세기 1장에 쓰인 어둠(흑암)에서 긍정적인 의미를 찾는다면 다음과 같다:

i) 하나님께서 빛이 있어라(창 1:3) 하시니 흑암이 깊음 위에(직역: 깊음의 얼굴에) 있던 상태에서(창 1:2) 빛이 생겨났다. 곧 아직 생겨나지 않은 존재는 마치 어머니 모태(자궁) 속처럼 어둠에 둘러싸여 있었다.

이런 뜻에서 어둠은 창조가 이루어질 자리(바탕)였다. 창세기 1:2에서 혼돈은 뭍과 바다, 하늘이 들어설 바탕이었고, 공허(빈자리)는 생명체와 천체가 들어설 자리였으며, 어둠은 빛이 들어설 자리였다. 혼돈과 공허와 어둠은 창조되는 우주만물을 받아들여 감싸주는 강보(襁褓)요 담아내는 그릇이었다. 이런 것들은 하나님이 우주 만물에게 생명과 위치와 역할을 주시기 위해 선택한 분만실이었다. 우리 인생에서 겪는 여러 가지 혼돈과 공허와 어둠은 창조주 하나님 안에, 생명의 에너지 창조성 풍요로움을 불러내는 자리였다.

ii) 하나님은 그에게 이름을 붙여주셨다.(창 1:2. 5) 이는 어둠이 하나님의 다스림 아래 놓여 있다는 뜻이다.(창 2:19 참조) 이로써 어둠은 제거된 것이 아니라 하나님의 손바닥에 놓여졌다. 비록 그것이 다른 피조물들처럼 '보시기에 좋았더라' 칭찬을 받지는 못했어도 그 나름대로 역할과 자리를 부여받았다.(창 1:18 참조)

iii) 창세기 1장은 빛과 어둠을 시간과 공간적 의미에 따라 나누어 놓았다. 회남자 제속훈(淮南子 齊俗訓)은 우주를 다음과 같이 시간개념과 공간개념으로 설명했다: "대대로 전해지고 지금도 오고 있는 것을 가리켜 주(宙)라 한다.(시간) 사방과 상하를 가리켜 우(宇)라 한다.(공간)"

iv) 하나님께서 창조하신 별들이 반짝 반짝 빛나며 하늘을 아름답게 수놓는 것을 볼 수 있는 것은 어둠이 있기 때문이다.

밤과 낮(시간)으로 분리된 이 빛과 어둠의 구별은 양쪽에 다 창조 질서가 주어지고, 창조질서가 순조롭게 순환하는 데 일익을 담당하는 등 긍정적인 의미로 보인다. 시편 104:19-20도 이런 뜻이다.(19 여호와께서 달로 절기를 정하심이여 해는 그 지는 때를 알도다 20 주께서 흑암을 지어 밤이 되게 하시니 삼림의 모든 짐승이 기어나오나이다; 사 45:7 참조) 우리는 어두운 공간에서 휴식을 취하곤 한다. 그런 데서 취한 편안하고 또 충분한 휴식(재충전)은 우리에게 생각(지혜)과 활력을 주는 등 인간의 활동과 생활에 반드시 필요한 것이다.

창세기 1:2와 1:3-2:4a은 있음(be)과 되어감(become)의 관계로 떼려야 뗄 수 없이 깊이 연관되어 있다. 만일 우주에 혼돈만 있고 하나님이 창조하신 생명체의 자리가 없었다면 이는 결코 보시기에 좋은 것이 아니다. 만일 우주에 공허만 있고 하나님이 창조하신 생명체가 창조되지 않았다면 이 또한 보시기에 좋은 것이 아니다. 만일 이 우주에 어둠만 있고 하나님이 창조하신 빛이 없었다면 이는 결코 보시기에 좋지 않았을 것이다.

혼돈이 있든 공허가 있든 어둠이 있든 바로 그 자리에 창조주 하나님이 계셨다. 어둠은 산실(産室)이며 바탕이고 출발점이었다. 그 어느 것, 어느 곳이든 하나님(하나님의 신)이 계신 곳은 창조의 자리(바탕)가 되었다.

오늘의 적용

권경업 시인은 '어둠도 빛만큼 중요합니다. 나는 어둠입니다. 그대 감추어 둔 영혼 더욱 영롱하게 할 칠흑 같은 어둠입니다'라고 노래하였다.

내(우리) 인생에서 아직 어둠에 묻혀 있다고 보여지는 것은 무엇인가? 그것이 어떻게 생명탄생(새로운 인생)의 산실로 작용할 수 있을까?

4
하나님의 신이 운행하셨다

(창 1:2)

이것은 성경에서 최초로 하나님의 신(성령)의 활동을 전해주는 이야기이다. 하나님의 신(영) 호흡 바람 기(기운) 등으로 번역되는 '루앗흐'란 말은 구약성경에 389번 쓰였다. 그 뜻이 항상 같지 않다. 이는 다의어인데 주로 세 가지 의미로 쓰였다: i) 바람이 부는 것, 바람(폭풍) 등 자연의 힘; ii) 입김 · 호흡 · 생명력 등 인간의 내적인 힘; iii) 하나님의 신(성령) 등

하나님의 신 또는 그분의 능력(힘)을 나타내는 창 1:2의 루앗흐를 일부 학자들은 (강한) 바람으로 옮겼다.(M. Buber, Braus Gottes schwingend …; C. Westermann, Gottesstrum bewegte …; N. H. Ridderbos, von Gott gesandten Wind …; J. H. Scheepers, aber Gottes Wind wehte über den Wassern). 심지어 마틴 부버는 엘로힘을 명사가 아니라, 형용사 최상급으로 보아서, 이를 '아주 강한 바람'으로 옮겼다. 공동번역 개정은 이를 '하나님의 기운' 으로 옮겼다. 문자 자체로는 이런 해석들이 가능하더라도 본문의 흐름에는 맞지 않는다.

이것은 '하나님의 신(개역) 또는 하나님의 영'(개역개정, 표준새번역)으로 번역하는 것이 가장 자연스럽다.(Hamilton 115) 하나님의 신(영)은 창조사역의 주체이시다. 그분은 오늘도 인간과 역사 그리고 우주 만물 안에서 계속 창조사역을 담당하고 계신다.(creatio continua)

운행한다(라카프)는 말은 무슨 뜻일까? 사람들은 그 의미를 놓고 설왕설래해왔다. 그것은 고정된 상태보다는 어떤 움직임이나 작용을 나타낸다는 점에는 모두가 다 일치했다.

시리아말(르케프 r^echeph)에서 이것은 알을 품다(또는 부화시키다), 그늘을 만들어 주다, 보호하다는 뜻이다. 이 말은 배회하다, 부드럽게 움직이다, 날아오르다, 상공을 맴돌다는 뜻으로 발전하여, 어미 새가 새끼들 위에서 조용하게 배회하거나 새끼를 날개에 품어 돌보며 키우는 활동을 가리키기도 하였다.(신 32:11 참조) 우가릿문서에서 이것은 항상 독수리와 관련하여 나왔다. 이것은 바람보다는 새의 움직임과 관련이 있었다.(이를테면 다넬 서사시 Danel Epic = 아카트 서사시 The Epic of Aqhat) 참고로 다음과 같은 말씀을 보자:

11 마치 독수리가 자기의 보금자리를 어지럽게 하며 자기의 새끼 위에 너풀거리며(라카프 = 퍼덕이며, 맴돌다가) 그의 날개를 펴서 새끼를 받으며 그의 날개 위에 그것을 업는 것 같이 12 여호와께서 홀로 그를 인도하셨고 그와 함께 한 다른 신이 없었도다(신 32:11-12)

선지자들에 대한 말씀이라 내 마음이 상하며 내 모든 뼈가 떨리며(라카프) 내가 취한 사람 같으며 포도주에 잡힌 사람 같으니 이는 여호와와 그 거룩한 말씀 때문이라(렘 23:9)

창세기 1:2에서 라카프는 물 위에 배회하는 것(sweeping over the waters)으로 묘사하는가 물 위에서 지켜보는 것(watching over the waters)을 나타내느냐가 관건이다.

지금까지의 논의를 종합해 보자. 이 말은 i) (알을) 품다, 부화시키다. ii) 배회하다, 부드럽게 움직이다. iii) 소중히 가슴에 품다(마치 새처럼 날개를 아래위로 내젓다) 라는 뜻이다. 만일 신명기의 말씀에 따라 창세기 1:2의 의미를 해석한다면 성령님은 아직 깨어나지 않은 세상, 아직 혼돈과 공허, 깊은 물 아래 잠들어 있는 세상이 새로운 모습으로 창조될 그 때를 기다리며 그 때를 위해 지키고 보호하는 분이다. 마치 독수리가 새끼의 보금자리를 보호하고 준비하듯이 성령님은 피조물이 새 생명으로 탄생될 그 날 인간이 태어날 그 날을 준비하신다. 다시말해 땅이 혼돈하며 공허할 때 하나님의 영은 창조의 그 아침을 기다리며 혼돈과 공허한 세계를 감싸며 품고 계셨다.

마태복음 23:37(= 눅 13:34)에는 영적으로 병든 이스라엘을 품어 치유하시려는 예수님 의지가 이렇게 나타나 있다:

> 예루살렘아 예루살렘아 선지자들을 죽이고 네게 파송된 자들을 돌로 치는 자여 암탉이 그 새끼를 날개 아래에 모음 같이 내가 네 자녀를 모으려 한 일이 몇 번이더냐 …

인생이 혼돈하고 공허하게 느껴질 때, 하나님의 영은 우리 생활과 인생을 새롭게 창조하시려고 우리를 꼭 품고 계시는 분이다. 때때로 혼란과 절망에 빠져 허덕이는 우리에게 활력과 조화와 질서를 되찾아 주신다. 사람이 세우는 계획과 비전은 아직 완성된 것이 아니라는 점에서 알(계란)에 비유할 수 있다. 성령 하나님은 이 계획과 비전이 아직 눈에 띌 만큼 구체적인 성과로 드러나지 않았을 때에도 함께 계신다. 만일 그것이 하나님 영광을 위한 것이라면, 그것이 실현되기까지 그 진행과정 전체를 따뜻하게 품으며 보호하신다.

주변 환경으로 우리가 어렵고 힘들어할 때, 우리를 품으시고 보호하셔서 환경과 처지를 이겨내고 마침내 하나님의 목적에 이르도록 창조의 영이신 성령님이 활동하신다. 마음과 감정의 어두운 그늘은 우리 얼굴과 생활에 짙은 흔적으로 남아 시시 때때로 괴롭힌다. 마치 혼돈하고 공허하여 흑암이 깊음 위에 있던 창조 이전의 세계와 같은 우리 마음을 성령님은 품고 어루만지며 보호하여 마침내 거룩한 창조의 세계로 인도하신다.

오늘의 적용

성령님은 창조의 영이시다. 그분은 생명을 빚어내신다. 거칠어진 내(우리) 마음을 창조적인 마음으로, 얼룩진 우리 감정을 온화한 것으로, 흔들리는 내(우리) 인생을 굳건하게 만드시는 그 성령님을 내(우리)가 어떻게 만날 수 있을까?

나(우리)에게는 어둠과 혼돈 및 공허의 영역이 항상 있다. 내(우리) 눈에 보이는 여러 사람 여러 일 여러 상황, 방해거리들 … 이것도 나(우리)의 현실이다. 물론 이것만이 내(우리) 현실의 전부가 아니다. 하나님의 신(영)이 나(우리)와 함께 있는 것 또한 나(우리)의 현실이다.

창조의 영이신 하나님의 신은 내(우리) 안에서 내(우리) 주변에서 운행하고 계신다. 어떤 경우 어떤 곳에서도 성령님은 나(우리)와 함께 계시며 나(우리)를 보호하신다. 이 사실만 잊지 않는다면 나(우리)는 언제 어떤 상황에서도 새롭게 창조될 수 있다.

5

창조의 첫날

(창 1:3–5)

개역개정	직역
3 하나님이 이르시되 빛이 있으라 하시니 빛이 있었고	3 그리고 하나님이 말씀하셨다. "빛이 있어라."그러자 빛이 생겨났다.
4 빛이 하나님이 보시기에 좋았더라 하나님이 빛과 어둠을 나누사	4 그리고 하나님께서 빛을 보시니 이러하였다. 곧 그 빛이 참 좋았다. 그리고 하나님께서 나뉘게 하셨다, 그 빛과 그 어둠 사이를.
5 하나님이 빛을 낮이라 부르시고 어둠을 밤이라 부르시니라 저녁이 되고 아침이 되니 이는 첫째 날이니라	5 그리고 하나님은 그 빛을 낮이라 부르시고, 그 어둠을 밤이라 부르셨다. 그러자 저녁이 되었고, 또 아침이 되었다. 이는 그 하루였다

이것은 첫 번째 피조물에 관한 이야기이다. 그 내용은 빛의 창조이다. 이는 2절의 어둠과 대조된다. 빛은 어둠과 분리되었으며, 어둠으로부터 만들어지지 않았다. 창조의 시작은 하나님의 말씀이었다.(시 33:6,9; 148:5; 벧후 3:5; 히 4:12; 11:3) 하나님께서 '빛이 있으라'고 말씀하시니 빛이 있었다.(하야 = 있다, 생겨나다) 여기에는 다른 피조물들의 경우와 달리 만듦(아사)이나 창조(바라)라는 낱말이 쓰이지 않았다. 그 빛은 우리가 흔히 말하는 달빛 별빛 햇빛과 질적으로 다른 빛이다.

여기에는 빛과 날(낮)이란 말(욤)이 일곱 차례 나온다. 이 말은 세 가지 뜻으로 쓰인다. i) 밤이 아닌 낮을 가리키고 ii) 밤과 낮을 함께 아울러 '하루'란 뜻이다. iii) 어제 또는 내일과 다른 '오늘'(이날)을 의미한다. 카숫토(14)는 이것을 포함하여 창 1:1-2:2a에 일곱 차례 쓰이는 낱말이나 구절의 7가지 예를 언급했다.(1:5, 8, 13, 19, 23, 31; 2:2) 이것들은 하루의 순환을 나타내는 동시 창조활동이 매우 순조롭게 진행되는 것을 표시한다.

하나님께서 무슨 이유로 빛을 가장 먼저 지으셨을까? 어떤 사람들은 혼돈과 공허를 구체적으로 묘사하는 말이 깊음 위에 있는 어둠이라고 보았다. 그들은 혼돈의 특성이 어둠이므로 그것이 사라지려면 빛이 있어야 한다고 말하였다. '하나님께서 생명이 살아갈 수 있는 세상을 만드시기 위해 먼저 빛을 창조하시어 어둠을 없애셨다.'(성서와함께, 55) 이 말은 맞으면서도 틀리다. 사람이라면 빛이 있어야(환한 곳이라야) 무엇인가 작업을 할 수 있다. 하나님의 활동은 밝음과 어둠에 좌우되지 않는다. 앞에서 말하였듯이 생명이 사는 데에는 빛도 어둠도 다 필요하다. 빛이 가장 먼저 창조된 이유에 관해서는 오직 하나님만이 정확한 대답을 하실 수 있다.

창조 이전의 상태는 어둠(흑암)이었다. 빛이 창조됨으로써 이제야 비로소 우주에 밤과 낮의 질서가 자리를 잡았다. 그와 함께 하루가 완성되었다. 하나님은 그것을 흡족해 하셨다: '빛이 하나님이 보시기에 좋았더라.'(봐야르 엘로힘 에트-하오르 킷-토브) 개역개정은 여기 나오는 킷이란 낱말을 관계대명사(영어의 that)로 옮겼다. 해밀턴은 이를 강조의 의미로 받아들였다: '그리고 하나님이 보셨다. 그 빛이 참 아름다웠다.'(Genesis I, 118) 문법으로는 이 두 해석이 다 가능하다. 어느 쪽으로 선택하느냐는 독자 자신이 선택할 일이다. 딤전 4:4이다.

하나님께서 지으신 모든 것이 선하매 감사함으로 받으면 버릴 것이 없나니(딤전 4:4)

이 정신을 이어받아 성 아우구스티누스도 말했다.

주여, 그것들을 주님께서 홀로 창조하셨습니다. 그것들이 아름다운 것은 주님이 아름답기 때문입니다. 그것들이 선한 것은 주님께서 선하시기 때문입니다.(고백론 13:32)

히브리성경은 이 부분에서 시 형식을 아주 멋지게 보여주었다: 동사 (…라고 부르다. 카라) + 전치사 르 +목적어 … 목적어 + 동사(부르다. 카라) + 전치사 르 형식이다. 하나님은 빛과 어둠을 나누셨다. '나누다 서로(따로) 떼어놓다'는 말(빠달)이 '… 사이와 … 사이' 라는 불변사 벤(벤 … 우벤)과 같이 쓰인 경우가 구약성경에 10번 있다. 이런 분리를 통해 나타난 결과를 하나님은 낮 그리고 밤이라 부르셨다.

부르다는 말은 이름을 붙여주었다는 뜻이다. 창조의 첫날은 하나님께서 빛과 어둠에게 이름을 붙여주심으로 완성되었다.(5절) 이름이 붙여짐으로써 빛의 본질과 역할이 정해졌다. 이제부터 다른 것과 구별되는 피조물이 된 것이다. 여기서 어둠은 혼돈의 어둠이 아니라 빛과 구별되는 어둠이요, 하나님께 속한 피조물이다.(사 45:7) 하나님은 어둠에게도 이름을 지어주셨다.

성경 여러 곳에 쓰인 빛이란 말(오르)은 항상 좋은 뜻으로 쓰였다. 그 의미도 구원, 치유 · 회복, 순탄한 관계형성, 생활의 활력과 형통 등 다양하다. 이를테면 '생명의 빛'이라 표현하는 욥기이다.(욥 33:30; 시 56:14 참조) 성경에서 빛은 긍정적-창조적인 것을 비유하는 데 자주 쓰였다. 몇 가지만 예로 들면 다음과 같다. 이하의 내용은 야노프스키의 설명이다.(B. Janowski, Die Welt als Schöpfung 228-248)

i) 빛과 생명 (인생)

시편 13편은 빛과 어둠 곧 생명과 죽음이 교차하는 대표적인 시이다. 이를 민 6:25-26과 비교해 보자.

여호와는 그의 얼굴을 네게 비추사 은혜 베푸시기를 원하며(민 6:25)	주의 얼굴을 나에게서 어느 때까지 숨기시겠나이까(시 13:1)
여호와는 그 얼굴을 네게로 향하여 드사 평강 주시기를 원하노라(민 6:26)	내 하나님이여 나를 생각하사 응답하시고 나의 눈을 밝히소서(시 13:3b)

시편 18:28-29도 그러하다:

28 주께서 나의 등불을 켜심이여 여호와 내 하나님이 내 흑암을 밝히시리이다
29 내가 주를 의뢰하고 적군을 향해 달리며 내 하나님을 의지하고 담을 뛰어넘나이다

고대 근동 여러 나라에서도 어둠과 신의 부재로 인해 고통당하는 자가 자신에게 밝은 빛 비추어 주시기를 기도하는 문헌이 아주 많다. 이를테면 고대 이집트의 '후이 기도문'이다. 그는 신으로부터 멀리 떨어져 어둠에 묻힌 자신을 구원의 빛으로 밝혀주시기를 간구하였다.(UrK, IV 2075, 14-17)

14 은혜롭게 오소서, 나의 주 넵-케페루-레 (Neb-cheperu-Re)!

15 나는 날마다 주님이 만드신 어둠을 보나이다.

16 나를 밝혀주소서. 내가 주님을 뵈올 수 있게

17 그 때에 내가 주님의 능력을 강에 사는 물고기들에게 전하리이다.

지혜문학은 빛과 생명을 연결시키는 대표적인 문학양식이다. 욥기 3:16에 따르면 빛을 보지 못하는 것은 곧 죽음 또는 출생하지 못했다는 뜻이다. 빛이 주어지는 것은 곧 생명을 부여받는 것이다.(욥 3:20) 욥 32:6-33:33에서 엘리후는 빛을 생명에 비유하면서 하나님 얼굴을 뵙는다고 했다.(특히 23-30) 그러므로 빛이 꺼진다는 말은 곧 죽음을 의미하였다.(욥 18:5-7)

1 일어나라 빛을 발하라 이는 네 빛이 이르렀고 여호와의 영광이 네 위에 임하였음이니라 2 보라 어둠이 땅을 덮을 것이며 캄캄함이 만민을 가리려니와 오직 여호와께서 네 위에 임하실 것이며 그의 영광이 네 위에 나타나리니 3 나라들은 네 빛으로, 왕들은 비치는 네 광명으로 나아오리라(사 60:1-3)

ii) 빛과 정의 (구원)

빛과 생명의 관계는 경험을 통해 증명되듯이, 빛과 정의의 관계도 그것을 통해서만 알 수 있다. 아침빛과 태양이 (밤의) 어둠과 그에 따른 위험을 밀어내듯이, 이 세상을 살펴볼 수 있고 살만하게 만드는 것은 빛으로 비유되는 법과 정의이다. 시편 13편에 생명과 관련하여 하나님 얼굴이 묘사되었듯이 시편 11:7; 17:15 그리고 27:1, 4, 13도 그러하다.

나는 의로운 중에 주의 얼굴을 뵈오리니 깰 때에 주의 형상으로 만족하리이다

(시 17:15)

1 여호와는 나의 빛이요 나의 구원이시니 … 4 내가 여호와께 바라는 한 가지 일
그것을 구하리니 곧 내가 내 평생에 여호와의 집에 살면서 여호와의 아름다움을
바라보며 그의 성전에서 사모하는 그것이라 … 13 내가 산 자들의 땅에서 여호
와의 선하심을 보게 될 줄 확실히 믿었도다(시 27:1, 4, 13)

여기서 만족하다(직역: 배부르다 = 사바)는 말은 하나님(하나님 얼굴 뵙기)을 갈망하는 마음을 나타낸다.

iii) 빛과 왕(왕권)

고대 근동의 문헌들에서 왕들은 태양신(쉐메쉬) 의 빛 아래서 왕권의 정통성을 찾았다. 함무라비 법전이 그것의 대표이다. 이와 대조적으로 이스라엘 왕은 가난한 자와 약한 자를 배려할 때에 그 권위를 인정받았다. 왜냐하면 여호와는 가난한 자의 권리를 지켜주시는 분이기 때문이다.(출 22:26)

3 이스라엘의 하나님이 말씀하시며 이스라엘의 반석이 내게 이르시기를 사람을
공의로 다스리는 자, 하나님을 경외함으로 다스리는 자여 4 그는 돋는 해의 아침
빛 같고 구름 없는 아침 같고 비 내린 후의 광선으로 땅에서 움이 돋는 새 풀 같
으니라 하시도다(삼하 23:3-4)

그리하면 네 빛이 새벽 같이 비칠 것이며 네 치유가 급속할 것이며 네 공의가 네 앞에 행하고 여호와의 영광이 네 뒤에 호위하리니(사 58:8)

이사야서 58:1-12에서 정의롭고 자신이 믿는 하나님을 떠나지 않는 백성은 8절과 같다는 것이다. 8절은 약하고 가난한 자를 배려하는 사람(사 58:6-7) 곧 의인의 출현을 아침 해가 떠오르는 이미지로 표현했다. 삼상 23:4는 사 58:8a의 내용과 일맥상통한다. 여기서는 정의의 작용이 곧 빛과 구원으로 표현되었다. 그러므로 가난하고 약한 사람을 배려하는 의인은 하나님의 영광에 참여하는 것이다.(사 58:8b; 시 85:11-13) 성경에 따르면 이런 일을 하기에 가장 적합한 사람이 바로 왕이다.

> 1 하나님이여 주의 판단력을 왕에게 주시고 주의 공의를 왕의 아들에게 주소서 2 그가 주의 백성을 공의로 재판하며 주의 가난한 자를 정의로 재판하리니(시 72:1-2)

성경은 왕이 하나님의 정의를 실현하는 통로가 되기를 기대한다. 하나님은 정의의 근원이시고 왕은 그것을 전달하는 자가 되라는 것이다. 시 72:13-14이다.

> 13 그는 가난한 자와 궁핍한 자를 불쌍히 여기며 궁핍한 자의 생명을 구원하며
> 14 그들의 생명을 압박과 강포에서 구원하리니 그들의 피가 그의 눈앞에서 존귀히 여김을 받으리로다(시 72:13-14)

iv) 빛과 하나님 말씀

하나님의 말씀을 빛, 곧 구원 작용으로 비유하는 것은 지혜문학에서 널리 애용되었다. 거기에는 대체로 토라라는 낱말이 나오지 않는다. 그러면서도 그 내용에는 토라의 품격이 그대로 묻어난다.

대저 나는 여호와 네 하나님이요 이스라엘의 거룩한 이요 네 구원자임이라 내가 애굽을 너의 속량물로, 구스와 스바를 너를 대신하여 주었노라(사 43:3)

105 주의 말씀은 내 발에 등이요 내 길에 빛이니이다 … 주의 말씀을 열면 빛이 비치어 우둔한 사람들을 깨닫게 하나이다(시 119:105, 130)

20 내 아들아 네 아비의 명령을 지키며 네 어미의 법을 떠나지 말고 21 그것을
항상 네 마음에 새기며 네 목에 매라 22 그것이 네가 다닐 때에 너를 인도하며
네가 잘 때에 너를 보호하며 네가 깰 때에 너와 더불어 말하리니 23 대저 명령은
등불이요 법은 빛이요 훈계의 책망은 곧 생명의 길이라(잠 6:20-23)

앞서 말한 빛과 생명 빛과 정의 빛과 왕권 빛과 말씀 - 이 네 가지는 하나님과 빛이라는 명제 안에서 제 뜻이 살아난다.

v) 빛과 하나님

성경은 하나님의 속성을 때때로 빛에 비유했다. 여기에는 빛나는 영광이란 뜻도 들어 있다.

1 그 후에 그가 나를 데리고 문에 이르니 곧 동쪽을 향한 문이라 2 이스라엘 하
나님의 영광이 동쪽에서부터 오는데 하나님의 음성이 많은 물소리 같고 땅은 그
영광으로 말미암아 빛나니 3 그 모양이 내가 본 환상 곧 전에 성읍을 멸하러 올
때에 보던 환상 같고 그발강 가에서 보던 환상과도 같기로 내가 곧 얼굴을 땅에
대고 엎드렸더니(겔 43:1-3)

5 여호와여 주의 인자하심이 하늘에 있고 주의 진실하심이 공중에 사무쳤으며
6 주의 의는 하나님의 산들과 같고 주의 심판은 큰 바다와 같으니이다 여호와여
주는 사람과 짐승을 구하여 주시나이다 7 하나님이여 주의 인자하심이 어찌 그
리 보배로우신지요 사람들이 주의 날개 그늘 아래에 피하나이다 8 그들이 주의
집에 있는 살진 것으로 풍족할 것이라 주께서 주의 복락의 강물을 마시게 하시
리이다 9 진실로 생명의 원천이 주께 있사오니 주의 빛 안에서 우리가 빛을 보리
이다 10 주를 아는 자들에게 주의 인자하심을 계속 베푸시며 마음이 정직한 자
에게 주의 공의를 베푸소서(시 36:5-10)

여호와여 주는 나의 등불이시니 여호와께서 나의 어둠을 밝히시리이다(삼하 22:29)

20 악을 행하는 자마다 빛을 미워하여 빛으로 오지 아니하나니 이는 그 행위가
드러날까 함이요 21 진리를 따르는 자는 빛으로 오나니 이는 그 행위가 하나님
안에서 행한 것임을 나타내려 함이라(요 3:20-21)

나는 세상의 빛이니(요 8:12)

우리가 그에게서 듣고 너희에게 전하는 소식은 이것이니 곧 하나님은 빛이시라 그에게는 어둠이 조금도 없으시다는 것이니라(요일 1:5)

오늘의 적용

성경은 예수님을 가리켜 빛이라 하였다: '참 빛 곧 세상에 와서 각 사람에게 비추는 빛이 있었나니'(요 1:9) 예수님 자신도 스스로를 빛이라고 하셨다. '나는 세상의 빛이니 나를 따르는 자는 어둠에 다니지 아니하고 생명의 빛을 얻으리라'(요 8:12)

내(우리) 생활에서 빛이 필요한 부분은 무엇인가? 영혼의 깊은 밤에 빛을 창조하시는 하나님을 어떻게 만날 수 있을까?

파전(Eleanor Farjeon 1881-1965)의 '아침 밝았네'(Morning Has Broken)라는 노래이다.

아침 밝았네, 창조의 그 아침처럼
검은 새 노래하네, 창조 때 그 새처럼
노래로 찬양하네, 아침을 찬양해
찬양이 말씀으로부터 맑게 샘솟네
상큼한 단비 천국에서부터 빛나네
창조의 그 이슬처럼 태초의 잔디 위에
촉촉한 정원 싱싱함을 찬양해
주님 지나시는 곳은 완전히 새로워

6
창공이 나래를 펴다

(창 1:6–8)

개역개정	직역
6 하나님이 이르시되 물 가운데에 궁창이 있어 물과 물로 나뉘라 하시고	6 그리고 하나님이 말씀하셨다. "창공은 저 물들 가운데에 있으라. 그리고 물과 물 사이를 나누어 놓은 채 있으라" 고.
7 하나님이 궁창을 만드사 궁창 아래의 물과 궁창 위의 물로 나뉘게 하시니 그대로 되니라	7 그리고 하나님은 창공을 만드셨다. 그리고 물들 사이, 곧 창공 위의 물과 창공 아래의 물로 나뉘게 하셨다. 그러자 그대로 되었다.
8 하나님이 궁창을 하늘이라 부르시니라 저녁이 되고 아침이 되니 이는 둘째 날이니라	8 그리고 하나님은 그 창공을 하늘이라고 부르셨다. 저녁이 되고 아침이 되었다. 이는 이튿날이었다.

이것은 궁창(창공)이 창조되는 이야기이다. 하나님은 빛과 어둠을 나누신데 이어 이튿날에 물과 물을 나누어놓으셨다. 곧 궁창 위의 물과 궁창 아래의 물이 그것이다. 고대 근동에는 물에 관한 세 가지 구분이 있었다. i) 땅(지구)을 둘러 싼 우주적인 바다 ii) 땅 아래 있는 물 iii) 땅 위에 있는 물.

7절에는 창조하다는 뜻으로 새로운 낱말이 쓰였다. 그것은 아사(= 만들다)다. 이것은 16, 25, 26, 31절에도 나온다. 창 1:26–27; 2:3에는 빠라와 아사가 같은 행위를 표현하는 다른 낱말로 동시에 등장했다. 아사는 구약성경에 2600번 이상 쓰였다. 그 말맛도 다양하기에 현대어로 번역될 때 매우 다양한 용어가 채택되었다.(월튼 240-49)

> 여호와 하나님이 아담과 그의 아내를 위하여 가죽옷을 지어(아사) 입히시니라(창 3:21)

> 만군의 여호와께서 이 산에서 만민을 위하여 기름진 것과 오래 저장하였던 포도주로 연회를 베푸시리니(아사) 곧 골수가 가득한 기름진 것과 오래 저장하였던 맑은 포도주로 하실 것이며(사 25:6)

하나하나가 창조될 때마다 하나님께서 그것에 이름을 지으셨다. 빛과 어둠을 나누신 하나님께서 빛을 낮이라, 어둠을 밤이라 부르신 것이 그 예이다. 그리고 궁창을 창조하신 뒤 하나님께서 그것에게 창공이란 이름을 주셨다. 어떤 대상이나 상대에게 이름을 붙여주는 것은 그에 대한 우위 또는 지배를 상징하였다. 그 이름은 그의 역할과 지위 및 존재의미를 규정하곤 한다. 이름을 부르는 것(이름을 붙여주는 것)의 깊은 의미를 김춘수 시인은 이렇게 노래했다: '… 내가 그의 이름을 불러 주었을 때, 그는 나에게로 와서 꽃이 되었다…'

하나님의 창조는 나누는(구분하는) 것과 채우는(모으는) 활동으로 진행되었다. 창조의 칠일 가운데 육일을 한 눈에 살펴보자. 처음 삼일 동안은 주로 나누다와 모으다란 말로써 공간과 구조가 형성되는 것을 묘사했다. 나중 삼일에는 주로 채우다, 번성하다, 생육하다는 말로 이미 만들어진 자리에 무엇인가를 채웠다. 이로써 창 1:2에 있는 혼돈(형체 없음)에 질서와 형식이 부여되고, 공허(텅 빈 곳)에 무엇인가가 자리를 잡았다.

창세기 1장에는 '나누셨다'는 표현이 다섯 차례 되풀이 되었다.(4. 6. 7. 14. 18절)

i) 하나님이 빛과 어둠을 나누사 하나님이 빛을 낮이라 부르시고 어둠을 밤이라 부르시니라 (4b-5).

ii) 하나님이 이르시되 물 가운데에 궁창이 있어 물과 물로 나뉘라 하시고(6)

iii) 하나님이 궁창을 만드사 궁창 아래의 물과 궁창 위의 물로 나뉘게 하시니 그대로 되니라(7).

iv) 하나님이 이르시되 하늘의 궁창에 광명체들이 있어 낮과 밤을 나뉘게 하고 그것들로 징조와 계절과 날과 해를 이루게 하라 또 광명체들이 하늘의 궁창에 있어 땅을 비추라 하시니 그대로 되니라(14-15)

v) 하나님이 그것들을 하늘의 궁창에 두어 땅을 비추게 하시며 낮과 밤을 주관하게 하시고 빛과 어둠을 나뉘게 하시니 하나님이 보시기에 좋았더라(18).

나누기(분리하기, 구별하기)는 그 자체로 창조활동이었다. 물론 이것은 차별이 아니었다. 이는 피조세계를 생명이 살 수 있게 만드는 위대한 과정이었다. 또한 있어야 할 것이 있어야 할 자리에 있고, 되어져야 할 일이 온전하게 이루어지는 과정이기도 하였다.(성서와함께 70) 이런 사실에 기초하여 반 울드(Ellen van Wolde) 동사 빠라를 창조하다 대신에 '공간적으로 분리하다'는 뜻으로 풀이했다.(To create, to separate or to constructt: An Alternative for a Recent Proposal as to the Interpretation of ברא in Gen 1:1 -2:4a, JHS 10, 2010)

나누다 나뉘었다는 말에는 긍정적인 뜻도 부정적인 뜻도 있다. 여기서는 아주 긍정적으로 쓰였다. 하나님은 첫째 날에는 빛(낮)과 어둠(밤)을 분리하셨다. 둘째 날에는 궁창 위의 물과 궁창 아래의 물, 곧 하늘 위의 물과 하늘 아래의 물을 나누셨다. 셋째 날에는 하늘 아래에서 땅과 물을 나누시고, 땅을 식물들로 채우셨다. 넷째 날에는 낮과 밤을 나누시고, 하늘을 태양과 달과 별들로 채우셨다. 이렇게 나누기도 하고 채우기도 하며 하나님은 혼돈하고 공허한 세상(창 1:2)에 질서와 조화를 만들어내셨다. 그리고 생명이 살아갈 환경과 조건을 창조하셨다.

하나님의 창조는 생명이 생명답게 살 수 있게 구별(분리)하는 과정이기도 하다. 이것은 건강한 삶에 꼭 필요한 것이다. 예를 들어 이 세상에서 가장 아껴야 할 상대가 남편이요 아내이다. 가장 존중하고 뒷받침을 해야 할 상대가 부모요 자녀이다. 세상에서 가장 가까워야 할 사람은 교회 식구들이다. 그 가족의 범주가 서서히 확대되어 우리와 자주 만나고 가깝게 만나는 사람들은 물론 그렇지 못한 사람들까지 포괄하는 박애의 정신을 품어야 할 것이다. 그런 원칙을 분명히 세워야 한다. 그러면 나눌 것을 나누고 합칠 것을 합치며, 취할 것을 취하고 버릴 것을 버리면서 창조적으로 살아갈 수 있으리라.

창세기 1장에서 하나님이 나누신 것은 특성과 역할이 다른 것끼리 서로 얽히고설키지 않도록 하신 일이다.

2007년 서해 태안반도 앞바다에서 삼성중공업 소유의 크레인 삼성 1호와 유조선 허베이 스피릿호가 충돌했다. 이 사고로 약 만 이천 킬로리터의 원유가 바다로 흘러들어갔다. 원래 기름과 물은 나뉘어져 있어야 하는 것인데 인간의 실수로 그만 물과 기름이 합쳐져 버렸다. 나뉘어 있어야 할 것이 합쳐지니까 그 피해가 얼마나 컸는가! 10년도 훌쩍 지난 지금까지도 그 후유증이 남아 있다. 기름이 있어야 할 곳에 기름이 있으면 얼마나 유용하게 잘 쓰이는가! 그런데 기름이 없어야 할 곳에 기름이 있으니 큰 혼란과 피해가 생겼다. 이것 하나만 보아도 나뉠 것이 나누어지고, 합칠 것이 합쳐지고, 모일 것이 모이는 일이 얼마나 중요한지를 잘 알 수 있다.

사람끼리의 관계도 그렇다. 이를테면 부부끼리만 할 수 있는 사랑이 있다. 남과 여가 만나더라도 부부끼리만 할 수 있는 사랑과 건전한 인간으로서 할 수 있는 사랑을 분리하고 분별하는 사람에게는 혼란도 혼돈도 찾아오지 않는다. 그 경계를 나누지 않는 사람에게는 공허와 어둠이 찾아온다. 이와 같이 인생살이에서 거룩한 것과 속된 것, 진리와 거짓, 정결한 것과 부정한 것, 깨끗한 것과 더러운 것을 분별하는 지혜와 능력이 우리에게 필요한 것이다.

하나님께서 '나뉘어라' 하시니 본디 나누어져 있어야만 좋을 것들이 분리되었다. 이로써 남의 자리에 가 있어 혼란스럽기만 하던 것들이 각자가 제 제자리를 잡았다. 그리고 제 빛을 내었다. 하나님께서 '모이라'하시면 본디 함께 같이 있어야 할 것인데 여기 저기 흩어져서 제 역할을 하지 못하던 것들이 한 곳에 모여 제 기능을 발휘했다. 하나님께서 '드러나라' 하시니 감추어졌던 것, 쓸 수 없이 파묻혀 있던 것들이 밝히 드러나 제 역할을 하게 되었다.

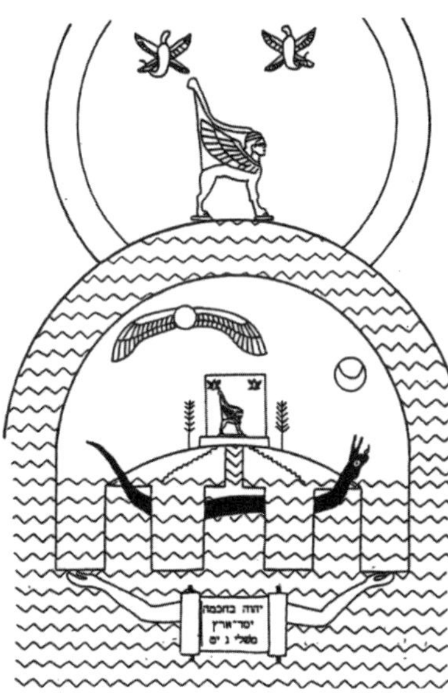

구약성경 시대의 세계관

(Othmar Keel, Orte und Landschaften der Bibel 827)

궁창이란 말(라키아 = 창공)은 '발을 구르다, 넓게 펼치다'란 뜻의 동사(라카)에서 유래한 명사이다. 출 39:3에서 이 말은 (망치로) 두들겨 펴다는 뜻이다.(욥 37:18 그대는 그를 도와 구름장들을 두들겨 넓게 만들어 녹여 부어 만든 거울 같이 단단하게 할 수 있겠느냐) 페키니아말에서 이것은 대야, 함지박(Beckken, Wanne)을 가리켰다. 이는 '넓게 펼쳐놓은 것'을 뜻하다가 견고하게 펼쳐진 둥근 하늘을 가리키게 되었다.(창 1:6 참조)

이때 하늘(창공)은 아무 것도 땅으로 무너져 내리지 않도록 받쳐주는 버팀목(支柱)이었다. 세상(생존과 생활의 영역)을 보호하는 울타리였다. 여기에 고대인의 세계관이 드러난다. 그들은 하늘과 거기에 있는 것들이 땅으로 무너져 내리지 않도록 단단히 고정시킨 것(권능의[= 강력한] 궁창)이야말로 하나님께서 지니신 위대한 능력을 말해주는 산 증거로 생각했다.

궁창은 하나님으로부터 하늘이란 이름을 받았다.(8절) 이로써 하늘은 신(神)이 아니라 피조물들 중에 하나로 자리매김되었다. 그것은 지상의 피조물을 안전하게 살게 하시려는 하나님의 뜻에 따라 하늘은 일종의 울타리(칸막이) 역할을 맡았다. 그 주요 역할은 물과 물을 나누어놓는 것 곧 물을 창공 위의 물과 창공 아래(바다와 강)의 물로 갈라놓는 일이었다. 하늘이 있음으로 하늘 위의 물이 세상을 뒤덮지 못한다. 하늘이 무너져 내리지 않음으로 세상이 보전된다.

여기서 궁창(穹蒼)이란 말은 또한 지구를 둘러싸고 있는 대기권과 그 영역 밖에 있는 넓은 우주를 가리켰다. 성경은 땅이나 하늘 또는 거기 있는 어떤 곳을 향해서 신 또는 신적인 성격을 지닌 존재로 설명하지 않았다. 옛날 사람들은 기원을 드릴 때 '일월성신, 천지신명이시여!' 하면서 해나 달, 또는 하늘 신(天神)과 땅 신(地神)에게 간구했다. 비록 옛날보다는 훨씬 덜하지만 현대인 중에도 아직 그런 사람이 있다. 성경이 알려주는 이 신앙이 그 당시에는 물론 현대에도 얼마나 앞선 것인가!

성경은 하늘을 물질 같은 대상 가운데 하나 곧 옷이나(ein Gewand 사 40:22;

시 104:2) 단단한 기둥(eine feste Platte 창 1:6-8) 혹은 장소 가운데 하나(암 9:6; 시 78:26; 욥 26:11)로 표현하였다. 주기도문을 외울 때 '하늘에 계신 우리 아버지여!'라고 하듯이 하늘은 신이 아니라 땅과 대칭되게 만들어진 피조물에 지나지 않는다.

하늘이 물질이요 공간이라 해서 소홀히 취급되지 않았다. 이곳은 하나님께서 계신 장소로 지칭되기도 하지만 사람이 죽은 다음에 영원한 생명을 누릴 곳이다. 기독교 역사를 보면 하나님을 믿는 사람은 영생복락(永生福樂)의 신앙을 잊어버린 적이 한 번도 없다. 하늘은 믿는 사람들이 장차 삼위일체 하나님을 만날 장소이다. 그리고 영생을 누리며 우리의 조상과 후손, 그리고 친구들을 만날 곳도 하늘이다.

사도행전 7장에 보면 돌에 맞아 죽기 직전에 스데반 집사가 성령이 충만하여 하늘을 우러러 하나님의 영광과 및 예수께서 하나님 우편에 서신 것을 보고 말하기를 '보라, 하늘이 열리고 인자가 하나님 우편에 서신 것을 보노라' 하였다. 이렇듯 하늘은 하나님께서 창조하신 피조물 가운데 특별한 의미를 지녔다.

오늘의 적용

세상에는 가까이 할 것(사람)과 멀리 할 것(사람)이 있다. 집중해야 할 것과 건성으로 해도 되는 것이 있다. 품어야 할 것이 있고 떠나보내야 할 것이 있다. 이를 잘 분별하는 것이 지혜요, 능력이다. 사사 삼손은 뛰어난 능력자였으면서도 이것을 제대로 하지 못해 불행을 자초했다.(삿 13-16장)

내(우리) 생활에서 지금보다 더 분리되고 나누어져야 할 시간이나 공간이나 관계가 있다면 그것은 무엇일까? 이 나눔(분리)의 원칙과 기준은 무엇일까?

7
뭍과 물

(창 1:9–10)

개역개정	직역
9 하나님이 이르시되 천하의 물이 한 곳으로 모이고 뭍이 드러나라 하시니 그대로 되니라	9 그리고 하나님이 말씀하셨다. "모이거라, 하늘 아래의 물은 한 곳으로. 그리고 그 마른 땅이 보여지게 하여라." 그러자 그대로 되었다.
10 하나님이 뭍을 땅이라 부르시고 모인 물을 바다라 부르시니 하나님이 보시기에 좋았더라	10 그리고 하나님이 부르셨다, 마른 곳을 육지라고. 그리고 물이 모인 곳을 바다라고 부르셨다. 그리고 하나님이 (그것을) 보셨다. 참 좋았다.

이것은 셋째 날에 관한 이야기이다. 하나님은 이날 뭍을 그 위에 뒤덮은 물로부터 분리시키셨다. 그리고 식물을 만드셨다. 이 두 가지 창조활동에 따라 '하나님이 보시기에 좋았더라'는 말씀도 두 차례 되풀이 나왔다.(10, 12절) 이것이 첫째 날 및 둘째 날과 다른 점이다.

하나님은 이미 빛과 어둠을 나누신데 이어, 궁창 위의 물과 궁창 아래의 물을 나누어 놓으셨다. 하나님은 이제 또다시 땅과 바다를 나누어 놓으셨다.(9-10절) 하나님은 육지 생물이 살 수 없는 처지와 형편으로부터 모든 생명이 다 살아갈 수 있는 환경을 만드신 것이다.

물은 사람과 생물에게 꼭 필요한 것이면서도 위험하기 짝이 없는 것이다. 어쩌다가 일어나는 대홍수나 해일(쓰나미) 지진 등을 생각해 보라. 우리 자신의 경험이나 언론보도를 통해서 홍수가 얼마나 위험하고 파괴적인 힘을 지닌 것인 지를 우리는 잘 알고 있다. 물을 물로만 봤다가는 큰 코 다친다.

바빌론에 포로로 잡혀갔던 이스라엘 민족도 그것을 뼈저리게 경험하였다. 그들은 포로로 끌려가 유프라테스 강과 티그리스 강이 만나는 지점에서 강제노동을 하였다. 장마철에 큰물이 한번 났다하면 그 물은 강이 아니라 바다같이 모든 것을 뒤덮었다. 그 강 두 개는 매우 길게 흐른다. 만일 강 상류지방에 큰 비가 내리면 두 강을 타고 내려오는 물이 이곳에서 합쳐졌다. 그러니 그 거센 물살을 당해 낼 도리가 없었다. 집이 무너지고 가축이 떠내려가며 사람이 죽고 애쓰고 정성들여 가꾸어 놓은 곡식들은 진흙덩이 속에 묻혀 낟알 하나 건질 수가 없었다. 그야말로 규모만 달랐지 노아홍수가 따로 없는 그런 환경에서 이스라엘 민족이 살았다. 창세기 1장 2절에서 창조 이전의 상태를 땅이 공허하고 혼돈하며 어둠이 깊은 물위에 있더라 하는 말씀이 아마 이런 현실을 떠올리게 하는지도 모른다.

10절 앞부분의 내용은 5절 앞부분의 그것과 아주 똑같다. 다만 낱말의 순서만 다를 뿐이다.

5절	10절
그리고 하나님은 부르셨다, 그 빛을 낮이라고. 그리고 그 어둠을 밤이라고 부르셨다. 그러자 저녁이 되었고, 또 아침이 되었다. 이는 첫째 날이었다.	그리고 하나님이 부르셨다, 마른 곳을 육지라고. 그리고 물이 모인 곳을 바다라고 부르셨다. 그리고 하나님이 (그것을) 보셨다. 참 좋았다.

혼돈과 공허와 어둠속에서 하나님의 영이 역사하시고 하나님의 창조의 지가 작용하였다. 하나님은 말씀으로 그것을 표현하셨다. 그러자 빛이 생겨나고 땅과 육지가 만들어지고 곡식과 과일이 탐스럽게 결실하는 등 세상이 전혀 딴판으로 바뀌었다. 이렇게 하나님의 성령께서 이루어 주시는 딴 세상은 죽음과 위기와 불안한 세계 속에서 살아가는 사람들에게 유익하고 좋았다.

평소에는 물이 있을 곳에 물이 있고, 집이 있을 곳에 집이 있고, 과일나무가 자라는 곳에 과일 나무가 있는 것이 너무나 당연해 보인다. 감사할 거리도 되지 않는다. 엄청난 홍수를 겪고 나면 사정이 달라진다. 물과 땅이 분리되어 있다는 사실, 주거공간과 농사짓는 땅이 구별되어 있다는 사실이 참으로 큰 은혜인 것을 알게 된다. 그리고 이 모든 것을 이루어 가시는 성령님의 역사가 참으로 신비하고 감사하게 받아들여진다. 하나님은 물을 꾸짖어 도망치게 하시고, 감히 넘어올 수 없는 경계를 세우셨다. 하나님은 물을 창조하셨을 뿐만 아니라 그것을 다스리는 분이다. 욥기 시편 잠언은 이것을 매우 시적인 표현으로 노래했다.

> 8 바다가 그 모태에서 터져 나올 때에 문으로 그것을 가둔 자가 누구냐 9 그 때
> 에 내가 구름으로 그 옷을 만들고 흑암으로 그 강보를 만들고 10 한계를 정하여
> 문빗장을 지르고 11 이르기를 네가 여기까지 오고 더 넘어가지 못하리니 네 높
> 은 파도가 여기서 그칠지니라 하였노라(욥 38:8-11)

> 7 주께서 꾸짖으시니 물은 도망하며 주의 우렛소리로 말미암아 빨리 가며 8 주
> 께서 그들을 위하여 정하여 주신 곳으로 흘러갔고 산은 오르고 골짜기는 내려갔
> 나이다 9 주께서 물의 경계를 정하여 넘치지 못하게 하시며 다시 돌아와 땅을 덮

지 못하게 하셨나이다 (시 104:7-9)

28 그가 위로 구름 하늘을 견고하게 하시며 바다의 샘들을 힘 있게 하시며 29 바
다의 한계를 정하여 물이 명령을 거스르지 못하게 하시며 또 땅의 기초를 정하
실 때에 30 내가 그 곁에 있어서 2)창조자가 되어 날마다 그의 기뻐하신 바가 되
었으며 항상 그 앞에서 즐거워하였으며(잠 8:28-30)

예수께서 깨어 바람을 꾸짖으시며 바다더러 이르시되 잠잠하라 고요하라 하시니 바람이 그치고 아주 잔잔하여지더라(막 4:39)

뭍과 물의 분리(구별)는 모든 피조물에게 은총이요 구원이었다.

오늘의 적용

시간과 공간의 주인

하나님은 공간을 만드신 분이다. 그분은 공간의 주인이다. 그러므로 그분은 공간과 공간 사이의 거리를 초월하여 그 어느 곳에나 다 계신다.

하나님은 시간과 계절을 만드셨다. 그분은 과거 현재 미래 등 모든 시간의 주인이다. 그러므로 그분은 시간과 시간 사이의 틈을 초월하여 언제나 늘 계신다.

1 주여 주는 대대에 우리의 거처가 되셨나이다 2 산이 생기기 전, 땅과 세계
도 주께서 조성하시기 전 곧 영원부터 영원까지 주는 하나님이시니이다 4
주의 목전에는 천 년이 지나간 어제 같으며 밤의 한 순간 같을 뿐임이니이
다(90:1-2, 4)

8

땅아, 식물을 내어라

(창 1:11–13)

개역개정	직역
11 하나님이 이르시되 땅은 풀과 씨 맺는 채소와 각기 종류대로 씨 가진 열매 맺는 나무를 내라 하시니 그대로 되어	11 그리고 하나님이 말씀하셨다. “그 땅은 자라게 하여라, 새싹과 씨를 맺는 채소와 그 안에 씨가 있어 열매를 맺는 과일나무를 그 종류대로.” 그러자 그대로 되었다.
12 땅이 풀과 각기 종류대로 씨 맺는 채소와 각기 종류대로 씨 가진 열매 맺는 나무를 내니 하나님이 보시기에 좋았더라	12 그리고 그 땅은 자라게 하였다, 새싹과 씨를 맺는 채소와 그 안에 씨가 있어 열매를 맺는 과일나무를 그 종류대로. 그리고 하나님이(그것을) 보셨다. 참 좋았다.
13 저녁이 되고 아침이 되니 이는 셋째 날이니라	13 그리고 저녁이 되고 아침이 되었다. 이는 셋째 날이었다.

이것은 창조의 셋째 날 이루어진 식물 창조 이야기이다. 11절과 12절을 비교해 읽어보면 식물이 두 가지 인지 세 가지 종류인지 분명하지 않다.(풀, 씨 맺는 채소, 씨 가진 열매맺는 나무)

11-13절에는 살아있는 생명체인 식물이 창조되는 이야기가 나온다. 하나님은 혼돈의 물을 정리하여 하늘과 땅, 그리고 물과 뭍을 제자리에 제 모

양대로 있게 하신 뒤 그 공간에 있어야 할 것들을 있게 하셨다.

여기 사용된 표현이 독특하다. 이제까지 하나님은 창조될 피조물을 향해 직접 말씀하셨다. 이를테면 '빛이 있어라'이다. 여기서 하나님은 식물에게가 아니라 땅에게 말씀하셨다. '땅은 …을 내라.' 여기서부터 땅은 하나님의 창조 행위에서 어머니와 같은 위치에 있게 되었다.(von. Rad, 35) 우리가 흔히 쓰는 '어머니 = 대지'라는 표현이 시작된 것이다. 식물은 땅에서 움터서 땅에 뿌리를 박고 산다. 그것이 썩으면 땅을 비옥하게 만드는 거름이 된다.

히브리인은 식물에게는 생명이 없다고 여겼다. 이것이 동물에게 적용된 생명이란 말(네페쉬 카이야. 개역개정: 생물)이 여기에 쓰이지 않은 이유이다.(24절) 이는 당시 주변 세계에 널리 퍼져 있던 토테미즘이나 범신론과도 다르고, 오늘날 우리의 생각과도 다르다.

식물 곧 새싹, 씨 맺는 풀, 씨 있는 온갖 과일과 나무들이 매우 질서정연하게 만들어졌다. 그것들은 '각각 그 종류대로' 있게 되었다. 풀(데셰 = 새싹) 초목(에세브) 그리고 나무(에츠)에서 다른 두 가지와는 달리 풀에는 씨 또는 열매란 말이 빠져 있다. 채소와 나무는 29-30절에 다시 나오는데 비해 풀은 그렇지 않다. 창조하시는 하나님 말씀에 따라 창조세계(creatura) 안에 자연세계(natura)가 형성되었다.

수목송(김동리)의 한 구절이다. "생각해 보라. 수목이 없는 세상에 아름다움이 있겠는가? 수목이 없는 세상에 기쁨과 위안과 희망이 있겠는가? 수목이 없는 세상에서 행복을 생각할 수 있겠는가?"

식물은 동물보다 먼저 창조되었다. 하나님은 이것을 땅에서 생겨나게 하셨다. 그리고 나중에 창조될 사람과 동물의 먹을거리를 미리 준비하셨다.(창 1:29-30 참조)

1절의 빠라와 7절의 아사에 이어 12절에는 창조를 나타내는 낱말로 야챠르(= 형성하다, 조성하다)와 아사가 쓰였다. 이는 아카드어(에체루)에서 유래했다. 이 말은 기본적으로 형성하다 그리다 새겨 넣다는 뜻이며, 확장된 의미로는 계획하다 확정하다로 쓰였다. 그 언어에서 에체루는 창조활동과는 전혀 관계가 없다. 우가릿어와 페키니아어에서 야챠르는 명사형(요체르)으로 쓰여 도공(陶工)을, 이집트어에서는 도자기를 각각 의미한다. 히브리말에서 야챠르는 손작업과 관련된 활동에 폭넓게 쓰였다.(ThWAT III 830-32) 성경에서 이 말이 그릇(도자기) 만드는 직업과 연결되어 쓰이는 것은 우연이 아니다.

보통 사람에게 풀과 나무 이름은 생소한 것이 많다. 그림책에서나 보아서는 실물을 봐도 잘 연결되지 않는다. 낯선 식물을 한두 번 봐서는 그 이름이 잘 떠오르지 않는다. 그래서인가? 그냥 '풀 또는 나무'라고 할 때가 많다. 심지어 잡초 또는 잡목이라고도 한다. '잡'이란 말에는 그 존재가치를 무시하거나 떨어뜨리는 태도가 들어 있다.

시인 박성근은 '풀꽃은 풀꽃대로 잡초는 잡초대로 / 존재 이유를 가지고 있는 것이다 / 모두들 커다란 생명의 잔치에 동참하고 있는 것이다'라고 하였다. 맞는 말이다. 다만 잡초라는 표현이 맘에 걸린다. 이 세상에 잡초는 하나도 없다. 우리 자신이 모를 뿐 그들 나름대로 이름을 갖고 있다. 하나같이 다 독특한 역할과 의미를 지니고 있다. 하나같이 다 하나님의 피조물이다. 그것들은 잡초가 아니라 하나님의 창조세계를 구성하는 당당한 일원(一員)이다.

"… 눈을 들어 하늘을 우러러보고 먼 산을 바라보라. 어린애의 웃음같이 깨끗하고 명랑한 5월의 하늘, 나날이 푸르러 가는 이 산 저 산, 나날이 새로운 경이를 가져오는 이 언덕 저 언덕, 그리고 하늘을 달리고 녹음을 스쳐 오는 맑고 향기로운 바람— 우리가 비록 빈한하여 가진 것이 없다 할지라도, 우리는 이러한 때 모든 것을 가진 듯하고, 우리의 마음이 비록 가난하여 바라는 바, 기대하는 바가 없다 할지라도, 하늘을 달리어 녹음을 스쳐 오는 바람은 다음 순간에라도 곧 모든 것을 가져올 듯하지 아니한가?"(이양하, 신록예찬)

홍대용(洪大容, 1731~1783 조선)은 말했다. "사람의 입장에서 만물을 보면 사람이 귀하고 만물이 천하다. 만물의 입장에서 사람을 보면 만물이 귀하고 사람이 천할 것이다. 그러나 하늘의 입장에서 보면 사람이나 만물이나 다 같은 것이다."(이인시물 以人視物 인귀이물천 人貴而物賤 이물시인 以物視人 물귀이인천 物貴而人賤 자천이시지 自天而視之 인여물균야 人與物均也 - 의산문답 毉山問答)

오늘의 적용

하나님께서 창조하신 것이다

이 세상 모든 것은 다 하나님께서 창조하신 것이다. 우주만물은 창조주 하나님 안에서 그 존재의미와 가치를 지닌다.

참나무 대나무 소나무의 가치와 존재의미는 사람이 정하는 것이 아니다. 하나님께서 창조하신 것이라는 사실에 기초하여 그것이 정해진다. 황인종 백인종 흑인종, 이 나라 사람 저 나라 사람, 이 동에 사람 저 동네 사람의 존재의미와 가치도 사람이 정하는 것이 아니다. 각 사람은 창조주 하나님 안에서 인생의 의미를 지닐 뿐이다. 그 권한도 하나님께 속한 것이다. 이는 본인이 의식하느냐, 그렇게 고백하느냐에 관계없다.

9
때가 가고 때가 온다

(창 1:14)

개역개정	직역
14 하나님이 이르시되 하늘의 궁창에 광명체(또는 발광체)들이 있어 낮과 밤을 나뉘게 하고 그것들로 징조와 계절과 날과 해를 이루게 하라	14 그리고 하나님이 말씀하셨다. "하늘의 광장에 낮과 밤을 나누기 위한 발광체가 생겨라. 그리고 그것이 표적이 되어라. 시간들과 낮들과 해들을 정하기 위한."

이것은 계절과 절기가 정해지는 이야기이다. "천지는 쥐죽은 듯 고요하여 움직이지 않아도 그 움직임은 잠시도 쉬지 않는다. 해와 달은 밤낮으로 달리더라도 그 밝음은 영원히 바뀌지 않는다."(채근담 전편 8) 하나님은 우주를 고요하면서도 움직이게(정중동靜中動) 움직이면서도 고요하게(동중정 動中靜) 만드셨다.

창조의 넷째 날 하나님은 시간을 만드셨다. 그 시간들을 구분하려고 하나님은 천체를 만드셨다. 천체를 지렛대 삼아 하나님은 i) 낮과 밤을 나뉘게 하셨다. 이렇게 하나님은 하루하루의 날들을 정하셨다. ii) 시간과 날들과 해들을 정하는 표적이 되게 하셨다. 이로써 하나님은 기념일(축일)과 달과 연도를 정하셨다.

하나님의 시간은 본디 영원 전에서부터 영원 후까지이다. 무한대이다. 영원한 시간을 다스리시는 하나님은 하루의 마디, 한 달의 마디, 한 해의 마디를 정하셨다. 그 가운데 가장 작은 마디는 하루이다. 하루는 밤과 낮으로 구성되었다. '저녁이 되고 아침이 되니 이는 00째 날이라.' 히브리인에게 하루는 우리와 다르다. 그것은 자정에서 자정까지의 시간이 아니라 해지는 때부터 다음 날 해지기 전까지이다. 이에 따라 하루 중 인간의 활동은 어둠(저녁)의 상태에 있다가 빛(빛의 근원)이신 하나님을 만날 때 비로소 시작되고, 그 빛과 함께 있는 동안에 완성된다.

> 너희가 전에는 어둠이더니 이제는 주 안에서 빛이라 빛의 자녀들처럼 행하라(엡 5:8)

> 밤이 깊고 낮이 가까웠으니 그러므로 우리가 어둠의 일을 벗고 빛의 갑옷을 입자(롬 13:12)

개역개정이 계절이라 옮긴 말(모아딤)은 여름 겨울 같은 연중의 절기를 가리키는 것이 아니다. 그것은 예배와 관련된 종교적인 축제일(절기)들을 의미한다.(월튼 172) 이것은 종교적 문맥에서 자주 사용되었다.

하나님이 정하신 달(month)은 어떤가? 이것은 달(moon)이 약 30일 단위로 지구를 도는 주기(항성월 주기는 29.5일)로 움직인다. 히브리말 코데쉬(chodesch)는 달 또는 한 달의 첫날을 의미한다. 본디 이 말은 '새롭다, 새롭게 하다'는 뜻의 동사 카다쉬에서 나왔다.(ThWAT III 759-780) 성경에서 이 말은 월삭(초하루)을 가리키기도 하고(암 8:5) (성전을) 수리하다, 개축하다(대하 15:8, 24:2, 12) 및 새롭게 하다(애 5:21, 시 103:5, 104:30)는 뜻으로 쓰였다. 하나님은 시간을 하루 단위로 구분하신데 이어 한 달 단위로도 나누어 놓으셨다. 미루어 짐작컨대 이는 사람으로 하여금 지난달의 실패와 아쉬움을 딛고 일어나 새로운 각오와 비전으로 새 출발하는 계기를 마련해주신 듯하다.

해(year)의 구분에는 계절의 변화가 들어 있다. 연도를 가리키는 히브리어 말은 샤나이다.(ThWAT VIII 324-340) 이것은 '반복하다, 변화시키다, 바뀌다, 차이가 있다'는 뜻이다.(왕상 18:34, 욥 14:20). 하나님은 365일 12달이 지나고 나면 매번 새로운 해가 시작되게 하셨다.

신년은 사람의 마음에 새로운 자극과 동기를 부여한다. 엄격하게 말하자면 12월 31일이나 1월 1일은 똑같은 하루다. 12월이나 1월도 동일한 나날의 연속이다. 겉보기에 다를 것이 하나도 없다. 그런데도 사람들은 한 해의 마지막 날, 한 해의 첫 날로 구분해 놓았다. 그 둘 사이에 아주 큰 차이를 두게 했다. 그 차이를 긍정적으로 받아들이면 들일수록 우리 마음가짐과 생활태도에 여러 가지 좋은 변화가 생겨난다.

성경은 한 해라는 기간 속에 경제활동의 주기를 정해놓았다. 당시는 농경 및 목축이 경제생활의 기초였다. 이에 따라 그 일 년 안에 계절과 기후의 변화에 따른 농업경영의 순서가 정해졌다. 크게 나누면 그것은 세 절기이다. i) 보리씨를 뿌리고 수확하는 절기에 유월절을 제정했다. 하나님은 이스라엘에게 한편으로 추수를 감사하고 다른 한편으로 출애굽의 놀라운 구원역사를 되새기며 은혜를 받게 하셨다. ii) 맥추절이다. 사람들은 밀을 수확하며 기쁨과 감사를 표하는 동시에 시내산에서 토라를 주신 하나님 은혜를 되살렸다. iii) 초막절이다. 이때 이스라엘은 과일을 추수하여 창고에 저장하는 한편(수장절) 조상들이 광야에서 방랑하다가 젖과 꿀이 흐르는 가나안을 선물로 받은 은혜를 재 체험하고자 들판(광야)으로 나갔다. 거기에 초막(장막)을 치고 일주일 동안 지내며 절기를 지켰다.(장막절)

우리의 생활리듬은 일주일(week) 단위로 이루어진다. 이는 하나님께서 7

일 동안 천지만물과 거룩함과 안식 및 복을 창조하신 것에 따른 구분이다. 이것은 날이나 달이나 해와 별로 관계가 없다. 곧 천체의 움직임과 밀접한 상관관계가 없는 주기이다. 오직 하나님을 중심으로 구분된 것이다. 출애굽 이후에는 여기에 하나님께서 이스라엘 민족을 이집트에서 구원하신 일에 감사드리는 의미가 덧붙여졌다.

> 너는 기억하라 네가 애굽 땅에서 종이 되었더니 네 하나님 여호와가 강한 손과 편 팔로 거기서 너를 인도하여 내었나니 그러므로 네 하나님 여호와가 네게 명령하여 안식일을 지키라 하느니라(신 5:15)

예수님의 부활과 승천이후 초대교회는 안식일 대신에 주일을 거룩한 성일로 지켰다.

오늘날 우리는 시간을 두 가지로 구분하여 사용하고 있다. 하나는 하루 한 달 한 해의 순환주기요, 다른 하나는 일주일 단위의 주기이다. 앞엣것이 자연적(천문학적)인 것이라고 한다면 뒤엣것은 신앙적인 것이다. 그 둘은 새로운 피조물인 우리에게 좋은 지렛대가 된다. 모세를 따라 "우리에게 우리 날 계수함을 가르치사 지혜로운 마음을 얻게 하소서"(시 90:12)라고 기도드리며 사는 사람에게는 하루도 한 주도 한 달도 한 해도 다 의미가 깊다.

사람에게 주어진 날은 일 년 365일이 다 똑같다. 그렇더라도 사람은 그 날들을 다 똑같은 비중으로 받아들이지 않는다. 사람은 어떤 날을 다른 모든 날보다 더 중요하게 활용하고(이를 테면 … 기념일), 어떤 날을 있는 듯 없는 듯 범상하게 흘려보낸다. 사람마다 집단(공동체)마다 그리고 나라와 민족마다 각기 고유한 기념을 가지고 있다. 그때 그 의미를 되새기며 미래로 나가는 디딤돌로 삼는다.

날의 신 Dagr가 말을 타고 달리면서 좌우를 두리번거린다.
(피터 니콜라이 아르보)

우리가 태어난 날(생일)과 그 앞날 뒷날은 겉보기에 아무런 차이가 없다. 그런데도 우리는 그 차이를 크게 생각한다. 그 차이를 긍정적으로 사용하면 할수록 우리 인생은 충만해진다.

한가위, 설날 등도 이와 같다. 세시풍속(歲時風俗)에 따라가며 살다 보면 자기도 모르는 사이에 공동체와 어울리고, 사회에 어우러지며 생활하게 된다. 이렇게 만들어진 날과 달과 해, 계절과 절기의 토막들은 인생을 역동적이고 풍부하게 만들어 준다.

하루는 24시간이다. 히브리말(욤)이나 다른 언어(day, Tag …) 에서 날(하루)은 낮 시간을 가리키기도 한다. 길다면 길고 짧다면 짧다. 한 달은 30(31)일이다. 길다면 길고 짧다면 짧다. 일 년은 열두 달 365일이다. 이 역시 길다면 길고 짧다면 짧다. 인생 한 평생이란 기간도 길다면 길고 짧다면 짧다. 그러므로 인생에게 주어진 세월이 기냐 짧으냐는 핵심이 아니다. 그 기간에 어떤 내용을 채우느냐가 훨씬 더 중요하다. 하나님은 시간에 관해 이렇게 말씀하셨다.

주의 목전에는 천 년이 지나간 어제 같으며 밤의 한 순간 같을 뿐임이니이다(시

90:4)

사랑하는 자들아 주께는 하루가 천 년 같고 천 년이 하루 같다는 이 한 가지를 잊지 말라(벧후 3:8)

오늘의 적용

때와 시기

봄 여름 가을 겨울은 각기 제 할 일을 하면서 물러간다.(사시지서 성공자거 四時之序 成功者去) 〈사기(史記), 아사열전(李斯列傳), 채택열전(蔡澤列傳), 전국책(戰國策), 진책(秦策)三〉에 나오는 말이다. 장자는 春夏先(춘하선), 秋冬後(추동후), 四時之序也(사시지서야)라 했다. 봄과 여름이 앞서고 가을과 겨울이 뒤따르는 것이 사계절의 질서라는 말이다.(외편 外篇 13편 篇 천도 天道)

전도자도 말했다.

1 범사에 기한이 있고 천하 만사가 다 때가 있나니… 11 하나님이 모든 것을 지으시되 때를 따라 아름답게 하셨고 또 사람들에게는 영원을 사모하는 마음을 주셨느니라 그러나 하나님이 하시는 일의 시종을 사람으로 측량할 수 없게 하셨도다(전 3:1-11)

나(우리)의 생일 그리고 각자의 기념일을 확인해 보자. 그것이 내(우리) 인생의 오늘과 내일에 주는 의미가 무엇인가?

10

창공에 빛나는 해와 달과 별

(창 1:15–19)

개역개정	직역
15 또 광명체들이 하늘의 궁창에 있어 땅을 비추라 하시니 그대로 되니라	15 그리고 그 광명체들이 하늘의 궁창에 있어라. 땅위에 비추기 위하여. 그러자 그대로 되었다.
16 하나님이 두 큰 광명체를 만드사 큰 광명체로 낮을 주관하게 하시고 작은 광명체로 밤을 주관하게 하시며 또 별들을 만드시고	16 그리고 하나님께서 큰 광명체 둘을 만드셨다, 낮을 다스리기 위한 큰 광명체와 밤을 다스리기 위한 작은 광명체를. 그리고 별들을.
17 하나님이 그것들을 하늘의 궁창에 두어 땅을 비추게 하시며	17 그리고 그것들을 하나님은 하늘의 궁창에 두셨다. 땅위를 비추게 하시려고.
18 낮과 밤을 주관하게 하시고 빛과 어둠을 나뉘게 하시니 하나님이 보시기에 좋았더라	18 그리고 그 낮을 다스리며 그 밤에 있게 하시려고. 그리고 그 빛과 그 어둠을 갈라놓으시려고. 그리고 하나님이 (그것을) 보셨다. 참 좋았다.
19 저녁이 되고 아침이 되니 이는 넷째 날이니라	19 그리고 저녁이 되고 아침이 되었다. 이는 셋째 날이었다.

이것은 천체(天體)가 창조되는 이야기이다. 그것들은 오롯이 피조물이다. 결코 신이 아니다. 이런 사실이 창 1:14-19에 사용된 용어들에 짙게 깔려 있다.(von Rad 35) 이 부분은 다음과 같이 짜여 있다.

14 나누기 위하여

  15 비추기 위하여

    16a 다스리기 위하여

    16b 다스리기 위하여

  17 비추기 위하여

18 나누기 위하여

창조 이야기에는 아주 재미있는 사실이 하나 있다. 창조의 첫째 날에 빛이 먼저 만들어지고 나서 해와 달과 별들이 나중에 그것도 넷째 날에 만들어졌다는 사실이 바로 그것이다. 우리는 흔히 불이나 태양과 같은 빛의 근원(광원, 발광체)이 있어야 거기서 광명이 나온다고 생각한다. 성경은 눈에 보이는 그런 것보다 더 근본적인 광명의 근원이 있다고 가르친다. 다시 말해 성냥불을 켜지 않아도 빛은 이미 있는 것처럼 태양이 없어도 빛은 이미 존재하는 것이다. 해와 달과 별은 빛 그 자체가 아니라 빛을 품고 있는 그릇이다.

진정한 빛은 물질과 눈에 보이는 세계를 초월한다는 사실을 창세기는 이미 밝혀놓았다. 영혼의 광명은 불이나 태양과 같은 태양계에 있는 발광체에서 비롯되는 것이 아니라, 하나님으로부터 나온다는 것이다. 곧 영원한 빛, 영원히 찬란하게 빛나는 빛은 물질인 발광체(메오르 = 發光體 또는 광명체) 보다 더 근본적인 데 있다는 말이다.

광명체란 말(마오르, 므오림 & 므오로트)은 자주 쓰이는 말이 아니다. 구약 전체에 다양한 형태로 19번 쓰였다. 오경(15번) 외에는 시편(2번) 잠언(1회) 에스겔(1번)에 쓰였다. 월튼(174)에 따르면 오경 밖에서 이 말은 천체들 또는 빛나는 얼굴 혹은 눈을 상징한다. 창세기를 제외한 오경 안에서 이것은 장막을 밝히는 불빛을 나타낸다.(출 20:6; 27:20; 35:8 [2x], 14, 28; 39:37; 레 24:2; 민 4:9, 16 등)

이 빛을 창조한 창세기 1장의 내용은 현대과학이 가르치는 것보다도 더 과학적인 이야기인 것이다. 우리는 성경에 나오는 창조 이야기가 얼마나 심오하고 얼마나 깊이 있는 이야기인가 하는 점을 새삼스럽게 느끼며 감탄할 수밖에 없다. 이렇게 눈이 보이는 빛의 근원보다도 더 근본적인 빛을 창조하신 하나님께서 우리를 가리켜 빛의 자녀라고 말씀하셨다.

> 8 여러분이 전에는 어둠이었으나, 지금은 주 안에서 빛입니다. 빛의 자녀답게 사십시오. 9 빛의 열매는 모든 선과 의와 진실입니다. 10 주님께서 기뻐하시는 일이 무엇인지를 분별하십시오.(엡 5:8-10 표준)

여기서 빛이란 말은 단순히 눈에 보이는 광선을 이야기 하는 것이 아니다. 성경에서 빛이란 하나님 자신을 상징하기도 하고, 하나님께서 베푸시는 구원 사랑 은혜 화해 평화 등 여러 가지 뜻이 있다. 어느 뜻으로 풀든지 빛이라는 말에는 언제나 좋은 뜻이 담겨 있다.

14-19절에는 하나님께서 해와 달과 별을 만드시고, 밤과 낮과 시간과 절기를 창조하시는 모습이 기록되었다. 히브리말에 달(야레아흐)도 해(쉐메쉬)도 있는데 여기에는 그런 단어가 쓰이지 않았다. 해(큰 광명체)와 달(작은 광명체) 및 별들이 하는 역할은 여러 가지이다. i) 낮과 밤의 경계를 정한다. ii) 특히

해는 밝음과 어둠을 좌우한다. iii) 땅을 비추어 밝게 한다. iv) 하나님의 창조질서의 한 부분을 이룬다. 이 밖에도 v) 아침에 떠오르는 태양은 사람들에게 용기와 희망을 준다. vi) 저녁에 떠오르는 달은 사람의 마음을 순화시키고 정서를 자극한다.

메소포타미아 사람들 대부분은 음력을 쓰면서 하늘에 있는 달을 신으로 섬겼다. 메소포타미아지역에 있던 도시 에블라라는 곳에서 주전 2000여년에 쓰인 문서에 보면 태양이라는 단어가 곧 그들이 섬기는 신의 이름이었다.(sí-pis od. sépes) 이런 맥락에서 우리는 15-16절에 태양을 가리켜 그냥 큰 등불(광명체)이라 하고, 달을 가리켜 그냥 작은 등불(작은 광명체)이라고 부른 이유를 이해할 수 있다. 우리는 여기서 이집트사람들이 양력을 쓰면서 태양을 신으로 섬기고, 이집트 왕 파라오는 태양신의 아들로 불렸다는 사실도 함께 주목할 필요가 있다.

성경은 해나 달을 신으로, 아니 신적인 존재로 지칭한 적이 단 한 번도 없다. 하나님은 그것들을 신(神)이 아니라 밤 또는 낮을 주관하게(다스리게) 하셨을 뿐이다.(메므샬로 ← 마샬) 마치 방이나 강당 안 천정에 조명등이 달리듯이 그것들은 궁창에 달린 발광체일 뿐이었다. 그리고 피조물에 속한 물체였을 뿐이다. 하늘은 물론 거기 있는 해와 달과 별은 피조물이지 결코 신이 아니다.

앞부분에서는 나눈다는 말이 창조활동에서 한 자리를 차지했다. 여기서는 다스리다 지배하다(마샬 II)는 말이 추가되었다. 물론 그 다스림은 강제·강요와 질적으로 다르다. 그보다는 창조된 세상의 질서를 바로 세운다는 의미가 두드러지게 나타났다. 구약성경에 98번(동사형으로는 79번) 나오는 이 말은 대체로 정치적 또는 국가적 통치에 적용되었다. 이 경우에는 통치하다, 관리하다 라는 뜻으로 쓰였다.(이집트에서 요셉의 통치 행위와 관련하여 창 45:8, 26

참조)

점성술을 믿는 사람은 해와 달과 별자리의 움직임이 모든 사람의 운명을 결정한다고 생각했다. 그들은 별자리의 움직임을 잘 관찰하거나 섬기는 것이 인간의 생사화복에 직결된다고 보았다.(습 1:5) 성경은 '별들은 우리의 운명에 아무런 영향도 미치지 않으며 그냥 어둠을 비추는 등불일 뿐'이라고 보았다. 하나님께서 그것들을 만드셨다. 그 가운데 어느 것도 하나님이 받으실 영광과 존귀, 권세를 대신 받을 수 없다. 해와 달과 별들은 단순히 하나님의 영광과 권능을 드러내는 피조물일 뿐이고, 사람의 생활을 편리하게 하고 사람이 지닌 정서를 자극 · 발달시키는 보조수단일 뿐이다.

그렇다. 해와 달과 별은 신이 아니다. 그것들은 하나님께서 우주의 운행을 위해서, 인간의 유익을 위해서 만들어 놓은 것이다. 율곡 이이 선생의 시 '우연히 읊다'(偶吟 우음)처럼 바람과 달은 나의 정감(情感) 키우고(풍월양아정 風月養我情) 안개와 노을은 나의 몸을 충만케 한다(연하영아신 煙霞盈我身)로 충분하다. 이에 욥은 고백하였다:

> 만일 해가 빛남과 달이 밝게 뜬 것을 보고 내 마음이 슬며시 유혹되어 내 손에 입맞추었다면 그것도 재판에 회부할 죄악이니 내가 그리하였으면 위에 계신 하나님을 속이는 것이리라(욥 31:26-28)

이상에서 살펴 본 대로 하나님께서는 이 세상과 만물을 창조하실 때 아주 깊은 사랑과 관심을 가지고 계셨다. 하루하루가 완성될 때마다 일일이 점검해 보시고 난 다음 '보기에 참으로 좋았더라'고 말씀하셨다.

여기서 좋았더라는 말은 눈으로 보기에 아름답고 좋다는 뜻도 있지만 그것보다는 '아주 쓸만하다, 마음먹은 대로 잘 되었다'는 뜻이 담겨 있다. 만들고자 한 목적에 합당하게 잘 완성되었다는 것이다. 더 나아가 이것에는 선하다(창 26:29) 충실하다(창 41:5) 아름답다(출 3:8; 전 3:11) 존귀하다(대상 29:28) 복되다(욥7:7) 위대하다 (시 11:2) 놀랍다(욥 37:14) 완벽하다(신 32:4) 등 다양한 말맛이 들어있다.

전능하신 창조주 하나님은 피조물들에게 이렇게 애정을 가지고 계셨다. 내가 하는 일인데 어련하랴 하면서 만들어 놓기만 하고 방치하지 않으셨다. 그분은 애정 어린 눈길로 피조물들을 바라보셨다. 일일이 살펴보셨으며 그 하나하나 이름을 붙여 주셨다. 본문에도 보셨다 는 말(라아)이 여러 차례 되풀이 나왔다.(4. 9, 10. 12. 14 등) 이것은 그냥 눈길을 주었다는 뜻이 아니다. 그보다는 원래 목적대로 제대로 만들어졌는지를 꼼꼼하게 살펴보셨으며 지극한 관심을 갖고 친히 관찰하셨다는 뜻이다.

오늘의 적용

螢(형 = 반디불) - **다산 정약용**

冷落高梧外 (냉락고오외) 쓸쓸히 높이 솟은 오동나무 너머

飄零數點螢(표령수점형) 대 여섯 점 반딧불 떠도네.

大明均布施(대명균포시) 밝은 해야 골고루 널리 퍼지지만

微物亦光熒(미물역광형) 하찮은 미물 역시 빛을 반짝인다네

的的雖驚衆(적적수경중) 깜박깜박 사람들 놀라는데

昭昭恥遁形(소소치둔형) 밝은 모양이 부끄러워 몸을 숨기네

不知林下士(부지림하사) 모를레라 어떤 선비 숲속에 거처하며

誰復照殘經(수부조잔경) 옛날처럼 낡은 글에 다시 비춰보겠지

복음성가 가운데 '낮엔 해처럼 밤엔 달처럼 그렇게 살 순 없을까'라고 노래하는 것이 있다. 언감생심((焉敢生心)이다. 비록 그렇게 하지는 못하더라도 어두운 이 세상에서 반딧불만한 빛이라도 내면서 살 수만 있어도 좋겠다.

11
생육하고 번성하라

(창 1:20–23)

개역개정	직역
20 하나님이 이르시되 물들은 생물을 번성하게 하라 땅 위 하늘의 궁창에는 새가 날으라 하시고	20 그리고 하나님이 말씀하셨다. 그 물들은 생명체들로 들끓게 하여라. 그리고 새들이 땅 위 하늘 궁창 위에 날아라.
21 하나님이 큰 바다 짐승들과 물에서 번성하여 움직이는 모든 생물을 그 종류대로, 날개 있는 모든 새를 그 종류대로 창조하시니 하나님이 보시기에 좋았더라	21 그리고 하나님이 창조하셨다. 큰 바다 짐승들과 물에서 들끓는 모든 생물들을 그 종류대로. 그리고 날개 있는 모든 새를 그 종류대로. 그리고 하나님이 (그것을) 보셨다. 참 좋았다.
22 하나님이 그들에게 복을 주시며 이르시되 생육하고 번성하여 여러 바닷물에 충만하라 새들도 땅에 번성하라 하시니라	22 그리고 그들에게 하나님이 복을 주시며 말씀하셨다. 번식하고 번성하여 바닷물을 가득 채워라. 새들도 땅 위에서 번성하여라.
23 저녁이 되고 아침이 되니 이는 다섯째 날이니라	23 그리고 저녁이 되고 아침이 되었다. 이는 다섯 째 날이었다.

이것은 바다에 사는 생물과 하늘에 나는 생물에 관계된 이야기이다. 이것은 둘째 날에 이루어진 궁창 및 그 위 아래로 물이 분리된 것과 물과 뭍의

분리에 이어진다.

하나님은 식물을 창조하신데 이어 동물을 창조하기 시작하셨다. 뭍짐승과 바다생물이 생겨난 것이다. 이 모든 것은 생물이란 말(네페쉬 카야)로 통칭되었다.(20, 21절) 이 말은 창 2:7에 생령으로 옮겨진 말과 똑같은 것이다. 카야는 생명(생명체)이란 뜻이다. 네페쉬는 매우 포괄적인 의미를 지닌 다의어이다. 이는 사람의 목(목구멍)을 가리키는데서 뜻이 발전하여 숨(호흡) 목숨(생명) 식욕(욕망) 영혼 마음을 의미하며 때로는 생물(동물)이나 사람 그 자체를 뜻하기도 한다. 네페쉬란 말의 뿌리는 숨(숨쉬다)이다. 이 말은 비록 동의어는 아니더라도 느샤마(= 생명, 혼)와도 관계가 있다.(Mathews 198)

네페쉬를 영혼으로 번역하는 것에는 오해의 소지가 많다. 초기 그리스 철학에서 영혼과 몸은 하나로 여겨졌다. 거기서 몸은 영혼이 거주하는 장소였다. 후기 플라톤주의자들은 몸과 영혼을 분리시켰다. 그들은 영혼(psyché)은 불멸이며 물질이 유한하다고 했다. 심지어 육체를 영혼의 감옥이라고까지 비하했다. 헬레니즘 시대 철학자 필로는 여기서 한 걸음 더 나갔다. 그는 아예 육체 없는 영혼의 존재를 인정했다. 이런 식의 이분법은 유대인의 묵시문학과 외경에도 영향을 미쳤다. 다행스럽게도 이런 사상은 히브리사고방식의 중심에 들어오지 못한 채 주변만 맴돌았다.

네페쉬와 카야는 사람에게도 해당되는 용어이다. 창세기 2장 7절과 19절에 따르면 동물도 아담처럼 흙으로 만들어졌다. 그리고 아담처럼 살아있는 피조물(네페쉬 카야)이 되었다. 동물에게 생명(네페쉬)과 살아있는 것(카야)이란 수식어가 붙은 것은 매우 의미심장하다. 특히 카야(ḥajjah)의 발음은 하와(ḥawwah)를 연상하게 한다.

창 1:20에 처음 나오는 네페쉬 카야(living creature)는 땅의 동물(창 1:24) 일부 바다 생물과 새들(창 2:28) 흙으로 지어진 사람에게 생기가 불어넣어졌을 때의 사람(창 2:7)에 쓰였다. 이는 비록 하나님의 형상대로 지음을 받았다하더라도 사람은 생명체라는 점에서 다른 피조물과 질적으로 다르지는 않다는 뜻이다.

하나님께서 위와 같은 것들을 창조하실 때에는 이미 빛의 창조, 물과 뭍의 분리, 식물의 창조 등 그것들이 살아갈 환경과 조건이 제대로 갖추어진 뒤였다. 고대 히브리인들은 식물에는 생명이 들어 있지 않다고 생각하였다. 현대인의 그것과는 근본적으로 다른 사고방식이다. 만일 그 생각을 일단 받아들인다면 이제부터 비로소 생명체가 등장하기 시작한 것이다.

창 1:1에 쓰였던 창조하다는 말(빠라)이 여기에 다시 등장했다. 이런 용어를 쓴 것 자체가 하나님께서 생명체를 매우 중요하게 여기시는 것을 의미하는 것일까?

창 1:21의 큰 바다 짐승들(탄닌)은 원시의 바다에 산다고 여겨지는 동물, 그것도 괴물의 이미지를 떠올리게 한다. 시 74:13-14는 탄닌의 범주에 리워야단(머리가 여러 개 달리고 힘이 매우 센 괴물)을 포함시켰다. 본문에서 그것은 물리쳐버리거나 제거해야할 대상이 아니다. 그것도 생육하고 번성하라는 복을 받았다.(22절) 그것도 하나님의 피조물이며 하나님 보시기에 좋았다.(월튼 178)

식물처럼 동물들도 각각 제 종류대로 지어졌다. (각각 제) 종류대로 라는 말은 창세기 1장에 열 차례 쓰였다. 식물과 동물들이 제각각 개성과 특성을 지니고 살아가게 하나님께서 배려하셨다. 그 배려와 사랑이 피조물 각자에게 스며들어 있다. 시인 이시영이 〈순간들〉이란 시에서 '천상의 어딘가에서 / 참새 한 마리 묵직이 내려와 앉는다'라고 노래한 대로다. 이 세상에서 참새 한 마리가 지니는 묵직한 비중은 하나님으로부터 비롯된 것이다.

여기서 하나님은 앞서 창조된 다른 피조물들에게 주어지지 않았던 특별한 은혜를 베푸셨다. 하나님께서 그들에게 복을 주신 것이다. 성경에는 복이란 뜻으로 여기에 쓰인 베라카(← 바라크) 말고도 아셰르(에셰르) 토바(좋다는 뜻을 지닌 토브의 명사형) 등을 썼다.

창 1:20-22에 '번성(하다)'이란 말이 네 차례 쓰였다. 앞의 두 개는 히브리말로 샤라츠이다. 20절과 21절에서 이 말은 생동감 있게 살아 움직이는 것을 나타낸다. 물론 풍부한 번식력이란 말맛도 지니고 있다. 샤라츠는 구약성경에 동사로 14번 명사로 15번 나온다.(ThWAT VIII 472-475)

> 땅 위에 움직이는 생물이 다 죽었으니 곧 새와 가축과 들짐승과 땅에 기는 모든 것과 모든 사람이라(창 7:21)

> 이 강물이 이르는 곳마다 번성하는 모든 생물이 살고 또 고기가 심히 많으리니 이 물이 흘러 들어가므로 바닷물이 되살아나겠고 이 강이 이르는 각처에 모든 것이 살 것이며(겔 47:9)

번성하라고 옮겨진 낱말 중 뒤의 두 개는 히브리말로 라바이다.(22절) 이것은 수량이 많아지는 것을 표시한다. 하나님은 새와 물고기에게 복을 주셨다.(22절) 그 복의 내용은 생육하라 번성하라 충만하라이다.(창 9:1 참조)

> 하나님이 그에게 이르시되 나는 전능한 하나님이라 생육하며 번성하라 한 백성과 백성들의 총회가 네게서 나오고 왕들이 네 허리에서 나오리라(창 35:11)

> 이스라엘 자손은 생육하고 불어나 번성하고 매우 강하여 온 땅에 가득하게 되었더라(출 1:7)

내가 내 양 떼의 남은 것을 그 몰려갔던 모든 지방에서 모아 다시 그 우리로 돌아오게 하리니 그들의 생육이 번성할 것이며(렘 23:3)

생육하라는 말(파라)은 본디 '열매 맺다 결실이 많다 늘어나다'라는 뜻이다.(GM 1075; HAL 907) 번성하라는 말(라바)은 '많아지다 풍성해지다 커지다 성장하다'라는 뜻이다.(GM 1212-13; HAL 1097-99) 충만하라는 말(말레)은 '가득 차다 꽉 채우다 넘치다'라는 뜻이다.(GM 675-78; HAL 552-53) 이 세 가지에 대해 우리는 주어진 복의 내용(왕성한 번식력, 활발한 성장, 수와 양의 확대 등)을 구별할 수도 있고, 복이 점점 더 확장되어가는 모습을 단계적으로 나타내는 것으로 받아들일 수도 있다. 이것들은 사람들이 중요하게 받아들이는 다산 풍요 확장 등을 포괄하는 것이다.

창조주 하나님은 피조물이 역동적으로 살아 움직일 뿐만 아니라 수량도 많이 불어나기를 원하신다. 만물이 저마다 하나님께서 세우신 창조원리에 따라 자연스럽게 활동하며 전체적으로 조화를 이루게 된 것이다.

여기서 충만하다(채우다)는 말(말레)은 일단 시간과 공간 안에서 눈으로 보거나 손으로 만질 수 있는 물질적 현실적 영역에서 관련이 있다. 그렇더라도 거기에 한정지을 수 없다.(김창주 61) 정신적 · 영적인 세계에서는 비움과 채움 공허와 충만이 상호 보완적 작용을 한다.

하나님의 영을 그(브살렐)에게 충만하게 하여 지혜와 총명과 지식으로 여러 가지 일을 하게 하시되(출 35:31)

34 구름이 회막에 덮이고 여호와의 영광이 성막에 충만하매 35 모세가 회막에 들어갈 수 없었으니 이는 구름이 회막 위에 덮이고 여호와의 영광이 성막에 충

만함이었으며(출 40:34-35)

서로 불러 이르되 거룩하다 거룩하다 거룩하다 만군의 여호와여 그의 영광이 온 땅에 충만하도다 하더라(사 6:3)

엘리사벳이 마리아가 문안함을 들으매 아이가 복중에서 뛰노는지라 엘리사벳이 성령의 충만함을 받아(눅 1:411)

바나바는 착한 사람이요 성령과 믿음이 충만한 사람이라 이에 큰 무리가 주께 더하여지더라(행 11:24)

소망의 하나님이 모든 기쁨과 평강을 믿음 안에서 너희에게 충만하게 하사 성령의 능력으로 소망이 넘치게 하시기를 원하노라(롬 15:13)

충만하다는 말의 뜻은 이런 말씀들에서 분명하게 드러난다. 그것은 세속적 기준을 초월하는 영적인 세계가 인간의 마음과 영혼에 열려 있다는 뜻이다.

오늘의 적용

하나님은 말씀으로 천지만물을 창조하셨다. 이것은 메소포타미아(바빌론)의 창조 이야기의 내용과 사뭇 다르다. 이집트의 창조 이야기와는 달리

천지만물이 신의 말씀으로 창조되었다는 생각은 그들에게는 매우 낯선 것이었다. 하나님은 말씀하시는 분이다. 창세기 1장에는 '그리고 하나님이 말씀하셨다'는 표현이 열 차례 나온다. 하나님은 그 말씀으로 피조물과 관계를 맺으셨다. 말씀을 향한 반응이 곧 창조요, 관계맺음이었다.

연비어약(鳶飛魚躍)이란 말이 있다. 《시경》〈한록(旱麓)〉에 "솔개는 날아 하늘에 이르는데, 물고기는 못에서 뛰논다(연비려천 어약우연 鳶飛戾天 魚躍于淵)고 했다. 《중용장구》는 이를 '아래 위에 이치가 밝게 드러남을 말한 것이다'라고 풀이했다.(12장) 온 세상 만물이 자유롭게 살아가는 모습은 하나님이 만물을 창조하고 자라나며 생존하게 하는 이치를 드러내는 것이다.

이것이 하나님의 창조원리이다. 하나님 말씀(성경)을 나(우리)는 어디에 어떻게 적용하며 사는가?

12
말씀하신 그대로 되니라

(창 1:24-25)

개역개정	직역
24 하나님이 이르시되 땅은 생물을 그 종류대로 내되 가축과 기는 것과 땅의 짐승을 종류대로 내라 하시니 그대로 되니라	24 그리고 하나님이 말씀하셨다. 그 땅은 야생동물을 그 종류대로 생겨나게 하여라. 가축과 기어 다니는 짐승들과 야생동물을 그 종류대로. 그러자 그대로 되니라.
25 하나님이 땅의 짐승을 그 종류대로, 가축을 그 종류대로, 땅에 기는 모든 것을 그 종류대로 만드시니 하나님이 보시기에 좋았더라	25 그리고 하나님이 만드셨다. 야생동물들을 그 종류대로. 그리고 가축을 그 종류대로. 그리고 땅에 기어 다니는 생물들을 그 종류대로. 그리고 하나님이 (그것을) 보셨다. 참 좋았다.

창조 이야기는 하나님께서 말씀하시자 말씀하신 그대로 이루어진 것을 알려준다. "하나님께서 … (말씀) 하시니 그대로 되니라"는 말씀이 되풀이 된다. 창조 이야기에 되풀이 되는 여러 표현들 가운데서도 이것이 가장 주목할 만하다. 하나님의 창조를 나타내는 낱말 빠라와 아사보다 더 관심을 기울여야 할 낱말이 창세기 1장의 13구절에 쓰인 아마르(ʾāmar = 말하다, 말씀하다)와 카라(qārâʾ= 부르다, 칭하다)이다.(3, 5, 6, 8, 9, 10, 11, 14, 20, 22, 24, 26, 28, 29절) 이에 근거하여 우리는 하나님께서 말씀으로 우주만물을 지으셨다고 하는 것

이다. 하나님은 세상과 세상 안에 있는 것들을 존재하게끔 말씀하고 부르시는 분이다.(롬 4:17 … 없는 것을 있는 것으로 부르시는 이시니라)

'그대로 되니라'는 말씀은 하나님께서 계획하고 설계하신 대로 되었다는 뜻이다:

> 하나님이 이르시되 물 가운데에 궁창이 있어 물과 물로 나뉘라 하시고, 하나님이 궁창을 만드사 궁창 아래의 물과 궁창 위의 물로 나뉘게 하시니 그대로 되니라 (창 1:6-7)

> 하나님이 이르시되 천하의 물이 한 곳으로 모이고 뭍이 드러나라 하시니 그대로 되니라 하나님이 뭍을 땅이라 부르시고 모인 물을 바다라 부르시니 하나님이 보시기에 좋았더라(창 1:9-10)

> 하나님이 이르시되 땅은 풀과 씨 맺는 채소와 각기 종류대로 씨 가진 열매 맺는 나무를 내라 하시니 그대로 되어, 땅이 풀과 각기 종류대로 씨 맺는 채소와 각기 종류대로 씨 가진 열매 맺는 나무를 내니 하나님이 보시기에 좋았더라(창 1:11-12)

> 하나님이 이르시되 하늘의 궁창에 광명체들이 있어 낮과 밤을 나뉘게 하고 그것들로 징조와 계절과 날과 해를 이루게 하라. 또 광명체들이 하늘의 궁창에 있어 땅을 비추라 하시니 그대로 되니라(창 1:14-15)

> 하나님이 이르시되 땅은 생물을 그 종류대로 내되 가축과 기는 것과 땅의 짐승을 종류대로 내라 하시니 그대로 되니라. 하나님이 땅의 짐승을 그 종류대로, 가축을 그 종류대로, 땅에 기는 모든 것을 그 종류대로 만드시니 하나님이 보시기에 좋았더라(창 1:24-25)

하나님이 이르시되 내가 온 지면의 씨 맺는 모든 채소와 씨 가진 열매 맺는 모든 나무를 너희에게 주노니 너희의 먹을거리가 되리라. 또 땅의 모든 짐승과 하늘의 모든 새와 생명이 있어 땅에 기는 모든 것에게는 내가 모든 푸른 풀을 먹을거리로 주노라 하시니 그대로 되니라(창 1:29-30)

이것은 여섯 차례 쓰였다.(7. 9. 11. 15. 24. 30) 똑같은 말을 날마다 되풀이 하는 것은 그것이 그만큼 중요하기 때문이다. 이를 통해 성경은 하나님이 말씀하시면 그것이 현실이 되었다는 사실을 우리에게 알려준다. "하나님께서 … (말씀) 하시니 그대로 되니라"는 이 보고는 피조물이 있어야 할 그 자리에 있게 되었으며, 자연 현상이 일어나야 할 그대로 일어나게 되었다는 뜻이다. 하나님께서 '있으라' 하시면 없던 것이 있게 되었고, 하나님께서 '나뉘어라' 하시면 뒤죽박죽이던 것이 정리정돈 되었다. 시편 33:6-9절이다:

6 여호와의 말씀으로 하늘이 지음이 되었으며, 그 만상이 그 입 기운으로 이루었
도다 7 저가 바닷물을 모아 무더기 같이 쌓으시며, 깊은 물을 곳간에 두시도다 8
온 땅은 여호와를 두려워하며, 세계의 모든 거민은 그를 경외할찌어다 9 저가 말
씀하시매 이루었으며, 명하시매 견고히 섰도다

본문	창조의 과정
창 1:1-2:4a	빛 → 하늘 → 뭍과 식물 → 해 달 별 → 새와 물고기 → 짐승과 사람
시 104:2-23	하늘을 펴심 → 물 위의 상층부 → 구름 → 땅의 기초 → 땅을 물로 덮으심 → 물을 분리시키심 → 짐승과 새 → 식물 → 해와 달
잠 8:22-24	원초적인 물 → 산들 → 뭍 → 하늘 → 지평선 → 구름 깊은 샘 → 바다의 경계 → 인간

(Abraham Kuruvilla, Genesis: A Theological Commentary for Preachers 20)

성경에는 "하나님께서 … (말씀) 하시니 그대로 되니라"는 이 창조신앙을 자신의 신앙고백으로 만들어 복을 받은 사람들의 이야기가 많이 있다. 네 곳만 예로 들어보자.

i) 예수 어머니이신 마리아

천사 가브리엘이 하나님의 보내심을 받아 갈릴리 나사렛이란 동네로 갔다. 거기서 요셉과 약혼한 처녀 마리아에게 말하였다: "보라 네가 잉태하여 아들을 낳으리니 그 이름을 예수라 하라." 이 말을 들은 마리아는 천사에게 "나는 남자를 알지 못하니 어찌 이 일이 있으리이까" 하자, 가브리엘 천사는 "대저 하나님의 모든 말씀은 능하지 못하심이 없느니라"고 말하였다. 이에 마리아가 이르되 "주의 여종이오니 말씀대로 내게 이루어지이다"라고 대답하였다.(눅 1:26-38)

여기서 마리아가 "주의 여종이오니 말씀대로 내게 이루어지이다"라고 대답한 것이 얼마나 큰 각오를 하고 하는 말이었던가? 이 순종으로 말미암아 생겨난 결과가 얼마나 놀라운 것인지 우리는 안다.

ii) 예수님을 찾아온 어떤 백부장

예수께서 가버나움에 가셨을 때 어떤 백부장이 예수님을 찾아와 간구합니다: "주여 내 하인이 중풍병으로 집에 누워 몹시 괴로워하나이다." 이에 예수님이 "내가 가서 고쳐 주리라" 하시자, 백부장이 "주여 내 집에 들어오심을 나는 감당하지 못하겠사오니 다만 말씀으로만 하옵소서 그러면 내 하인이 낫겠사옵나이다" 라고 말합니다. 이 말을 들으신 예수님은 놀라시며, "내가 진실로 너희에게 이르노니 이스라엘 중 아무에게서도 이만한 믿음을 보지 못하였노라" 하시고는 백부장에게 "가라 네 믿은 대로 될지어다" 하셨

는데, 그 즉시로 하인의 병이 나았다. (마 8:5-13)

여기서 백부장이 예수님께 "다만 한 말씀만 하옵소서 그러면 내 하인이 낫겠사옵나이다"라고 한 말이 얼마나 놀라운 결과로 나타났는가? 말 한마디로 천 냥 빚을 갚는다는 말처럼, 예수님의 말씀의 위력을 인정하는 그 한마디 말은 천 냥보다도 더 값이 나가는 위력을 발휘하였다.

iii) 로마로 끌려가는 사도 바울

그 일행이 탄 배가 그레데 해안을 지나 미항이라는 곳에 이르렀다. 사도 바울은 큰 태풍이 올 것을 예견하여 그 항구에서 겨울을 나고 로마로 항해하자고 충고하였지만, 사도 바울을 압송하는 책임을 맡은 백부장이 사도 바울의 말보다 선장과 선주의 말을 더 믿고 항해를 시작하였다. 얼마 되지 않아 유라굴로라는 광풍이 크게 일어났다. 여러 날 동안 해도 별도 보이지 아니하고 큰 풍랑만 일어나 구출될 소망도 끊어졌다. 이 때 사도 바울이 하나님께서 보여주신 계시를 받고 사람들 앞에 서서 말하였다:

> 21 여러분이여 내 말을 듣고 그레데에서 떠나지 아니하여 이 타격과 손상을 면하였더라면 좋을 뻔하였느니라 22 내가 너희를 권하노니 이제는 안심하라 너희 중 아무도 생명에는 아무런 손상이 없겠고 오직 배뿐이리라 23 내가 속한 바 곧 내가 섬기는 하나님의 사자가 어제 밤에 내 곁에 서서 말하되 24 바울아 두려워하지 말라 네가 가이사 앞에 서야 하겠고 또 하나님께서 너와 함께 항해하는 자를 다 네게 주셨다 하였으니 25 그러므로 여러분이여 안심하라 나는 내게 말씀하신 그대로 되리라고 하나님을 믿노라(행 27:21-25).

사도 바울이 목숨을 아끼지 아니하며 복음을 전한 이유가 바로 이 말 속

에 들어 있다: "나는 내게 말씀하신 그대로 되리라고 하나님을 믿노라". 바로 이것이다. "주 예수를 믿으라 그리하면 너와 네 집이 구원을 받으리라"(행 16:31) 이 말 한마디에 얼마나 많은 사람들이 멸망의 포구를 헤어 나와 하나님께서 예비하신 영생복락을 얻었는지 이루 헤아릴 수 없다.

iv) 자연과 그 현상도 예수님 말씀에 순종하였다

어느 날 예수께서 배에 오르셨다. 제자들도 따라서 배를 탔다. 그 뱃고물에서 예수님은 주무셨다. 그 때 바다에 갑자기 큰 놀이 일어나 배에 물이 밀려 들어왔다. 제자들이 어쩔 줄을 모르고 우왕좌왕하다가, 예수님을 깨우며 "주여 구원하소서 우리가 죽겠나이다"라고 소리쳤다. 이에 예수님이 "어찌하여 무서워하느냐 믿음이 작은 자들아" 하시고는, 곧 일어나서 바람과 바다를 꾸짖으셨다. 그러자 그 바다가 언제 출렁거렸냐는 듯이 아주 잔잔하게 되었다. 이에 그 사람들이 놀라며 "이 분이 어떠한 사람이기에 바람과 바다도 순종하는가" 하고 서로 말하였다.(마 8:23-27)

창세기 1장에서 우리는 하나님께서 모든 창조를 그 어떤 피치 못할 사정에 의하거나 마지못해 하셨다는 흔적을 하나도 찾아볼 수 없다. 하나님은 그 손에 전적인 주도권을 쥐고, 자유의지에 따라 만물을 지으셨다. 그 누구의 강요나 간섭이나 도움을 받지 않고 하나님은 창조주의 역할을 기쁘게 행하셨다. 하나님이 이 세상의 모든 존재와 그 모양과 그것들이 존재하는 의미와 질서와 아름다움을 만드심으로써 하나님은 시간과 역사의 창시자이시고 주인이심이 드러났다. "하나님께서 … (말씀) 하시니 그대로 되니라"는 말씀은 하나님이 만물의 주인이시며, 만물을 다스리는 분이시며, 만물을 있게도 없게도 하시는 분이라는 사실을 알려준다.

성모 마리아, 백부장, 무화과나무, 사도 바울에게서 볼 수 있듯이, "하나님께서 … (말씀) 하시니 그대로 되니라"는 말씀은 우리가 말씀에 온전하게 순종하는 순간 그 말씀대로 실현될 것을 알려주는 것이다. 하나님께서 말씀하신 것은 말씀 그대로 될 것을 믿는 자에게 말씀하신 그대로 이루어졌다. 전혀 이루어질 수 없을 것 같은 일들이 눈 깜짝할 사이에 실현되었다. 정말 꿈에서나 볼까 말까 하는 일들이 하나님께서 말씀하시니 실현되었다.

성경에는 "하나님께서 … (말씀) 하시니 그대로 되니라"는 말씀에 뒤따라서, "하나님이 보시기에 좋았더라"는 말씀이 이어지곤 한다. 그러므로 창세기 1장 전체에서 되풀이 나오는 문장 곧 "하나님께서 이르시되 ~하라 하시니 그대로 되니라, 하나님이 보시기에 좋았더라" 는 것을 조금 줄이면 이러하리라: "하나님께서 말씀하시니 그대로 되었고 하나님이 보시기에 좋았더라." 그리고 이를 조금만 더 줄이면 "하나님의 말씀대로 되니 좋았더라"이다. 이 말씀에 따라 우리는 "이 세상은 하나님의 말씀대로 될 때 가장 좋다, 사람은 하나님 말씀대로 순종하고 따를 때 가장 좋다"는 결론을 내린다.

여기에 처음으로 창조의 목표(목적)가 제시되었다. 그것은 번식하고 번성하라(빠라 붜라바)는 것이었다. 하나님은 창조된 모든 생명체에게 복을 주셨다. 그 복의 내용은 번식하고 번성하라는 것이었다. 창조된 피조물의 생명은 출산을 통해 계속 이어가게 되었다. 그리고 그 숫자를 늘려 갈 수 있게 되었다.

하나님께서 말씀하시자 긍정적으로 작용하여 피조물들 하나하나가 창조되었다. 피조물과 하나님의 연결고리는 오직 말씀이었다. 그 사이에 아무것도 끼어들지 않았다. 오늘 우리(나)와 하나님의 관계도 '말씀'으로만 맺어져 있는가?

19 우리 곧 나와 실루아노와 디모데로 말미암아 너희 가운데 전파된 하나님의

아들 예수 그리스도는 예하고 아니라 함이 되지 아니하셨으니 그에게는 예만 되었느니라 20 하나님의 약속은 얼마든지 그리스도 안에서 예가 되니 그런즉 그로 말미암아 우리가 아멘 하여 하나님께 영광을 돌리게 되느니라(고후 1:19-20)

우리는 수많은 사람들처럼 하나님의 말씀을 혼잡하게 하지 아니하고 곧 순전함으로 하나님께 받은 것 같이 하나님 앞에서와 그리스도 안에서 말하노라(고후 2:17)

우리가 하나님 말씀에 아멘으로 순종하여(긍정적으로 반응하여) 받은 은혜가 얼마나 많은가!

오늘의 적용

하나님은 만물을 각각의 종류대로 만드셨다. 참나무를 참나무대로, 대나무를 대나무대로 토끼풀을 토끼풀대로 만드셨다. 사람도 000대로 000대로 000대로 만드셨다. 심지어 홍수로 심판하실 때에도 모든 피조물을 '종류대로' 보전하셨다. '새가 그 종류대로, 가축이 그 종류대로, 땅에 기는 모든 것이 그 종류대로 각기 둘씩 네게로 나아오리니 그 생명을 보존하게 하라.'(창 6:20)

풀 한포기, 나무 한 그루 그리고 그 잎 하나하나, 각종 열매들. 오늘은 시간을 길게 잡고 이것들을 가만히 들여다보자. 종류대로 창조하시고 종류대로 보전하시는 하나님의 마음을 헤아려보자. '나(우리)'를 '나(우리)'대로 지으신 하나님을 찬양하자.

13

지구촌의 막둥이

(창 1:26)

개역개정	직역
26 하나님이 이르시되 우리의 형상을 따라 우리의 모양대로 우리가 사람을 만들고 그들로 바다의 물고기와 하늘의 새와 가축과 온 땅 (시리아어 역본: 온 땅의 짐승과)과 땅에 기는 모든 것을 다스리게 하자 하시고	26 그리고 하나님이 말씀하셨다. 우리가 우리의 형상대로 우리의 모양대로 사람을 만들자. 그들이 다스리게 하자, 바다의 물고기들과 하늘의 새들과 모든 가축과 그 온 세상과 땅에 기어 다니는 모든 생물을.

이것은 하나님께서 사람을 창조하실 때 이야기다. 우주만물을 창조하실 때 하나님은 사람을 여섯째 날에 지으셨다. 일곱째 날 안식과 복과 거룩함을 창조하시기 바로 전날에 사람을 만드셨다. 다른 것이 다 만들어진 다음이었다. 인간은 모든 피조물 중에서 막내둥이이다.

초등학교 5학년 짜리가 3-4학년 동생들에게 으스대며 말한다. '내가 가방 메고 학교 다닐 때 너는 엄마 젖 물고 있었어, 너 나한테 까불지 마.' 아마 나무들은 우리를 보며 '동생'이라고 부를 것이다. 새들은 날아가다가 우리를 보며 '막둥아'라고 할 것이다. 안도현 시인은 "나무 생각"이란 시에서 '나보다 오래 살아온 느티나무 앞에서는 무조건 무릎 꿇고 한 수 배우고 싶다'고 했다.

물론 하나님은 인간을 다른 피조물들과 구별하여 하나님의 형상대로 창조하셨다. 이 천지 만물 가운데 하나님 형상대로 지음 받은 것은 사람뿐이다. 이에 다윗은 자신을 보며 창조주를 바라보며 이렇게 감탄했다.

> 4 사람이 무엇이기에 주께서 그를 생각하시며 인자가 무엇이기에 주께서 그를
> 돌보시나이까 5 그를 하나님보다 조금 못하게 하시고 영화와 존귀로 관을 씌우
> 셨나이다(시 8:4-5)

또 시편기자는 이렇게 고백했다.

> 13 주께서 내 내장을 지으시며 나의 모태에서 나를 만드셨나이다 14 내가 주께
> 감사하옴은 나를 지으심이 심히 기묘하심이라 주께서 하시는 일이 기이함을 내
> 영혼이 잘 아나이다(시 139:13-14)

이런 점에서 사람은 자부심과 긍지를 가질 만하다. 하나님께서 인간을 다른 피조물보다 맨 나중에 막내둥이로 태어나게 하신 이유가 과연 무엇일까? 이것을 깊이 생각해 볼 필요가 우리에게 있다.

i) 사람이 만들어졌을 때에는 하나님과 천사들과 세상 만물이 이미 세상에 존재했다. 우리는 그들이 지켜보는 가운데 맨 나중에 생겨났다. 비록 하나님께서 사람을 더할 나위 없이 존귀하게 만들어 주셨더라도 그것을 이유로 으스대며 뻐길 수 없다.

인간은 무엇으로부터 또는 누군가로부터 설명과 안내를 받아야 하고 깨달음을 얻어야만 제대로 된 사람이 되고 제 역할을 할 수 있다. 우리가 어떻게 만들어졌는지, 무엇을 위해서 만들어졌는지, 온 우주에 존재하는 모든

것들을 어떻게 대해야 하는지, 창조하신 하나님을 위해서는 어떤 일들을 해야만 하는지 등등을 하나하나 설명 받고 배우고 되새김질을 해야만 사람다운 모습을 제대로 갖출 수 있다.

사람 중에 상대하기 제일 어려운 사람은 어떤 자인가? 자기가 뭐 좀 안다고 자기 스스로 생각하는 사람이다. 그런 사람은 더 나은 것을 가르쳐 주려 해도, 새로운 것을 가르쳐 주려 해도 듣지 않는다. 자기가 가진 몇 가지 안 되는 경험을 가지고 남에게 듣는 지식이나 정보를 들으려 하지 않기 때문이다. 자신이 예전에 알고 있던 것이 지금도 여전히 진실인지 유효한지 점검하지 않는다는 점에서 그는 게으른 사람이다. 이런 사람은 특히 인간이란 모든 피조물 가운데 맨 나중에 지어졌다는 사실을 절실히 깨달아야만 한다. 차근차근 설명을 겸손하게 듣고 모르는 것을 진지하게 질문하면서 배우고 익혀야만 사람다운 사람이 되기 때문이다.

> 5 너는 마음을 다하여 여호와를 의뢰하고 네 명철을 의지하지 말라 6 너는 범사
> 에 그를 인정하라 그리하면 네 길을 지도하시리라 7 스스로 지혜롭게 여기지 말
> 지어다 … 8 이것이 네 몸에 양약이 되어 네 골수로 윤택하게 하리라(잠언3:5-8)

ii) 우리는 맨 나중에 태어났기 때문에 경건한 탐구자가 되어야 하며, 찬양하고 예배하는 자가 되어야 마땅하다. 우리가 만약 처음 만들어졌고 천사들과 만물이 우리 다음에 만들어졌다면 우리는 하나님께서 하신 일을 그들보다 더 많이 안다고 주장해도 되리라. 하지만 우리는 그 위대한 일들 중 아무 것도 본 적이 없이 제일 늦게서야 세상에 태어났다. 우리에게는 모든 게 신비롭고 모든 게 미지의 영역이다. 이건 마치 보물찾기를 하는 것과 같다.

하나님께서 우주와 만물에 신비롭게 감추어 두신 온갖 귀한 것들을 하나

하나 찾아낼 때마다 그 오묘하신 솜씨와 자애로우신 일들을 감사하고 찬미하고 더욱 드러내는 일이 사람이 맡은 본분이다. 하나님은 사람을 이 세상에 맘대로 휘젓고 다니는 버릇없는 아이처럼 만들지 않으셨다. 그분은 모든 것을 아름답게 지으시고 누리도록 허락하셨다. 그러므로 하나님은 우리가 그분의 피조세계를 볼이 상기 된 채로 감사히 받아들이며 예의바르고 사랑스럽게 찬양하는 자를 원하시리라.

> 23 아버지께 참으로 예배하는 자들은 신령과 진정으로 예배할 때가 오나니 곧
> 이 때라 아버지께서는 이렇게 자기에게 예배하는 자들을 찾으시느니라 24 하나
> 님은 영이시니 예배하는 자가 신령과 진정으로 예배할지니라(요 4:23-24)

iii) 우리는 지구촌 막내의 본분을 지켜야 한다. 프란체스코 성인은 태양을 형님, 달을 누님이라 불렀다. 인간은 이 세상의 주인이 아니다. 인간이 이 세상에 존재하기 전에 이 세상은 이미 모든 것이 존재했으며 질서를 갖추었다. 풀도 나무도 돌멩이도 다 사람보다 더 연장자이다. 그것들이 생겨나는 데 사람이 한 역할은 단 한 가지도 없다. 하나님은 사람이 있기 전부터 그것들을 이미 있게 하신 분이다. 그분께서 우리에게 천지와 만물과 만나게 도와주셨다. 그리고 하나님 뜻대로 그들을 다스릴 청지기가 되게 하셨다. 천지만물과의 관계에서 우리는 하나님의 뜻을 받드는 하나님의 종이다. 누가복음 17:7-10이다.

> 7 너희 중에 뉘게 밭을 갈거나 양을 치거나 하는 종이 있어 밭에서 돌아오면 저
> 더러 곧 와 앉아서 먹으라 할 자가 있느냐 8 도리어 저더러 내 먹을 것을 예비하
> 고 띠를 띠고 나의 먹고 마시는 동안에 수종들고 너는 그 후에 먹고 마시라 하지

않겠느냐 9 명한 대로 하였다고 종에게 사례하겠느냐 10 이와 같이 너희도 명령 받은 것을 다 행한 후에 이르기를 우리는 무익한 종이라 우리의 하여야 할 일을 한 것뿐이라 할지니라(눅 17:7-10)

종에게 필요한 기본자세는 무엇일까? 그것은 자존심과 제 기분대로 하는 태도를 내려놓는 것이다. 그것들로는 주인을 섬길 수 없다. 자기 권리를 주장하는 싸움꾼의 심정으로는 절대로 종의 역할을 할 수 없다.

오히려 법과 상식으로 보자면 이것을 주장하는 것이 내 권리더라도 '주님, 주님의 영광을 위하여 내 스스로 양보하겠나이다'라고 하는데서 청지기 의식이 빛난다. 마땅히 내 권리요 내 소유이지만, 그것을 포기하는 것으로 주님의 종인 것이 드러나고 주님의 평화가 이루어진다면, '주님, 말씀하옵소서, 제가 듣겠나이다. 명령만 내리소서, 제가 시행하겠나이다.' 라는 것이 착하고 충성된 종의 자세이다.

이런 뜻에서 우리는 하나님과 하나님 말씀의 권고에 늘 부드러운 눈빛과 순종적인 말투로 반응하는 사람이 되어야 하리라. 억울한 생각이 드는가? 아니다. 그것이 오히려 하나님 앞에서 우리의 명예이며 자랑이다. 장차 하나님 나라에서 큰 칭찬과 영광을 받게 될 것이다. 우리가 하나님을 경외하는 종의 마음을 모아서 하나님께 바칠 때, 하나님은 우리를 지극히 높이셔서 만물을 우리의 발아래 두게 하시고 다스리고 정복하게 하시리라.

이런 사실을 잘 아는 사도 요한은 우리에게 권했다.

1 보라 아버지께서 어떠한 사랑을 우리에게 베푸사 하나님의 자녀라 일컬음을 받게 하셨는가… 2 사랑하는 자들아 우리가 지금은 하나님의 자녀라 장래에 어떻게 될지는 아직 나타나지 아니하였으나 그가 나타나시면 우리가 그와 같을 줄

을 아는 것은 그의 참모습 그대로 볼 것이기 때문이니 3 주를 향하여 이 소망을 가진 자마다 그의 깨끗하심과 같이 자기를 깨끗하게 하느니라(요일 3:1-3)

하나님은 인간을 창조하신 다음에 '생육하고 번성하여 땅에 충만하라, 땅을 정복하라, 바다의 물고기와 하늘의 새와 땅에 움직이는 모든 생물을 다스리라'(창 1:28)며 복을 주셨다. 이 복은 언제 어떻게 실현될까?

어떤 좋은 것이 눈에 보일 때 '내가 처음이 아니라 마지막이다'라는 심정으로 겸손하게 처신할 때 하나님께서 약속하신 복이 온전히 실현된다. 어떤 귀한 것이 눈에 보일 때 '내가 일등으로 차지해야지' 하는 곳에서는 다툼과 분쟁, 시기와 소란이 일어난다. '사람은 이 세상 만물 가운데 마지막으로 태어났으니 귀하고 좋은 것도 마지막 순서로 가져야지' 하는 정신으로 살면 하나님께서 '생육하고 번성하여 땅에 충만하라, 땅을 정복하라, 바다의 물고기와 하늘의 새와 땅에 움직이는 모든 생물을 다스리라'라고 말씀하신 대로 이루어주신다. 요즘 사람들은 땅이나 집을 좋아한다. 성경은 어떤 사람이 땅을 소유한다고 가르치는가?

겸손한 자는 먹고 배부를 것이며 여호와를 찾는 자는 그를 찬송할 것이라 너희 마음은 영원히 살지어다(시 22:26)

그러나 온유한 자들은 땅을 차지하며 풍성한 화평으로 즐거워하리로다(시 37:11)

겸손과 여호와를 경외함의 보상은 재물과 영광과 생명이니라(잠 22:4)

온유한 자는 복이 있나니 그들이 땅을 기업으로 받을 것임이요(마 5:5)

그러므로 하나님의 능하신 손아래에서 겸손하라 때가 되면 너희를 높이시리라 (벧전 5:6)

일반적으로 말해 막내둥이는 귀염을 많이 받으며 자란다. 부모님도 형과 누나도 막내둥이를 특별하게 생각해준다. 그런 사랑을 받을 때 자기가 잘났다고 으스대며 안하무인격으로 굴면 어떻게 되나? 그런 사랑을 받을 때 감사하고 고마운 마음으로 겸손하게 굴면 어떻게 될까?

우리는 지구촌의 막내둥이이다. 하나님께서 막내인 우리를 특별히 하나님의 형상대로 창조해 주신 것에 감사하며 겸손하게 처신하면 어떻게 될까? 나무와 새와 돌을 보며 형님 누님으로 모시면 어떻게 될까?

지난 300여 년 동안 자연세계의 지배자로 군림하며 막내둥이인 것을 망각한 결과가 어떻게 되었나? 요즈음 일어나는 기후의 변화와 자연재난은 막내둥이가 형님 누나를 무시하며 버릇없이 행동하는 것을 참다 참다 못해 울분을 터뜨리는 것은 아닐는지?

오늘의 적용

태양의 노래 (성 프란치스코)

오, 모든 피조물아, 주님을 찬미하여라,
우리 형님 태양아, 그분은 너를
빛을 만들고 우리를 비추게 하셨지.
넌 얼마나 아름답고 반짝반짝 빛나는지,
너에게서 높으신 주님이 보인단다.

… 오, 우리 누님 달과 별아, 주님을 찬미하여라,
그분이 너희를 하늘에서
맑고 고귀하고 어여쁘게 하셨지.

오, 우리 형님 바람아, 구름아, 온화한 모든 날씨야, 주님을 찬미하여라,
네가 모든 피조물을 잘 살아가게 하는 것도 모두 그분 덕이지.

오, 우리 누이 물아, 주님을 찬미하여라,
넌 아주 쓸모 있고 겸손하고 귀하고 정결하지.

오, 우리 형님 불아, 주님을 찬미하여라,
그분이 너를 밤을 밝히도록 하셨단다.
넌 아름답고 즐겁고 강하고 거세지.

오, 우리 누님과 어머니인 땅아, 주님을 찬미하여라,
넌 우리를 보듬고 보살펴주지.
온갖 과일과 알록달록한 꽃과 약초도 내어주고.

오, 주님의 사랑으로 용서하는 사람과
고통과 슬픔을 참아내는 사람아, 주님을 찬미하여라,
복되다, 평화 속에 머무는 사람들,
지극히 높으신 분께서 왕관을 씌워주신다.
오, 우리 형제 죽음아, 주님을 찬미하여라,
어떤 생명도 그 손아귀를 빠져나올 수 없지.
죽음의 죄악으로 죽어나갈 것들 위로 불어라!
복되다, 주님께 굴복하는 죽음을 본 사람들,
두 번 다시 죽음이 괴롭히지 못하리….

14
하나님을 보여주는 사람

(창 1:27)

개역개정	직역
27 하나님이 자기 형상 곧 하나님의 형상대로 사람을 창조하시되 남자와 여자를 창조하시고	27 그리고 하나님께서 사람을 창조하셨다. 자신의 형상에 따라 곧 하나님의 형상대로 그분이 그를 창조하셨다. 그분은 남성과 여성으로 그들을 창조하셨다.

이것은 하나님께서 사람을 만드시는 이야기이다. 창조의 여섯 번째 날에는 우선 다섯 번째 날부터 시작된 뭍짐승의 창조가 마무리되었다. 그리고 인간이 창조되었다. 그것은 하나님의 깊은 심사숙고의 결과였다.

인간의 창조에 앞서 하나님의 말씀에는 중요한 변화가 생겼다. 이제까지 하나님은 '…이 있으라'는 말씀으로(3인칭 사역형, Jussiv) 피조물을 만들어내셨다. 사람의 창조에 즈음하여 하나님은 '우리가 … 하자'(1인칭 권유형, Kohortativ)로 말투가 확 바뀌었다. 인간을 만들자는 결의에 이어 하나님은 이전의 피조물들의 경우와 비교할 수 없을 정도로 진지하고도 열성적으로 이 일을 해내셨다.

사람이란 말(아담)은 본디 집합명사이다. 그것은 단수형으로 쓰였어도 최소한 창 1-2장에서 는 단수가 아니다. 이 말은 인류(Menschheit-L. Köhler) 인간(Menschen-M. Luther)이란 뜻이다.(von Rad 36-37)

26절에는 인간창조와 관련하여 아주 중요한 두 가지 낱말이 나온다: 형상(첼렘) 모양(떼무트). 이 두 낱말이 나란히 나오는 경우는 성경에서 여기뿐이다. 인간은 하나님의 형상(첼렘, 에이콘, 라틴어 imago dei)을 따라 창조되었다.(창 1:26-27) 첼렘이 비슷하다는 뜻인 떼무트(호모이오시스 라틴어 similitudo)와 동의어인지에 대해서는 쉽게 판단하기 어렵다. 모습(떼무트 = 닮음, 비슷함)을 나타내는 이 말은 아카드어에선 형상을, 아람어에선 상(입상)을, 우가릿어에선 어떤 형상이나 상황에 대한 묘사를 나타내었다.(GM 254)

이 문제와 관련해 창 1:26-27; 5:1,3; 9:6b가 주목을 받는다. 오늘날 인간에 관한 문제를 다룰 때 이 말씀들이 구약성경 전체에서 가장 많은 관심을 끈다.(Westermann 204) 해밀턴은 이에 세 가지 해석의 길을 언급했다.(Handbook 27-28; Genesis I 134-136)

i) 동의어를 나열하는 히브리 어법 가운데 하나이다. 곧 두 낱말이 거의 같은 비중이라는 것이다. ii) '모양'이 '형상'을 수식한다는 입장이다. 이렇게 되면 형상이란 낱말은 '모양'에 따라 의미가 보다 세밀하게 제한된다. 이는 인간의 모습이 하나님의 형상을 그대로 복사하듯 된 것은 아니라는 뜻이다. iii) '모양'이 '형상'의 의미를 확장 · 강화시킨다는 입장이다. 인간은 하나님을 대신하는 정도가 아니라 눈에 보이지 않는 하나님을 나타낸다는 것이다.

26절에 하나님의 형상과 모양으로, 27절에 하나님의 형상으로 창조되었다고 묘사된 대로 하나님의 피조물인 인간은 그 자체로 완전한 아름다움을 지녔다.

12 … 주 여호와의 말씀에 너는 완전한 도장이었고 지혜가 충족하며 온전히 아름다웠도다(앗타 코템 타크닛트 말레 코크마 우클릴 요피) 13 … 네가 지음을 받던 날에

너를 위하여 소고와 비파가 준비되었도다(겔 28:12-13)

텔-파카리아에서 발굴된 앗시리아 왕 Adad-iti의 조각상. 여기에 '신의 첼렘이며 신의 데무트'라는 내용이 있다.(시라아의 다마스커스 박물관)

어떤 신이 인간의 모습을 하거나 어떤 인간이 신의 모습을 한다는 사상은 고대 신화에서 많이 찾아볼 수 있다.

1927년 2월에 시리아의 텔-파카리아(Tell Fakhariya) 지역에서 발굴된 유물들이 있다. 그 가운데 주전 8~9세기 것으로 추정되는 것들 중에 앗시리아의 왕 Adad-iti의 조각상에 다양한 언어로 그 인물에 대한 설명이 적혀 있었다. 거기에는 그 인물을 '신의 첼렘이며 신의 데무트'라고 기록한 내용도 있다.(B. L. Bandstra, Reading the Old Testament: Introduction to the Hebrew Bible 43-44) 그 당시 사람들은 왕(황제)을 신의 '형상과 모양'에 빗대어 칭송하였던 것이다. 고대 이집트 사람들의 생각도 이와 같았다. 파라오는 곧 신의 살아있는 형상이었다.(Löning & Zenger 108) 그것이 그들 권력의 원천이었다.

이집트의 메리카레 교훈(The Instruction of Merikare 주전 2025-1700년)인간이 신의 형상과 동일한 존재이며 신의 몸에서 왔다고 한다.(번역 R. O. Faulkner

& W. K. Simpson (ed.), The Literature of Ancient Egypt, New Haven and London, 1973, pp. 180-192; 월튼 183)

인간을 돌봄을 잘 받고 있다 - 신의 가축으로서
그는 그들을 위하여 하늘과 땅을 만들었다.
그는 그들이 살아갈 수 있게
그들의 코에 호흡을 불어넣어 주었다.
그들은 그의 몸에서 온 그의 형상들이다.
그는 그들을 위해 식물들과 가축을 만들었다.
그리고 그들을 먹이려고 날짐승과 물고기를 만들었다.
그들이 슬퍼 울 때 그는 귀를 기울인다.
이는 신이 모든 이름을 알고 있기 때문이다.

이럴 때 신의 형상이란 신이 어디에 어떻게 존재하는가를 보여주는 상징이었다. 그리고 권력과 특권의 상징이었다. 고대사회에서 형상(신의 형상)이란 말은 흔히 왕(통치자)에게만 적용되었다. 그들은 자신이 다스리는 지역(특히 새로운 정복지)에 자신의 상을 세워놓곤 하였다.

성경의 가르침은 그런 것들과 근본적으로 다르다. 하나님은 왕(황제)만이 아니라 모든 사람을 다 하나님의 형상과 모양대로 지으셨다.(창 5:1,3; 9:6; 민 33:52; 삼상 6:5; 왕하 11:18 참조) 하나님 말고는 그 어떤 신도 이렇게 하지 않았다. 이로써 성경은 만인평등사상의 선구자가 되었다. 이것이 성경의 위대한 점이요, 기독교적인 인간상의 정수(精髓)이다.

… 그리고 너는 이러하리라, 곧 너는 그(= 아론)에게 하나님이 되리라. (출 4:16 직역)

… 보라 나는 너를 파라오에게 하나님으로 주었다. (출 7:1 직역)

그를 하나님보다 조금 못하게 하시고 영화와 존귀로 관을 씌우셨나이다 (시 8:5)

영접하는 자 곧 그 이름을 믿는 자들에게는 하나님의 자녀가 되는 권세를 주셨으니(요 1:12)

보라 아버지께서 어떠한 사랑을 우리에게 베푸사 하나님의 자녀라 일컬음을 받게 하셨는가, 우리가 그러하도다 그러므로 세상이 우리를 알지 못함은 그를 알지 못함이라(요일 3:1)

사람이 항상 하나님과 같을 수는 없다. 그렇지만 때때로 사람은 하나님을 보여주는 사람, 그래서 사람들이 그를 보며 하나님을 본 듯 하고 예수님을 느끼게 할 수는 있다. 하나님이 어떤 분인지 무엇을 이루시는지를 보여주는 순간만큼은 그 사람도 상대방에게 하나님이 되는 것이다.

27절을 자세히 살펴보면 다음과 같다:

27a "창조하였다 하나님이 사람을(단수) 자신의 형상대로"
27b "하나님의 형상대로 그가 창조하였다 그를(단수)"
27c "남자와 여자로 그가 창조하였다 그들을(복수 = 인류를)"

분문의 특징은 다음과 같다. i) 이 한 구절에 창조하다는 말(빠라)이 세 번 쓰였다. ii) 사람(아담)은 남성과 여성 곧 성적인 차이를 갖게 만들어졌다.(창

"우리의 형상대로 우리가":

여기에 복수형으로 표현된 이 말을 어떻게 이해할까?

i) 삼위일체 하나님을 나타냄. 이는 전통적, 교리적 해석인데, 성경에서 그 근거를 찾아내기 매우 어렵다.

ii) 동양식 어법에 단수 (나)로 써야 할 곳에 복수(우리)로 쓰는 경향이 있다.(예. 우리 어머니)

iii) 천상회의. 왕상 22장과 욥 1-2장, 사 6장에는 하나님, 스랍들(천사들), 예언자 등이 함께 있는 천상회의 장면이 있다.

iv) 최상급(예: 엘로힘 = 하나님)

v) 존엄과 위대함(pluralis majestatis) 이는 아주 중요하다는 점을 강조한다.

vi) 주체의 의지(pluralis deliberationis) 표현법. 이는 하나님이 어떤 행동을 향한 자신의 강한 의지를 독백형식으로 표현한 것인데, 이 경우에 히브리어는 독백하는 자를 복수로 나타내는 경향이 있다.

이에 관해 W. H. Schmidt 128-130; C. Westermann 200-201; 김창주 45-48를 참조하라.

5:2) 이런 구별이 동물의 경우에는 창 6:19에 가서야 비로소 언급되었다. 같은 사람인 동시에 남과 여의 차이가 있다는 것을 바탕으로 창 1:28(생육하고 번성하라 땅에 충만하라; 창 1:22 참조) 말씀이 연결된다. 동물과 사람에게 주어진 이 복으로써 공허한 세상(창 1:2)은 창조된 세상으로 변화될 발판이 마련되었다.

여기에는 인간이 단수(하나님이 그를 창조하셨다)와 복수(하나님이 그들을 창조하셨다)로 등장했다. 이런 표현양식은 매우 중요하다. 사람은 한편으로 개별적인 존재이면서, 다른 한편으로 공동체적인 존재이다.(Brueggemann 34) 그 둘

사이는 건설적인 긴장관계에 있는 것이 가장 좋다.(일인위공 一人爲公 만인위일 萬人爲一) 어떤 경우에나 개인이 집단에 매몰되어서도 곤란하고, 공동체가 개인에게 좌지우지되어도 곤란하다.

창세기 1장에 만물의 창조를 설명할 때 아주 자주 쓰인 것들 중 하나가 '종류대로'라는 낱말이다.(11-24절 중 8개 구절에 18번) 사자는 사자같이, 사과는 사과같이, 붕어는 붕어같이 만들어졌다. 오직 인간만 달랐다. 사람은 사람같이 지어지지 않았다. 인간만 하나님같이 지어졌다.

이렇게 하나님의 형상과 모양대로 인간이 창조되었다고 선언한 바로 그 다음에 성경은 인간이 남자(자카르)와 여자(네케바)로 지어졌다고 하였다. 이 낱말들은 수컷과 암컷이라는 뜻이다. 인간을 동물의 하나로 본다면 이런 것도 무방하지만, 이것들은 본디 동물에게 쓰이는 용어였다. 성경이 신적 존재나 인간의 성별을 표시할 때 쓰는 말에는 이쉬와 잇샤가 있다. 하나님의 형상과 모양 바로 다음에 이런 낱말들이 나온 것은 범상치 않다. 이는 비록 하나님의 형상과 모양대로 창조되었지만 인간에게도 동물과 같은 본성과 운명이 있다는 뜻이 아닐까?

여기서 사람이 하나님을 닮았다는 말은 외모가 비슷하다는 뜻이 전혀 없지는 않을 것이다. 그리고 속사람 및 속사람이 지닌 심성을 가리키리라. 다시 말해 하나님은 하나의 온전한 인간(전인 全人)을 창조하셨다. 더 나아가 성경은 하나님과 인간의 관계 곧 하나님과 우리는 그 모양(형상)에서부터 시작하여 모든 측면에서 떼려야 뗄 수 없는 관계라는 점을 강조한다. 사람을 자신의 형상대로 창조하신 하나님은 인류와는 물론, 세상의 모든 생명체와 땅위 모든 것들과 생생한 관계를 맺기 원하셨다.(Löning & Zenger 107)

흔히 우리가 누구를 닮으려고 한다면, 그 사람이 풍기는 겉모습 보다는 그 사람의 됨됨이, 그 사람의 행실, 그 사람의 마음을 닮으려고 한다. 하나님을 닮았다는 말도 마찬가지다. 우리는 하나님의 사랑을 닮아가고, 하나님의 뜻을 닮아 가고, 복음의 정신을 닮아 가야 하는 것이다.

하나님의 창조는 하나님의 구원이 실현된 첫 번째 사건이었다. 이때부터 하나님의 구원역사가 시작되었다. 하나님의 창조와 하나님의 구원은 둘이 아니라 하나이다. 이를 간단히 요약하면 다음과 같다.

창 새
아 인
이 스 교
사
라 엘 남은 그루터기 예수 그리스도 도 창
회
담 류
조 조
(창 1-2장) (계 21-22장)

(H. Wheeler Robinson, Corporate Personality in Ancient Israel (Philadelphia: Fortress, 1935, 1981 개정판)과 Oscar Cullmann의 "일과 다"(One and Many)의 도표를 참조하라(Christ and Time: The Primitive Christian Conception of Time and History Trans. Floyd V. Wilson [London: SCM, 19622], 116-117.)

오늘의 적용

우리 각 사람은 하나님의 형상과 모양대로 지음을 받았다. 이는 모든 피조물 가운데 유일한 것이다. 그만큼 하나님께서 인간을 많이 배려해 주셨다. 이 은총을 긍정적으로 살려나가는 사람은 어떻게 할까?

사람이 따로 따로 혼자 떨어져 제각기 제 잘난 맛에 사는 것은 참된 삶이 아니다. 반드시 누군가와 어울리며 살아가야 한다. 한자 말 사람 인(人)에 관한 상형문자 설명들 가운데 하나는 '모름지기 사람은 서로 의지하고 살아야 하기에 서로 기대는 모습을 본떴다'는 것이다. 이런 뜻에서 인간관계에도 하나님을 닮은 하나님 형상을 살려가는 것이 반드시 필요하다. 사람과 사람이 관계를 맺고 어울리는 모습을 보면 보통 다음과 같은 4가지로 말한다:

i) 나는 아름다우나, 그대는 아름답지 않다.(I am beautiful, but you are not beautiful) ii) 나는 아름답지 않으나, 그대는 아름답다.(I am not beautiful, but you are beautiful) iii) 나도 아름답지 못하고, 그대 역시 아름답지 못하다.(I am not beautiful, and you are not beautiful) iv) 나도 아름답고, 그대도 아름답다. 그래서 우리 모두가 아름답다.(I am beautiful, and you are also beautiful. Therefore we are all beautiful)

이 네 가지 모습 가운데 어느 것이 하나님 보시기에 합당한 모습일까? 우리를 하나님의 형상대로 창조하셨다. 뿐만 아니라 복을 내려주시며 "생육하고 번성하여 땅에 충만하여라. 땅을 정복하여라. 바다의 고기와 공중의 새와 땅 위에서 살아 움직이는 모든 생물을 다스려라"(28절) 하셨다. 그렇게 따뜻한 마음으로 복을 주신 하나님의 뜻에 가장 합당한 모습은 이 네 가지 중에 어떤 것일까?

15
다스리라

(창 1:28)

개역개정	직역
28 하나님이 그들에게 복을 주시며 하나님이 그들에게 이르시되 생육하고 번성하여 땅에 충만하라, 땅을 정복하라, 바다의 물고기와 하늘의 새와 땅에 움직이는 모든 생물을 다스리라 하시니라	28 그리고 하나님이 그들에게 복을 주셨다. 그리고 하나님이 그들에게 말씀하셨다. 결실하여라 그리고 많아져라 그리고 그 땅을 가득 채워라. 그리고 그것을 정복하라 그리고 다스려라, 바다의 물고기와 하늘의 새와 땅에 움직이는 모든 생물을.

이것은 하나님께서 피조물인 인간에게 복을 주시는 말씀이다. 복은 창세기의 주요 주제들 가운데 하나이다. 우선 창 1:1-2:4a에서 복에 관련된 말씀이다.

i) 하나님이 그들에게 복을 주시며 이르시되 생육하고 번성하여 여러 바닷물에 충만하라 새들도 땅에 번성하라 하시니라(창 1:22)

ii) 하나님이 그들에게 복을 주시며 하나님이 그들에게 이르시되 생육하고 번성하여 땅에 충만하라, 땅을 정복하라, 바다의 물고기와 하늘의 새와 땅에 움직이는 모든 생물을 다스리라 하시니라(창 1:28)

iii) 하나님이 그 일곱째 날을 복되게 하사 거룩하게 하셨으니 이는 하나님이 그 창조하시며 만드시던 모든 일을 마치시고 그 날에 안식하셨음이니라(창 2:3)

여기서 복이란 말(바라크)은 i) 무릎 꿇다. ii) 기도드리다.(찬양드리다) iii) 축복하다는 뜻이다. 여기에는 이중의 의미가 있다. 곧 이 말의 어근은 본디 '무릎을 꿇다, 하나님을 송축한다'는 의미다.(참조: '복'을 가리키는 또 다른 말인 아쉐르는 본디 i) (발자취를) 좇다, ii) 돌보다, 이끌다, iii) 인도한다는 뜻이다) 이 말이 사람에게 적용될 때에는 하나님께서 사람에게 내려주시는 복이나 은혜를 가리켰다.

내 입에서 공의로운 말이 나갔은즉 돌아오지 아니하나니 내게 모든 무릎(바라크)이 꿇겠고 모든 혀가 맹세하리라(사 45:23)

그들의 자손을 뭇 나라 가운데에, 그들의 후손을 만민 가운데에 알리리니 무릇 이를 보는 자가 그들은 여호와께 복 받은(바라크) 자손이라 인정하리라(사 61:9)

하나님은 사람에게 다섯 가지 복을 주셨다.(창 1:28): i) 생육하라(parah, 이집트말 prj 는 '…으로부터 산출되다'는 뜻) ii) 번성하라(rabah) iii) (땅에) 충만하라(male') iv) 땅을 정복하라(kabasch) v) (모든 생물을) 다스리라(radah). 이 가운데 앞의 세 가지는 새와 물고기에게도 주어졌다.(창 1:20-22절)

인간이 하나님의 형상과 모양대로 창조되었다는 말씀은 기독교 신앙의 근본을 이룰 뿐만 아니라 서구 사상사에도 아주 큰 영향을 미쳤다. 문제는 그것이 긍정적인 결과로 나타났느냐 아니냐에 관한 것이다. 이는 인간의 가치와 존엄성은 어떤 경우에도 존중되어야 한다는 위대한 사상의 뿌리가 되었다. 다른 한편 창조세계 안에서 인간의 위치를 다른 모든 것들 위에 군림하는 자로 설정하는 오류가 생겨났다. 이런 뜻에서 다스리라, 정복하라는 말씀을 주의 깊게 살펴볼 필요가 있다.

다스리다는 말(radah)은 노예처럼 엄하게 부리거나(레 25:43, 46, 53) 압제한다(사 14:2)는 뜻이 아니다. 어떤 학자들은 이 말을 i) 짓밟는다 짓누른다는 뜻으로 받아들였다. (궁켈, 쉬미트, 뷔스터만 등 niedertreten, trampeln) 만일 이런 뜻이 '복'으로 주어졌다면, 이는 지나치게 공격적 · 파괴적으로 보인다. 다른 학자들은 이 말을 ii) 동행한다, 같이 이끌어 주다로 해석하였다.(begleiten, mit sich führen) 이로써 이 말은 왕의 이미지보다는 양 떼를 잘 돌보는 목자의 이미지로 바뀌었다.(코흐, 쳉어, 로핑크 등) 또 다른 학자들은 이 말을 iii) '하나님 형상에 따라 왕 같은 존재로 지음 받은 인간'이 다른 피조물들을 향해 하나님 형상을 빛내며 실현하는 활동으로 보았다. 곧 다른 피조물에게 '사려 깊게 배려하는' 방식으로 지배권을 행사한다는 것이다.(야노프스키, 브루거만 등 die sorgende, verfügende Herrschaft) 특히 브루거만은 하나님의 형상이 가장 완전

이집트 Abd el-Quma에서 발굴된 케나문의 무덤벽화(주전 15세기) 창 1:28의 다스리라는 말씀은 이런 뜻이 전혀 아니다. 이런 모습은 성경의 가르침과 정면으로 부딪힌다.

하게 성취되는 것은 사람이 빌 2:5-11과 같이 예수님 마음을 품을 때라고 하였다.(Brueggemann 34)

이런 논의를 정리해 보면, 성경에서 '다스리다(radah)'라는 말에는 세 가지 의미가 있다.(B. Janowski, die Rettende Gerechtigkeit, Neukirchener, 1999. 33-48) i) (발로) 짓밟는다는 뜻이다. 이집트 말에서는 이것이 '발'(rd)이란 뜻이다.(GM 1221) 오랫동안 이 말은 자연을 정복하고 동식물을 우리 맘대로 지배하라는 뜻으로 오해되어 왔다. 오늘날 자연환경이 오염되고 먹을거리조차 안심하고 먹을 수 없게 된 데에는 이런 오해가 한 몫을 하였다.

여기서 짓밟는다는 말은 포도원 농부가 포도를 따다가 짓밟는다는 말이다.(욜 4:13) 포도를 짓밟는 이런 행위는 포도를 망치는 것이 아니다. 이는 아주 향기롭고 달콤한 포도주나 포도즙을 만드는 창조적인 활동이다. 음식을 만들 때, 약품을 만들 때 (동물이나 식물에서 나온) 그 재료를 으깨고 부수기도 한다. 이런 뜻에서 짓밟는다는 말은 파괴가 아니라 '아름다운 변화를 만들어낸다, 보다 좋게 만들기 위해 일한다'는 뜻이다. 아마 우리가 섭렵(涉獵)한다고 하는 말이 여기에 해당되리라.

ii) 다스리라는 말은 가축과 자연을 지배하는 것이 아니다. 이는 목자가 '더 좋은 목초지를 찾아 양들을 이끌어 간다, 가축을 돌보며 키운다'는 뜻이다.(참조 겔 34:4; 시 49:15; 68:28) 이런 뜻은 예수님께서 요한복음 10장 14-15절에서 말씀하신 것에 그 의미가 잘 살아 난다:

> 나는 선한 목자라. 나는 내 양을 알고 양도 나를 아는 것이, 아버지께서 나를 아시고 내가 아버지를 아는 것 같으니, 나는 양을 위하여 목숨을 버리노라

하나님은 인간이 아닌 다른 피조물들을 다스리라고 인간에게 말씀하셨

다.

iii) 다스리다(radah)는 말은 지혜롭고 믿음직한 임금이 '정의와 평화의 정신에 서서 선정(善政)을 베푼다'는 뜻이다.(참조 시 72) 현명하고 너그러운 통치자의 모습이 여기에 담겨 있다. 정복하라는 말씀도 이런 흐름에 따라 읽을 수 있다. 곧 다스리다와 정복하다는 말을 우리는 잘 보호하고 관리하여 보살필 뿐만 아니라, 유익하게 활용하라는 뜻으로 읽는다. 그리고 보호, 관리, 활용의 기본 정신은 지혜(현명함)와 정의인 것이다.

이 축복의 말씀들에는 책임과 의무, 자유와 권한이 동시에 주어져 있다. 하나님의 형상대로 지음 받은 인간은 자연이나 다른 피조물을 대할 때 폭군이나 무법자처럼 굴지 말아야 한다. 그보다는 지혜롭고도 자비로우신 하나님처럼 평화를 이루는 방향으로 현명한 마음으로 길게 내다보며 관계를 맺어야 하는 것이다. 신약성경에서 이것은 양을 위해 목숨까지도 바치는 목자(섬기는 지도자)의 모습으로 나타났다.

정복하라는 말(kabasch)은 누군가를 섬길 수 있게 만든다(렘 34:16) 노예로 만든다(렘 34:11,16) 어떤 여성을 성추행(성폭행)하다(에 7:8) 어떤 민족(백성)을 굴복시키다 낮아지게 하다(느 5:5) 어떤 나라를 정복하다 식민지로 만들다(민 32:22,29) 등 여러 가지 뜻으로 쓰였다. 민 32:22, 29에서 이 말은 어떤 나라를 여호와 앞에 복종시킨다는 의미로 사용되었다. 창 1-28에서 이것은 지배라는 의미보다는 관리 · 조절이라는 뜻이 강하다. 이것은 창 1:16-18에 쓰인 마샬(= 지배하다, 다스리다)과는 사뭇 다른 의미다.

하나님께서 선물로 주신 가나안 땅에 이 말을 적용시키면 이것은 폭력적인 의미가 아니다. 그보다는 오히려 그곳을 토라의 가르침에 따라 경작할 수 있게 만들기, 분할 및 활용하기를 가리킨다.(Seebass 83-4)

생태계의 혼란과 위기는 여기 나온 '정복하라'(카바쉬)는 말씀 때문에 생긴

이집트 Abd el-Quma에서 발굴된 케나문의 무덤벽화(주전 15세기) 창 1:28의 다스리라는 말씀은 이런 뜻이 전혀 아니다. 이런 모습은 성경의 가르침에 정면으로 부딪힌다.

것이 아니다. 그보다는 제국주의적인 과잉팽창(overextention)의 결과다. 그들은 신성하게 만들어진 것들을 오용·남용하며, 필요 이상으로 손에 넣으려고 하고, 통치·조절보다는 횡포를 일삼으며, 자연의 혜택을 자비롭고 정의롭게 실현시키는데 실패한 까닭이다.(J. A.Nish, Loving 106-7; 월튼 198-9)

이 말은 여기서 매우 이채롭게 쓰였다. 그것은 동물원 같은 이미지가 아니다. 오히려 생물이 존재하는 영역 곧 바다의 물고기 공중의 새 땅위의 짐승 등 생명이 살아가는 모든 영역을 원활하게 돌아가도록 조절하며 이끄는 행위이다. 창 1:28은 정복하라는 말이 땅(세계)을 목적어로 취하는 유일한 예이다. 보통의 경우 이 낱말은 누군가를 또는 무엇인가를 통치권 아래로 끌어들인다는 뜻이다.

이것이 정복이 필요한 이유이리라. 그것은 각각의 생명체가 하나님의 피조물이라는 통일성 안에서 돌아가며, 현재만이 아니라 미래에도 지속적으로 존재할 수 있게 돕는 활동이기 때문이다. 대홍수를 일으키시면서 하나님께서 노아에게 모든 생명체를 아우르라고 당부하신 것도 이와 같은 뜻이다.(창 6:19-22; 7:13-16)

하나님은 피조물 하나하나를 정성껏 만드셨다. 그것들을 보기 좋아하셨으며 그들에게도 복을 주셨다. 그것들 역시 생육하고 번성해야 할 피조물이다. 인간은 이 사실을 깊이 고려하며 다른 피조물들을 대해야 할 것이다.

오늘의 적용

찬송가 504장

1 주님의 명령 전할 사자여 구원의 소식 손에 들고서
그 소식 널리 전파하여서 주님의 길을 곧게 닦아라

2 거친 사막 또 늪을 건너서 밀림과 바다 높은 산 넘어
주저치 말고 힘을 다하여 주님의 길 예비하여라

3 믿음으로 그 길을 닦아서 약속의 성취 보게 하소서
싸움이 없고 다툼 그칠 때 평화의 왕이 오시리로다 아멘

하나님께서 사람에게 주신 축복의 말씀 다섯 가지가 있다. '생육하라 번성하라 충만하라 다스리라 정복하라' 이것들을 긍정적으로 살려나가는 길은 무엇일까?

16

양식은 생명이다

(창 1:29–30)

개역개정	직역
29 하나님이 이르시되 내가 온 지면의 씨 맺는 모든 채소와 씨가 진 열매 맺는 모든 나무를 너희에게 주노니 너희의 먹을거리가 되리라	29 그리고 하나님이 말씀하셨다. 보라 내가 너희를 위하여 주노라, 온 땅에서 씨 맺는 모든 채소와 씨가 있어 열매를 맺는 모든 나무를. 그리고 그것이 너희의 양식이 될 것이다.
30 또 땅의 모든 짐승과 하늘의 모든 새와 생명이 있어 땅에 기는 모든 것에게는 내가 모든 푸른 풀을 먹을거리로 주노라 하시니 그대로 되니라	30 그리고 각종야생동물과 하늘의 각종 새와 그 안에 생명이 있어 땅에 기는 모든 것에게는 각종 채소가 양식이 될 것이다. 그러자 그대로 되었다.

이것은 하나님께서 사람에게 먹을거리를 정해주는 이야기이다. 창조 여섯 번째 날이었다. 사람에게 복을 주신 뒤 하나님은 곧바로 사람과 동물에게 먹을거리를 챙겨주셨다. 우리말 성경에는 생략되었지만, 히브리 성경은 '그리고 하나님이 말씀하셨다'에 이어 '보라'(힌네)라는 주의를 환기시키는 용어가 쓰였다. 이는 그 이하에 나오는 내용이 매우 중요하다는 표시이다.

이것은 한편에서는 허용이요 다른 한편에서는 금지였다. 하나님께서 씨 맺는 채소 전체와 나무 열매 모두를 다 먹을거리로 허용하셨다. 사람뿐만 아니라 다른 동물들에게도 똑같은 은혜를 주셨다. 이는 매우 통 크게 주어진 은총이다.

하나님은 양식을 공급해주시는 분이다. 광야에서 이스라엘 백성에게 만나와 메추라기를 주셨다.(출 16장) 젖과 꿀이 흐르는 가나안 땅을 선물로 주셨다.

> 곡식과 새 포도주와 기름은 내가 그에게 준 것이요 그들이 바알을 위하여 쓴 은과 금도 내가 그에게 더하여 준 것이거늘 그가 알지 못하도다(호 2:8)

예수님은 양식을 주시는 분이다. 그분은 말씀을 들으러(영의 양식을 먹으러) 모여든 사람들을 위하여 오병이어 기적을 일으키셨다. 먹고 남은 것을 모으니 열 두 광주리가 될 만큼 그분은 풍족하게 주셨다. 우리에게 매일 매일 양식이 필요한 것은 아시는 그분은 '오늘 우리에게 일용할 양식을 주시옵고'라고 기도드리라 하셨다.

이 부분에 채식주의자가 특별히 좋아할 말씀이 있다. 하나님께서 먹을거리를 식물로 제한하셨다는 점이다. 이는 하나님께서 피 흘리는 것을 좋아하지 않으신다는 뜻일 것이다. 여기서 피를 곧 생명으로 보는 히브리사상이 유래했다. 어쨌거나 먹을거리에 범위를 정해주신 것은 아마 자연을 다스리는 인간의 활동에는 한계(제한)가 있다는 사실을 강조하는 것이리라.

사람에게 동물을 먹을거리로 허용하신 것은 노아 홍수 이후였다.(창 9:2-3) 동물에게는 음식을 선택할 폭이 더 좁았다. 그들에게는 채소만 허용되고 나무열매는 주어지지 않았다. 이는 동물이 동물을 잡아먹는 것도 허락되지 않았다는 뜻이다. 예언자 이사야는 메시야가 다스리심으로 이런 평화와 공생공존, 곧 옛 창조질서가 회복되는 그 나라를 꿈꾸었다.

조화로운 세상(고대 힛타이트 인장 U. Winter, Frau und Göttin, Abb. 248)

6 그 때에 이리가 어린 양과 함께 살며 표범이 어린 염소와 함께 누우며 송아지
와 어린 사자와 살진 짐승이 함께 있어 어린 아이에게 끌리며 7 암소와 곰이 함
께 먹으며 그것들의 새끼가 함께 엎드리며 사자가 소처럼 풀을 먹을 것이며 8 젖
먹는 아이가 독사의 구멍에서 장난하며 젖 뗀 어린 아이가 독사의 굴에 손을 넣
을 것이라 9 내 거룩한 산 모든 곳에서 해 됨도 없고 상함도 없을 것이니 이는 물
이 바다를 덮음 같이 여호와를 아는 지식이 세상에 충만할 것임이니라(사 11:6-9)

이리와 어린 양이 함께 먹을 것이며 사자가 소처럼 짚을 먹을 것이며 뱀은 흙을 양식으로 삼을 것이니 나의 성산에서는 해함도 없겠고 상함도 없으리라(사 65:25)

인류 역사에서 셀 수도 없이 많이 일어난 전쟁도 대부분은 먹고 사는 문제에 얽혀있다. 먹고사는 문제는 오랫동안 인류에게 가장 중요한 관심사였다. 음식을 먹는 일은 인간의 본능에 속하면서 동시에 생명활동의 근원이며

즐거움과 만족을 가져다준다. 백성은 먹는 것을 하늘로 삼는다(민식이위천 民食以爲天)는 말도 있다.

음식 문제를 해결하는 것이 급선무일 때에는 다른 문제들은 아무리 큰 것이라도 크게 보이지 않았다. 생존의 문제가 일차적인 관심사로 대두되다 보니 인간의 복잡한 심사가 오히려 단순해지는 것이다. 일단 이 문제가 해결되고 나면 사람은 먹는 문제를 하찮게 여기곤 한다. 오늘날 "먹는 것은 점점 적어지고 하는 일은 점점 많아지고 있다."(식소사번 食少事煩)

그 과정에서 사람들이 겪는 정신적 고통이나 영적인 공허감은 점점 더 커진다. 인생이 행복하냐고 묻는 물음에 국민소득이 낮은 국가의 국민들이 보다 더 긍정적으로 대답하는 이유가 바로 그것이다. 가난한 나라 사람들보다 여유로운 나라 사람들의 자살률이 더 높은 것도 그런 이유이다. 이런 뜻에서 '우리가 먹을 것과 입을 것이 있은즉 족한 줄로 알 것이니라'(딤전 6:8)는 말씀이 참 귀하다.

오늘의 적용

'살라'

한자로 생명은 산다는 말(生)과 목숨 또는 명령이란 말(命)이 합쳐진 것이다. 생명이란 '목숨을 살린다'는 뜻이요, '살라는 명령'이다. 이를 위해 하나님은 먹게 하셨고 입게 하셨으며, 일하게 하시고 잠자게 하셨다. 이런 것 하나 하나가 얼마나 좋은가! 얼마나 감사한가! 이런 평범한 일상생활이 '참 좋다'고 받아들이는 사람은 행복하다.

하나님은 자신의 형상대로 사람을 창조하시고 살기를 원하셨다. 마치 부모님이 자녀에게 늘 '잘 살아라' 라고 되풀이 말씀하듯이 하나님의 뜻은 사람이 사는 데 있다. 그래서 먹을 것을 주셨다. 마치 부모님이 외출했다가 늦게 귀가한 자녀에게 '밥은 (잘) 먹고 다니냐'고 묻듯이 하나님은 살게 하신다. 그를 위해 먹게 하셨다.

어떤 환경에서도 삶의 어떤 조건 아래서도 하나님은 우리가 살아남기를 원하신다. 이것이 하나님의 뜻이다. 하나님을 믿는 우리는 이 세상의 어떤 처지나 형편에서도 '살아내기'를 포기해서는 곤란하다.

17
참 좋도다, 얼씨구 좋구나

(창 1:31)

개역개정	직역
31 하나님이 지으신 그 모든 것을 보시니 보시기에 심히 좋았더라 저녁이 되고 아침이 되니 이는 여섯째 날이니라	31 그리고 하나님은 보셨다, 자신이 만드신 것을. 그리고 보라!(그것은) 대단히 좋았다. 그리고 저녁이 되었다. 그리고 아침이 되었다. 여섯째 날이었다.

이것은 하나님께서 피조물 전체를 한 눈에 바라보며 흡족해하시는 이야기이다. 하나님은 피조물이 하나하나 하루하루 완성될 때마다 그것을 살펴보시며 '좋다'고 말씀하셨다. 창세기 1장에는 보시기에 '참으로 좋았더라'(키-토브)가 다섯 차례 쓰였다. 이제 여섯 번째로 나오는 '좋았다'는 말씀(브힌네-토브 메오드)에는 앞의 것과 비교하여 세 가지 특징이 있다.

i) '키' 대신에 주의를 환기시키는 표현 '그리고 보라'(브힌네)가 맨 앞에 쓰였다. ii) '대단히, 매우'라는 뜻의 부사(메오드)가 처음 사용되었다. iii) 이것은 그 날 그 날의 완성에 관한 찬사라기보다는 6일 동안 이루어진 창조활동의 결과 전체를 놓고 한 것이다.

여기서 우리는 생각해 본다. 우리는 우리 자신과 우리 주변 사람을 긍정적인 시각으로 바라보고 있는가? 우리 주변 환경과 돌아가는 일들에서 긍정적인 요소, 건설적인 발판을 찾아내며 살아가고 있는가?

좋다는 말(ṭôb)은 우가릿말로는 조화 선함이란 뜻이다. 형용사로 쓰일 때에는 좋다 달콤하다 즐겁다를 의미한다. 아카드말에선 선 진심 선호하기 우정 선한 의지 등 다양한 뜻을 지녔다. 성경에서 이것은 눈으로 보니 마음에 들었다(審美)라는 뜻보다는 용도와 목적에 합당하다는 사실을 강조한다. 이 밖에도 무엇인가가 흡족하게 완성되었다는 확인도장과도 같다. 31절은 그 사실을 더욱 강조하였다. 이는 하나님께서 창조하신 피조물 하나 하나는 물론 그 전체가 다 하나님 목적에 합당하게 지어졌다는 뜻이다.

하나님의 이런 판단(평가)은 사람에게도 어김없이 적용되었다. 모든 것을 보시기에 좋게(목적에 알맞게) 창조하신 하나님은 우리 각 사람을 하나님 마음에 들게 만드셨다. 물론 사람 중에 이 사실을 온전히 받아들이지 않는 사람도 있다. 하나님의 걸작품이라는 말을 들을 때 사람은 보통 고개를 금방 끄떡이지 않는다. 자기 자신을 생각할 때 하나님 형상이라는 기쁨과 감사보다는 자기가 지닌 장애나 흠(약점)을 먼저 떠올리곤 하는 것이다.

핸디캡이 없거나 콤플렉스가 없는 사람은 아무도 없을 것이다. 그래서일까? 자기 자신이나 다른 사람을 그리 좋게(= 하나님 목적에 알맞은 존재로) 받아들이지 못하는 경향이 생겨났다. 성경은 우리에게 긍정적이고 창조적인 인생관을 가르치는데 정작 그리스도인조차도 '인생은 고통의 바다(고해 苦海)'라는 불교의 가르침에 더 공감하곤 하였다. 이렇게 된 데에는 물론 몇 가지 이유가 있다:

i) 욕심: 이것은 사람에게 자신의 현재 모습을 긍정하고 축하하며 기뻐하기보다는 결핍과 부족으로 받아들이게 한다.

ii) 비교의식: 다른 사람과 자신을 비교하는 일은 주어진 것을 감사하고 활용하기보다는 가지지 못한 것을 향한 불만과 동경심을 키운다;

iii) 목적 상실: 만일 자신에게 남이 지닌 재능(은사, 달란트) 중에 어떤 것이 없다면, 이는 자신은 그것으로가 아니라 다른 것으로 하나님 목적을 이루라는 뜻이다. 그런데도 사람들은 자기 자신 안에서 하나님 목적을 찾기보다는 다른 사람의 그것을 동경한다.

이런 이유로 자신에게만 있는 것 이를 테면 남이 갖지 않은 장애나 약점을 부정적으로만 보는 경향이 생겨났다. 그로 인하여 '나를 나 되게' 만드시려는 하나님 뜻이 있을 것(내가 나 된 것은 하나님 은혜로 된 것이니 … 고전 15:10)이라는 신앙이 흔들렸다. 이 신앙이 흔들리니 하나님의 목적(뜻)이 작아 보이고, 자신의 약점(결핍)이 더 커 보이는 착시현상이 생겨났다.

어떻게 우리 인생이 '보시기에 좋았더라'는 상태로 될 수 있을까? 그것은 하나님만 바라보며 그 분 목적에 무릎을 꿇는 길보다 더 좋은 길이 없다. 그러면 우리 속에 들어있는 창조주 하나님의 목적(섭리)이 보인다. 그것이 깨달아지면 질수록 우리는 주위 환경에 좌우되지 않는 영적인 기쁨을 누리면서도 건전한 비전을 품게 되리라.

> 1 하나님은 우리의 피난처시요 힘이시니 환난 중에 만날 큰 도움이시라 2 그러므로 땅이 변하든지 산이 흔들려 바다 가운데에 빠지든지 3 바닷물이 솟아나고 뛰놀든지 그것이 넘침으로 산이 흔들릴지라도 우리는 두려워하지 아니하리로다(시 46:1-3).

지구는 태양 주변을 돈다.(공전: 초속 약 29km로 보통 총알보다 8배 이상 빠른 속도, 자전 속도보다 80배 빠름) 지구가 태양 주위를 한 바퀴 도는 데에 365일 6시간 9분 9.54초가 걸린다. 이렇게 계산해 보면 지구가 일 년 동안 달린 거리는 무려 9억 5천만 km이다. 태양은 1초에 241km로 달리면서 은하계를 한 바퀴 도는 데 2억 2천 5백만 년이 걸린다. 지구는 그 자체로 돌아간다.(자전: 백두산에서 한라산까지 한 시간 동안에 가는 속도) 그 속도가 얼마나 되는가?

선풍기가 돌아갈 때 나는 소리, 비행기가 움직일 때 나는 굉음을 생각해 보자. 지구가 자전 및 공전할 때에는 어마어마하게 큰 소리가 나야 한다. 그런데 우리는 그 소리를 전혀 들을 수 없다. 어찌된 일인가? 기계는 완전하면 완전할수록 작동하는 소리가 작다. 좋은 기계일수록 작은 소리를 내며 부드럽게 돌아간다. 이 큰 지구가 이렇게 빨리 달리며 공전과 자전을 하는 데에도 소리 하나 나지 않고 소리 한 점 들리지 않는 이것이 우연일까? 하나님은 그 소리가 우리 귀에 전혀 들리지 않게 만드셨다. 이 얼마나 신기한 일인가? 이 얼마나 놀라운 은혜인가? 이 사실들을 놓고 성경은 "하나님이 보시기에 좋았더라" 고 했다. 창조 이야기를 읽는 우리는 인간의 지각과 이성을 신비롭게 초월하시는 창조주를 떠나서도 우주와 세계 그 자체를 해명할 수 있다고 장담하는 '과학'을 배격해야 한다.(Brueggemann 12)

창조 첫 날에도 오늘날처럼 저녁과 아침이 있었다. 이 '저녁이 되며 아침이 되니'란 말은 6일 동안 6번이나 되풀이 쓰였다.(5, 8, 13, 19, 23, 31절) 우리가 오늘날 하루를 말할 때 아침부터 저녁까지로 표현하는 것과 달리 여기서는 모두 저녁(에레브)이 먼저 나온 다음에 아침(보케르)이 나온다. 이것은 원시적인 어두움의 상태에서 하나님께서 맨 처음 빛을 창조하신 까닭에 낮이 먼저 생겨났다. 그 낮 이후에 저녁이 찾아오게 되었으므로 저녁이 먼저 언급된 것이리라. 히브리인은 하루의 시작을 저녁으로 보았다. 그들은 한 날(하루)도 전날 저녁부터 그 다음날 낮이 끝나는 때로 계산했다. 이는 인생이란 어둠에서 출발하여 빛으로 나가는 과정이라는 뜻이다.

물론 구약시대 이스라엘에서 날(욤)의 시작과 끝에 관한 의견이 완전히 일치하지 않았던 것 같다. 곧 날의 시작을 저녁으로 잡는 경우와(에 4:16, 단

8:14) 아침으로 보는 경우가 있었다.(신 28:66-67) 참고로 유대인들의 시간 구분은 다음과 같다:

보통 사람의 일과와는 달리 저녁을 하루의 시작으로 삼는 데에는 장점이 한 가지 있다. 곧 편안하게 휴식하는 것으로 하루를 시작하는 것이다. 이는 인간생활에서 안식과 재충전을 강조한 것이다. 저녁부터 아침까지의 시간을 이렇게 보내면 그 날이 가뿐하다.

<table>
<tr><th>시대</th><th colspan="2">구 분</th><th colspan="2">현재시간</th><th>관련본문</th></tr>
<tr><td rowspan="2">구
약</td><td>밤</td><td>초 경
이 경
삼경(새벽)</td><td colspan="2">해질 때-오후 10시
오후 10시-오전 2시
오전 2시-해뜰 때</td><td>애 2:19
삿 7:19
출 14:24</td></tr>
<tr><td>낮</td><td>아 침
오 정
서 늘 할 때
저 물 때</td><td colspan="2">해뜰 때-오전 10시
오전 10시-오후 3시
오후 3시-오후 6시
오후 6시</td><td>창 18:1
창 3:8
잠 7:9</td></tr>
<tr><td rowspan="7">신
약</td><td>밤</td><td>저 물 때
밤 중
닭 울 때
새 벽</td><td colspan="2">해질 때-오후 10시
오후 10시-오전 1시
오전 1시-오전 4시
오전 4시-해뜰 때</td><td>막 13:35
막 13:35
막 13:35
눅 22:61
막 13:35</td></tr>
<tr><td rowspan="6">낮</td><td rowspan="6">아 침
(마 16:3)

정 오
(행 22:6)

저 녁
(마 16:2)</td><td colspan="3">요 한 복 음</td></tr>
<tr><td>시 간</td><td>현 재 시 간</td><td>본 문</td></tr>
<tr><td>제 6 시
제 7 시
제 10 시
제 6 시</td><td>정오 12시(오전 6시?)
오후 1시
오후 4시
정오 12시(오후 6시?)</td><td>19:14
4:52
1:39
4: 6</td></tr>
<tr><td colspan="3">마 태 복 음</td></tr>
<tr><td>제 3 시
제 6 시
제 9 시
제 11 시</td><td>오전 9시
정오 12시
오후 3시
오후 5시</td><td>20:3
20:5
20:5
20:6</td></tr>
</table>

하루

하루의 길이는 24시간이다. 내일 하루로 가는 길에는 오늘이라는 하루를 거쳐야 한다, 마치 어제에서 오늘로 오기까지 24시간의 하루를 살아냈듯이.

그 하루가 때로는 아주 길게 늘어나기도 한다. 가나안을 살피고 돌아온 정탐꾼들 중 10명이 하나님 뜻과 다른 자기 생각에서 나오는 부정적인 이야기를 했다. 이스라엘 백성은 그 말을 하나님을 신뢰하던 여호수아나 갈렙의 그것보다 더 신뢰했다. 그러자 하나님께서 말씀하셨다.

> 너희는 그 땅을 정탐한 날 수인 사십 일의 하루를 일 년으로 쳐서 그 사십 년간 너희의 죄악을 담당할지니 너희는 그제서야 내가 싫어하면 어떻게 되는지를 알리라(민 14:34)

단 하루의 언행이 40년의 생활을 결정짓는 무서운 일이 일어난 것이다. 이에 사도 베드로는 "사랑하는 자들아 주께는 하루가 천 년 같고 천 년이 하루 같다는 이 한 가지를 잊지 말라"(벧전 3:8) 그렇다. 하루에 완성되는 인생은 없더라도, 오늘 하루가 없어도 완성되는 인생 또한 없다.

18

완성의 날

(2:1–3)

개역개정	직역
1 천지와 만물이 다 이루어지니라	1 이렇게 그 하늘과 그 땅, 그리고 그 안의 모든 군대가 완성되었다.
2 하나님이 그가 하시던 일을 일곱째 날에 마치시니 그가 하시던 모든 일을 그치고 일곱째 날에 안식하시니라	2 이제 하나님은 하던 일을 그 일곱째 날에 마치셨다. 그리고 그분은 그 날에 그 일곱째 날을 안식하셨다, 자신이 하던 모든 일로부터.
3 하나님이 그 일곱째 날을 복되게 하사 거룩하게 하셨으니 이는 하나님이 그 창조하시며 만드시던 모든 일을 마치시고 그 날에 안식하셨음이니라	3 그리고 하나님께서 그 일곱째 날에 복을 주셨다. 그리고 그 자신의 것을 거룩하게 하셨다. 진실로 그분은 자신의 (날에) 쉬셨다. 만들기 위해 창조하던 자신의 모든 일로부터.

이것은 창조의 일곱 번째 날 이야기이다. 네 부분으로 이루어진 창 2:2–3에는 '그 일곱째 날'(욤 핫쉬비이)이란 표현이 네 번 되풀이 쓰였다. 일곱 번째 날은 앞선 여섯 날들과 매우 달랐다. 마치 일곱째 날에는 왕관이 씌워진 듯하다.(Hughes 42)

2a 이제 하나님은 하던 일을 그 일곱째 날에 마치셨다.

2b 그리고 그는 그 날에 그 일곱째 날을 안식하셨다, 자신이 하던 모든 일로부터.

3a 그리고 하나님께서 그 일곱째 날에 복을 주셨다…

3c 진실로 그는 그의 (날에) 쉬셨다. 만들기 위해 창조하던 자신의 모든 일로부터.

인간의 창조는 창조활동 전체에서 매우 독특한 자리에 있다. 그렇더라도 이것이 창조활동의 목적(목표)은 아니다. 창조는 일곱째 날에 마무리되었고, 그 날에 와서야 비로소 그것이 달성되었다. 그 7일을 설명하는 동안에 여섯째 날과 일곱째 날에만 정관사 '하(ha)'가 붙어 있다.(그 여섯째 날, 그 일곱째 날) 하나님은 그날들의 내용을 그만큼 더 세심하게 창조하셨다. 그 날은 하나님의 날인 동시에 인간에게 주어진 특별한 선물이다.

안디옥의 테오필루스 성인(? - 183/5)은 이방인 판사에게 다음과 같이 썼다.(To Autolycus 2.12)

하나님께서 육일 동안 이루신 일들은 아무도 충분히 설명하거나 묘사할 수 없습니다, 천개의 혀를 가지고 있더라도, 만개의 입을 가지고 있더라도. 아닙니다, 설령 천년을 산다 하더라도 그 생애를 통틀어서도 하나님 창조의 가치를 다 설명할 수 없습니다. 앞서 말씀드렸듯이 하나님께서 육일 동안 천지만물을 지으신 그 지혜와 위대함과 풍요로움은 측량할 수 없습니다.

태초에 혼돈과 공허 및 어둠이 지배하는 상태가 복과 거룩함과 안식의 자리로 바뀌었다. 창 2:2-3에서 동사 샤바트(= 그치다 쉬다 안식하다)는 '그가 하시던 일을…'이라는 수식어에 두 번이나 걸린다. 출 23:12; 31:17은 여기에 나파쉬(= 숨을 돌리다) 누흐(= 중지하다, 쉬다)를 나란히 사용했다. 샤바트와 누후 및 나파쉬는 단순히 쉬다는 뜻보다는 그치다는 뜻이 더 강하다. 그것은 종종 안정시키다는 말맛을 지닌다.(월튼 207-8) 이를테면 이스라엘 백성이 땅의 식물을 먹을 수 있게 되자 만나가 그쳤다.(수 5:12) 욥의 친구들은 욥에게 말하기를 그쳤다.(욥 32:1) 이로써 친구들로 인해 격동하던 욥의 마음은 안정을 되찾았다. 창세기 1:1-2:4a는 이 과정 전체를 일목요연하게 소개하였다.

날수	그리고 하나님이 말씀하셨다 (뜻을 밝힘)	생겨라, 내어라 등 (창조의 말씀)	그리고 그대로 되다 (실현보고)	나누시고, … 하였다 (실현보고)	보시기에 좋았다 (인지, 평가)	… 라 불렀더라 (이름붙임)	저녁이 되고 아침이 되니 (시간의 흐름)	창조하다 만들다(창조의 동사)
1	3	3	빛이 있었다	4	1:4	5	5	(1:1)
2	6	6	7	7		8	8	7
3	9, 11	9, 11	9, 11	12	12	10	13	
4	14	14-15	15	16-18	18		19	16
5	20	20		21	21	22	23	21
6	24, 26, 28, 29	24-25	24, 30	25, 27	25, 31	28-30	31	25, 26, 27(3x)
7	완성의 날			복, 거룩, 안식				2:2, 3 (1)

창 2:3은 창 1:1과 아주 비슷하다. 세 가지, 곧 '하나님, 하늘과 땅, 만들다(창조하다 = 바라)' 등 주요한 낱말들이 두 곳에 다 쓰였다. 창세기 1:1-2:4a는 수미일관(首尾一貫) 하나님의 창조를 전해주고 있다. 그 가운데 1:3-2:3은 아주 세심하게 짜인 문학적 완결체이다.

이렇게 하나님은 10번 말씀하셨다.(봐요메르 엘로힘 = 그리고 하나님께서 말씀하셨다) 어떤 사람들은 이 열 번의 말씀을 '열 가지 말씀들'(데칼로그 = 십계명)에 비유하기도 한다. 창조의 과정에서 하나님은 8번에 걸쳐 명령하셨다. 7번 그 이름을 불러주시는 동안에 일곱째 날이 되었다. 그 날에 창조활동이 완결되었다. 하나님과 피조물의 관계는 말씀하심과 말씀들음(반응)을 통해 형성되었다.

태초에 말씀이 계시니라 이 말씀이 하나님과 함께 계셨으니 이 말씀은 곧 하나님이시니라(요 1:1)

이 창조의 주체는 하나님이시다.(시 96:5 만국의 모든 신들은 우상들이지만 여호와께서는 하늘을 지으셨음이로다). 성경에는 하나님(God)이란 용어가 다음과 같이 세 가지로 쓰였다: 엘 엘로아 엘로힘. 이 세 낱말의 어원학적 관계를 밝히기는 어렵다. 이것들은 서로 바꾸어 쓰이면서도 그 셋 가운데 엘로힘이 성경에 압도적으로 많이 나타났다.(2570번) 이 낱말은 그 자체로 복수형이다. 이것은 최상급 또는 존엄을 나타내는 복수형이다.(위대한, 가장 높은, 유일한…) 이 낱말이 처음 문서에 나타나는 것은 주전 1400년경 우가릿어에서 이다. 거기서 이 낱말은 '건립자 중의 건립자 신들과 인류의 아버지 창조주 중의 창조주' 등과 같은 의미로 쓰였다.

이것은 하나님 이외의 다른 신들을 가리키는 경우도 있다. 이를테면 "만국의 모든 신들은 우상들이지만 여호와께서는 하늘을 지으셨음이로다"라는 말씀이다.(시 96:5 와 여러 곳)

천지와 만물이 다 이루어진 다음 성경은 창조의 완성을 아주 특별하게 정리했다:

하나님이 그 일곱째 날(욤 하쉐비이)을 복되게 하사 거룩하게 하셨으니 이는 하나님이 그 창조하시며 만드시던 모든 일을 마치시고 그 날에 안식하셨음이니라(창 2:3)

창 2:2-3에는 '그 일곱째 날'이란 표현이 세 번 되풀이 쓰였다. 이는 그날을 최상급으로 나타낸 것이다. 2절 '그는 그 날에 그 일곱째 날을 안식하셨다. 자신이 하던 모든 일로부터.'(직역)는 마치 일곱째 날에도 하나님께서 창조사역을 계속한 듯이 받아들일 소지가 있다. 이에 칠십인역, 시리아역 등은 이 부분을 '그리고 여섯째 날에 하나님은 자신이 하던 일을 마치셨다…'(카이 순에텔레센 호 테오스 엔 테 헤메라 테 헥테 타 에르가 아우튜 …)라고 옮겼다. 물론 굳이 이렇게 할 필요가 없다.

하나님은 일곱째 날에 쉬는 일을 하셨다. 하나님은 피곤하거나 고단치 않으신 분이다.(사 40:28) 그런데도 쉬셨다는 것은 특별한 의미가 있다. 이것은 단순한 멈춤이나 중단을 의미하지 않는다. 휴식도 활동의 일부분이라는 말이다. 마틴 부버는 이 부분을 '하나님께서 일곱 번째 날을 자신의 일로부터 벗어나 즐기셨다.'(denn segnete den siebenten Tag und heiligte ihn, denn an ihm feierte er von all seiner Arbeit, die machend Gott erschuf)라고 옮겼다. 단기간의 업적과 성과만 생각하다보면 쉼은 마치 탱자 탱자 낭비하는 시간처럼 보일 수도 있다. 정확하게 말하자면 휴식(쉼)은 일과 별개가 아니다. 쉬는 날은 휴-일이다.

그날 하나님은 i) 복주시고 ii) 거룩하게 하셨으며 iii) 안식하셨다. 바로 이것이 창조의 목적(목표)이다. 창조 이전의 본래 상태와 이 마지막 날의 모습을 비교해보자. 혼돈과 공허, 어둠이 지배하는 창조 이전의 상태가 축복과 거룩, 안식이 지배하는 현실로 바뀌었다.

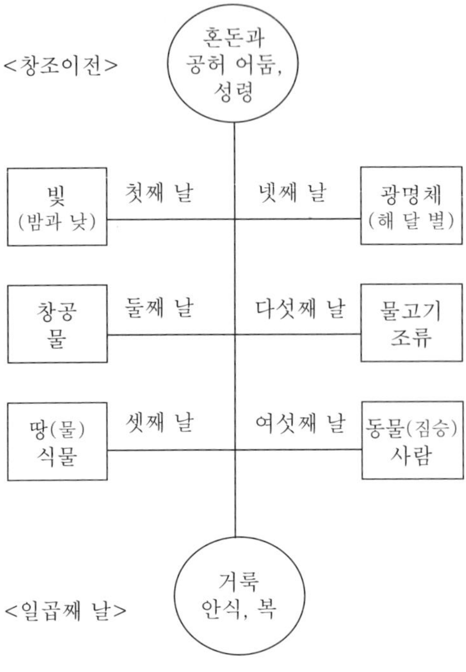

7일 동안의 창조

여기서 우리는 하나님께서 이 모든 것을 창조하신 목적을 알 수 있다. 여섯째 날에 이루어진 사람의 창조에 하나님은 아주 특별하고 사려 깊게 배려하시며 심혈을 기울이셨다. 그렇더라도 창조의 목표(목적, 정점, 절정)는 사람의 창조가 아니었다. 복과 거룩함과 안식이 하나님 창조의 목적이요 목표였다. 개역개정이 안식하셨다고 옮긴 말(샤바트)은 본디 중단(중지)하다 멈추다는 뜻이다. 그 말이 '자신이 하던 모든 일로부터'(창 2:2) '자신의 모든 일로부터'(창 2:3)라는 구절에 수식되기에 안식하다로 옮긴 것은 매우 탁월한 선택이다.

창세기 1장에는 인간을 비롯한 동물에게만 복이 주어졌는데 비해 여기서는 시간에게도 복이 주어졌다. 안식일이 그것이다. 하나님은 일곱 날들 가운데 유일하게 이 날에만 복을 주셨다. 나중에 이스라엘은 하나님의 창조에서 안식일 휴식의 근거를 찾았다. 다시 말해 안식일은 창조의 절정이자 완성이다.(Hanilton, Handbook 27)

9 엿새 동안은 힘써 네 모든 일을 행할 것이나 10 일곱째 날은 네 하나님 여호와
의 안식일인즉 너나 네 아들이나 네 딸이나 네 남종이나 네 여종이나 네 가축이

나 네 문안에 머무는 객이라도 아무 일도 하지 말라 11 이는 엿새 동안에 나 여호와가 하늘과 땅과 바다와 그 가운데 모든 것을 만들고 일곱째 날에 쉬었음이라 그러므로 나 여호와가 안식일을 복되게 하여 그 날을 거룩하게 하였느니라(출 20:9-11)

15 엿새 동안은 일할 것이나 일곱째 날은 큰 안식일이니 여호와께 거룩한 것이라 안식일에 일하는 자는 누구든지 반드시 죽일지니라 … 17 이는 나와 이스라엘 자손 사이에 영원한 표징이며 나 여호와가 엿새 동안에 천지를 창조하고 일곱째 날에 일을 마치고 쉬었음이니라 하라(출 31:15, 17)

안식은 단순한 휴식이 아니다. 그냥 쉬는 것이 아니라 안도감이요 평안함이요 만족감 속에 인생의 참 맛을 즐기는 것이다. 만일 이런 것이 없다면 안식의 효과와 비중은 낮아질 것이다. 그러므로 안식을 제대로 누리는 것이 매우 중요하다. 그것은 곧 우주만물을 창조하실 때 하나님께서 염두에 두셨던 창조의 목적이 그 사람에게 제대로 실현되고 있느냐 여부를 판가름하는 기준이 되기 때문이다.

오늘의 적용

오늘날 디지털 문화가 점점 발달하면서 사람들은 휴식(쉼)을 차츰 차츰 잃어가고 있다. 번아웃(Burn-Out) 증후군이 곳곳에서 엿보인다. 그것을 알기에 곳곳에 쉼터가 있다. 문제는 그곳을 찾는 사람이 그곳에서조차 제대

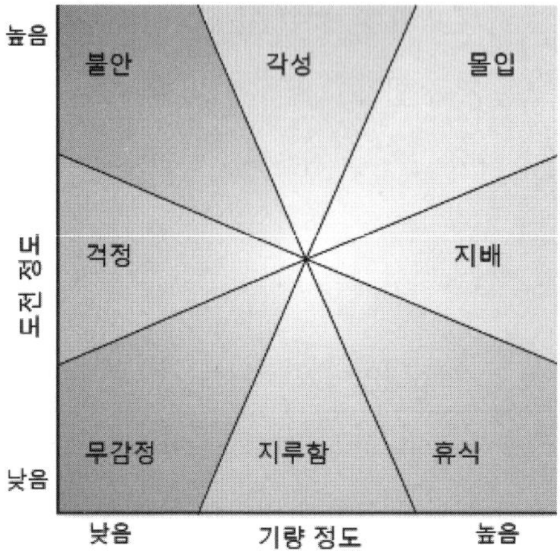

로 쉬지 못한다는 데 있다. 미국 클레어몬트 대학교 심리학 교수인 미하이 칙센트미하이(M Csikszentmihalyi)는 인간이 활동하는 내용이나 처한 환경에 따라 어느 정도 긴장하며 사는 지를 다음과 같이 나타냈다.

창조주 하나님은 노동과 안식을 말씀하셨다. 창 1:28에서 말씀 하신 생육하고 번성하여 땅에 충만할 것과, 땅을 정복하고 모든 생물을 다스리는 과정이 곧 노동이다. 이 복을 이루려면 사람은 노동을 해야 한다.

사람을 노동하는 피조물로 만드신 하나님은 또한 안식하는 피조물로 만드셨다. 창 1:28을 이루려면 사람은 제대로 안식을 해야 한다.

우리는 하나님의 창조를 기뻐하며 '하나님의 보시기에 좋은 일'을 하는가? 창조를 즐거워하며 '안식하고' 또 '안식을 베풀며' 사는가? 이 세 가지가 창조적인 리듬으로 작용할 때 우리 안에서 하나님의 형상이 온전히 빛날 것이다.

19
장엄한 찬양곡

(창 2:4a. 4b)

개역개정	직역
4a 이것이 천지가 창조될 때에 하늘과 땅의 내력이니	4a 이것이 그 하늘과 그 땅의 내력이다, 그것들이 창조되던 그 때.
4b 여호와 하나님이 땅과 하늘을 만드시던 날에	4b 그 날, 여호와 하나님께서 땅과 하늘을 만드시던 때

창세기 1:1-2:4a는 우렁찬 찬양예배이다. 이것은 예배 때의 교독문 또는 주고받는 찬양 형식이다. 그 본문을 표준새번역에 따라 재구성하면 다음과 같다.

창세기 1장

1 태초에 하나님이 천지를 창조하셨다.

2 땅이 혼돈하고 공허하며, 어둠이 깊음 위에 있고,
하나님의 영은 물 위에 움직이고 계셨다.

3 하나님이 말씀하시기를
"빛이 생겨라" 하시니, 빛이 생겼다.

4 그 빛이 하나님 보시기에 좋았다. 하나님이 빛과
어둠을 나누셔서,

5 빛을 낮이라고 하시고, 어둠을 밤이라고 하셨다.
저녁이 되고 아침이 되니, 하루가 지났다.
6 하나님이 말씀하시기를
"물 한가운데 창공이 생겨, 물과 물 사이가 갈라져
라" 하셨다. 7 하나님이 이처럼 창공을 만드시고서,
물을 창공 아래에 있는 물과 창공 위에 있는 물로
나누시니, 그대로 되었다.
8 하나님이 창공을 하늘이라고 하셨다.
저녁이 되고 아침이 되니, 이튿날이 지났다.
9 하나님이 말씀하시기를
"하늘 아래에 있는 물은 한 곳으로 모이고, 뭍은 드
러나거라" 하시니, 그대로 되었다.
10 하나님이 뭍을 땅이라고 하시고, 모인 물을 바
다라고 하셨다. 하나님 보시기에 좋았다.
11 하나님이 말씀하시기를
"땅은 푸른 움을 돋아나게 하여라. 씨를 맺는 식물
과 씨 있는 열매를 맺는 나무가 그 종류대로 땅 위
에서 돋아나게 하여라" 하시니, 그대로 되었다.
12 땅은 푸른 움을 돋아나게 하고, 씨를 맺는 식물
을 그 종류대로 나게 하고, 씨 있는 열매를 맺는 나
무를 그 종류대로 돋아나게 하였다. 하나님 보시기
에 좋았다.
13 저녁이 되고 아침이 되니, 사흗날이 지났다.
14 하나님이 말씀하시기를

"하늘 창공에 빛나는 것들이 생겨서, 낮과 밤을 가르고, 계절과 날과 해를 나타내는 표가 되어라.
15 또 하늘 창공에 있는 빛나는 것들은 땅을 환히 비추어라" 하시니,

그대로 되었다.

16 하나님이 두 큰 빛을 만드시고, 둘 가운데서 큰 빛으로는 낮을 다스리게 하시고, 작은 빛으로는 밤
을 다스리게 하셨다. 또 별들도 만드셨다. 17 하나
님이 빛나는 것들을 하늘 창공에 두시고 땅을 비추
게 하시고, 18 낮과 밤을 다스리게 하시며, 빛과 어
둠을 가르게 하셨다. 하나님 보시기에 좋았다.
19 저녁이 되고 아침이 되니, 나흗날이 지났다.
20 하나님이 말씀하시기를
"물은 생물을 번성하게 하고, 새들은 땅 위 하늘 창공으로 날아다녀라" 하셨다.
21 하나님이 커다란 바다짐승들과 물에서 번성하는 움직이는 모든 생물을 그 종류대로 창조하시고, 날개 달린 모든 새를 그 종류대로 창조하셨다. 하나님 보시기에 좋았다.
22 하나님이 이것들에게 복을 베푸시면서 말씀하시기를
"생육하고 번성하여 여러 바닷물에 충만하여라. 새들도 땅 위에서 번성하여라" 하셨다.
23 저녁이 되고 아침이 되니, 닷샛날이 지났다.
24 하나님이 말씀하시기를

"땅은 생물을 그 종류대로 내어라. 집짐승과 기어
다니는 것과 들짐승을 그 종류대로 내어라" 하시
니, 그대로 되었다.
25 하나님이 들짐승을 그 종류대로, 집짐승도 그
종류대로, 들에 사는 모든 길짐승도 그 종류대로
만드셨다. 하나님 보시기에 좋았다.
26 하나님이 말씀하시기를
"우리가 우리의 형상을 따라서, 우리의 모양대로
사람을 만들자. 그리고 그가, 바다의 고기와 공중의
새와 땅 위에 사는 온갖 들짐승과 땅 위를 기어다
니는 모든 길짐승을 다스리게 하자" 하시고, 27 하
나님이 당신의 형상대로 사람을 창조하셨으니, 곧
하나님의 형상대로 사람을 창조하셨다. 하나님이
그들을 남자와 여자로 창조하셨다. 28 하나님이 그
들에게 복을 베푸셨다.
(28) … 하나님이 그들에게 말씀하시기를
"생육하고 번성하여 땅에 충만하여라. 땅을 정복하
여라. 바다의 고기와 공중의 새와 땅 위에서 살아
움직이는 모든 생물을 다스려라" 하셨다.
29 하나님이 말씀하시기를
"내가 온 땅 위에 있는 씨 맺는 모든 채소와 씨 있
는 열매를 맺는 모든 나무를 너희에게 준다. 이것
들이 너희의 먹을거리가 될 것이다.
30 또 땅의 모든 짐승과 공중의 모든 새와 땅 위에

사는 모든 것, 곧 생명을 지닌 모든 것에게도 모든
푸른 풀을 먹을거리로 준다" 하시니, 그대로 되었다.
31 하나님이 손수 만드신 모든 것을 보시니, 보시
기에 참 좋았다.
저녁이 되고 아침이 되니, 엿샛날이 지났다.

창세기 2장

1 천지와 만물이 다 이루어지니라 2 하나님이 그가
하시던 일을 일곱째 날에 마치시니 그가 하시던 모
든 일을 그치고 일곱째 날에 안식하시니라 3 하나
님이 그 일곱째 날을 복되게 하사 거룩하게 하셨으
니 이는 하나님이 그 창조하시며 만드시던 모든 일
을 마치시고 그 날에 안식하셨음이니라
4a 하늘과 땅을 창조하실 때의 일은 이러하다. (아멘)

역사비평학자들은 창조 이야기 창 1:1-2:4a와 창 2:4b-25를 각기 다른 시대(주전 6-4세기, 주전 8-7세기) 다른 저자(P기자, J기자)가 기록했다고 한다. 에발트와 벨하우젠의 오경 문서가설 이래 그것은 지난 2백여 년 동안 진화에 진화를 거듭해 왔다. 4-50년 전만 하더라도 오경의 형성과정과 저자들에 관한 학자들의 주장 사이에는 이견이 그리 크지 않았다. 웬만큼 노력하면 쉽게 가닥을 잡을 수 있을 정도였다. 지금은 사정이 전혀 다르다. 학자들의 주장을 들어보면 마치 옛날 중국의 제자백가가 모여 서로 자기 주장을 펴던 시대가 재현된 듯하다. 오늘날 오경의 형성과정 및 연대와 저자의 문제는 오경연구에서 가장 복잡하다.

보기에 따라 창세기 1:1-2:4a는 말씀으로 창조하신 것 같은, 2:4b-25은 행위로 창조하신 것 같은 인상을 풍긴다. 그런 차이를 비롯한 몇 가지 가설 때문에 역사비평학자들은 이 둘의 기록자와 기록된 시기를 구별하였다.

다른 성경학자들은 i) 앞엣것은 창조의 개요를, 뒤엣것은 창조의 구체적 내용을 전하는 것이라고 풀이하였다. ii) 어떤 사람들은 창 1:1-2:3은 우주 전체의 창조에 관해, 창 2:4-3:25는 인간의 창조와 활동을 중심으로 기록된 것이라 본다.

독자인 우리는 역사비평학의 입장을 따를 지 아닐 지를 선택해야 한다. 그럴 때 신학과 신앙의 차이가 드러난다. 물론 이 차이는 서로 다른 신앙적 태도를 보여줄 뿐 어느 쪽이 맞느냐 틀리냐를 결정하는 것은 아니다. 그런 결정은 하나님만 내리실 수 있다고 할 만큼 학자들 사이의 견해 차이는 팽팽하다.

창세기부터 신명기까지를 묶어 오경이라 부를 때 이에 이의를 제기한 사람은 마틴 노트(사경)와 폰 라트(육경) 등 몇몇 사람에 지나지 않았다. 지금은 이것도 의견이 분분하다.

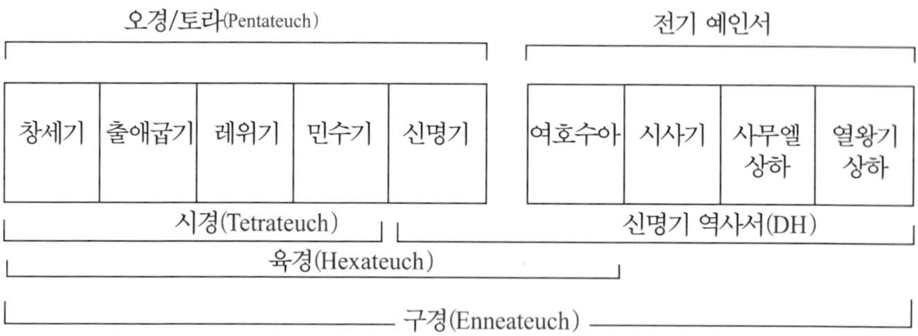

여러 학자들이 오경의 저자가 누구냐는 물음을 던졌다. 그 가운데 몇몇 사람들만 들어보면 다음과 같다. 우선 12세기 유대교 학자인 이븐 에스라가 있다. 종교개혁시대에는 칼쉬타트가 이 문제를 거론했다. 17세기에 들어서 홉스(Th. Hobbes)와 스피노자(Benedict de Sipinoza) 시몬(Richard Simon) 등이 이 문제를 다시 꺼내들었다. 1711년 빗테(Henning Bernhard Witter) 목사가 창세기 1-2장의 문서자료가 서로 다르다며 문제를 제기했다. 그의 주장은 크게 주목을 끌지 못했다. 1753년에는 아스트럭(Jean Astruc)이 창세기 전체가 두 가지 서로 다른 자료로 구성되었다고 주장했다. 몇 십 년 뒤 아이흐호른(Gottfried Eichhorn)이 그것을 이어받았다. 그리고 19세기에 드 붸테(W. M. L de Wette) 에발트(Heinrich G. A. Ewald) 벨하우젠(Julius. Wellhausen 1844-1918)이 흔히 말하는 문서가설을 꽃피웠다.

20세기 들어 형식비평학에서 궁켈(Herrman Gunkel 1862-1932) 아이스펠트(Otto Eisfeldt 1887-1973) 전승사비평학에서 노트(Martin Noth 1902-1968) 폰 라트(Gebhard von Rad 1901-1971)등이 두각을 나타냈다. 그 시절이 성서에 대한 역사비평학의 전성기였다.

1960년대 말부터 기존의 역사비평학에 대한 이의가 본격적으로 제기되었다. 그 사실성(史實性)과 실효성(實效性)에 의문을 제기하는 학자들이 늘어났다. 이로써 성경연구에 큰 변화가 일어났다.

오경의 저자 및 편집자에 관한 최근의 연구 성과를 반영하는 뮌스터학파의 주장에 따라 살펴보면 다음과 같다.(Zenger, Einleitung 121)

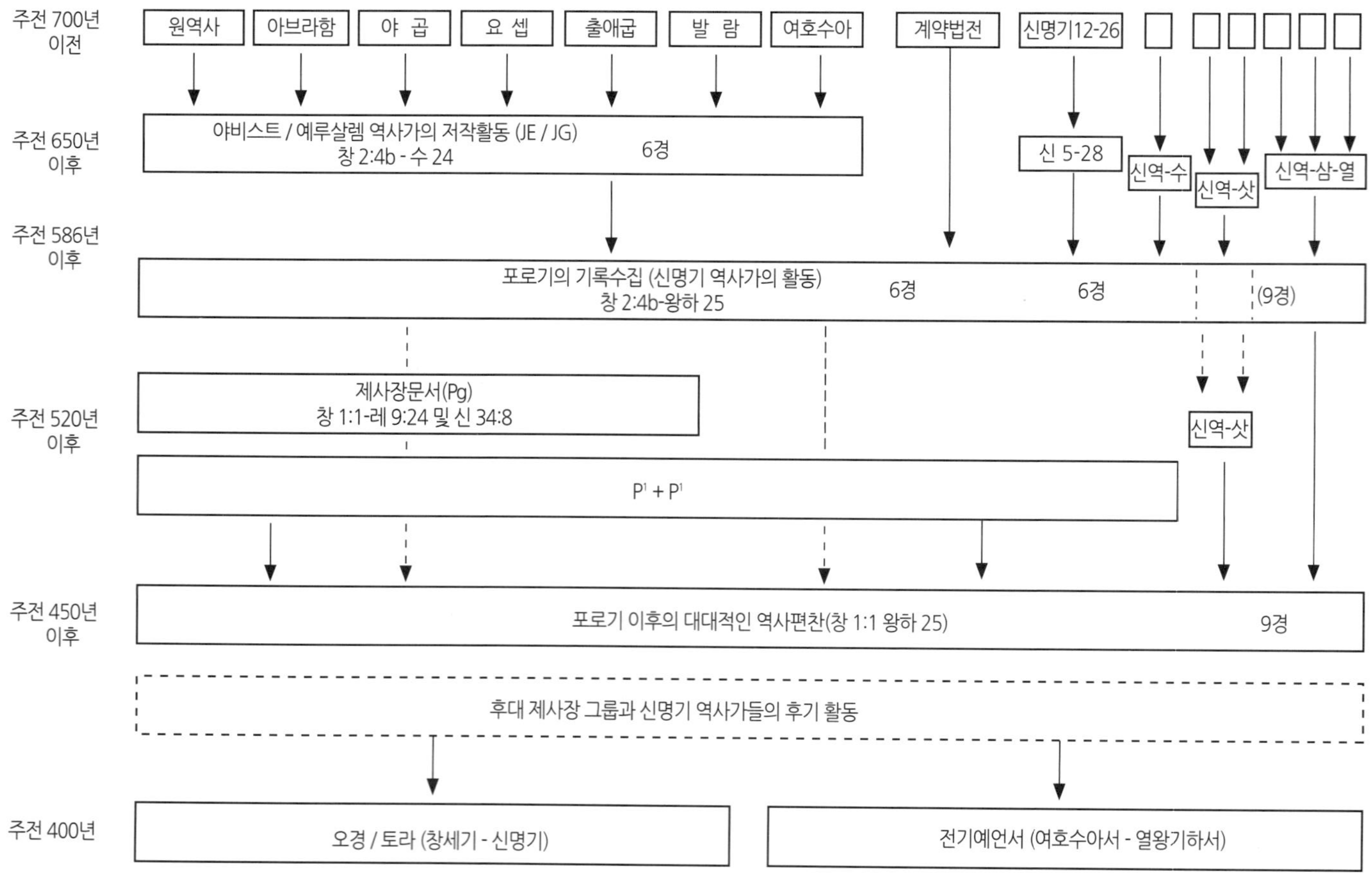

주전 700년 이전
원역사
아브라함
야 곱
요 셉
출애굽
발 람
여호수아
계약법전
신명기12-26
주전 650년 이후
야비스트 / 예루살렘 역사가의 저작활동 (JE / JG)
창 2:4b - 수 24
6경
신 5-28
신역-수
신역-삿
신역-삼-열
주전 586년 이후
포로기의 기록수집 (신명기 역사가의 활동)
창 2:4b-왕하 25
6경
6경
(9경)
주전 520년 이후
제사장문서(Pg)
창 1:1-레 9:24 및 신 34:8
신역-삿
P¹ + P¹
주전 450년 이후
포로기 이후의 대대적인 역사편찬(창 1:1 왕하 25)
9경
후대 제사장 그룹과 신명기 역사가들의 후기 활동
주전 400년
오경 / 토라 (창세기 - 신명기)
전기예언서 (여호수아서 - 열왕기하서)

크라츠(R. G. Kratz)의 연구는 이 보다 한참 더 자세(복잡)하다.(Zenger 143)

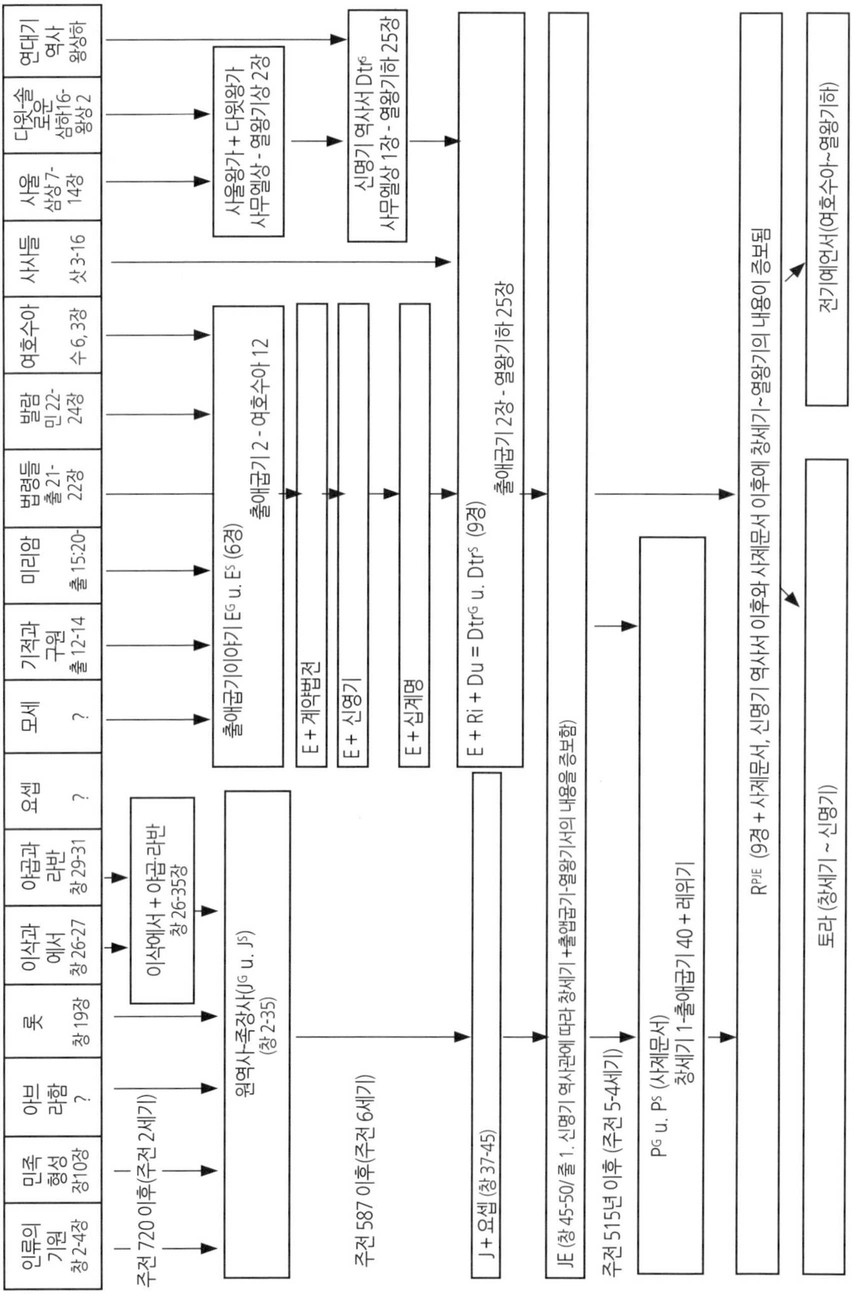

이 도표는 복잡한 연구과정을 아주 간단하게 줄인 것이다. 위와 다른 이론을 전개하는 학자들도 쉬미트(W. H. Schmidt) 블룸(E. Blum) 옷토(E. Otto) 등 여러 명이 있다. 그 내용을 일일이 비교하며 연구 결과를 살펴보자면 골이 지끈지끈 아플 정도다.

중세시대 교회는 성경을 교리 또는 교권에 종속시켰다. 근대 자유주의 신학은 그것을 인간의 이성과 지식으로 짓눌렀다. 현대 역사비평학은 그것을 역사와 신학 곧 인간의 학문 및 지식으로 지배하고 있다. 중세 천주교회에서 그랬듯이 현대 개신교회에서도 성경은 그 권위를 온전히 인정받지 못하고 있다.

역사비평학자들 사이에도 엇갈릴 만큼 오경 또는 구경의 형성과정에 관한 주장이 이렇게 다양해진 것은 무엇을 말해주는가? 좋게 말하면 학문 연구의 풍토가 자유로워졌다. 부정적으로 말하자면 역사비평학이 주장하는 것 가운데 근거가 확실한 것은 아무 것도 없다. 그 방법으로 하는 성경연구에는 허점이 많다는 것이다. 우리는 학문연구라는 이름 아래 불확실한 내용을 사실인 양 주장하는 이론에 끌려 다닐 필요가 전혀 없다.

성경은 결코 인간이 쉽게 이해할 수 있는 책이 아니다. 지난 몇 천 년 동안 수많은 사람이 읽고 또 연구했어도 성경에는 아직 모르는 영역, 신비한 영역이 수두룩하게 남아 있다. 이 세상사람 아무도 '나는 이 책을 완벽하게(제대로) 이해했다'고 말할 수 없다. 사람들 중에는 자기가 이해하지 못한다고 해서 성경본문을 바꾸려 하거나, 자기 뜻과 다르다 하여 거부하는 이도 있다. 이런 태도는 불신앙의 한 형태다.

창세기 2장 4절은 교차대구법(chiastic parallelism)에 따라 문학적으로 매우 정교하게 기록되었다.

4a: 그 하늘과 그 땅이 창조되던(빠라) 날에

4b: 여호와 하나님이 만드시던(아사) 날에 그 땅과 그 하늘이

창 2:4a은 첫 번째 창조이야기의 결론이다. 창 2:4b는 두 번째 창조이야기의 서론이다. 창 1:1과 창 2:4b에는 같거나 비슷한 낱말들이 쓰였다. 그 내용은 다음과 같다.

창 1:1	태초에	창조하다	하나님	그 하늘	그 땅
창 2:4b	날에	만들다	여호와 하나님	땅	하늘

두 본문이 다 전치사구로 시작된다. 동사는 빠라와 아사가 각각 쓰였다. 창조주는 엘로힘과 야웨(여호와) 엘로힘으로 표현되었다. 하늘과 땅이 땅과 하늘로 순서가 바뀌었다. 창 2:4b와는 다르게 창 1:1의 하늘과 땅에는 정관사가 붙어 있다. 이런 차이는 보는 사람에 따라 크게 느껴질 수도 있고 미미한 차이로 보일 수도 있다. 이로써 창세기에 두 번 나오는 창조이야기는 창조주 하나님의 영광을 소리 높여 찬양하는 노래이다.

하늘(天)이란 말은 동서양 모두 다양하게 쓰이고 있다. 하늘은 i) 천체 곧 해 달과 별이 있는 우주(공간)로 자연의 일부분이다. ii) 철학에서 말하는 마음이나 물질이나 그리고 모든 만물현상의 근원이다. '능히 모든 물건의 으뜸이 되도다.'(양 梁나라 부선혜 선사) iii) 심리적 · 정서적인 영역으로 흔히 말

하는 천운(天運) 천명(天命)과 관련된다. iv) 시간이나 공간을 나타낸다. 천시(하늘의 때) 동천(동쪽하늘) 명천(明天 = 내일) v) 여러 종교가 하늘을 눈에 보이지 않고 손에 잡히지 않는 주재자(하느님)로 본다. vi) 제왕(帝王) 천자(天子) 등 황제를 가리켰다.

이밖에도 기독교에서 하늘은 i) 하나님의 피조물이다. ii) 하나님(신적인 존재)의 처소이다.(사 6:1; 계 4:1-2) iii) 하나님께서 다스리는 나라 iv) 하나님께서 성도에게 주신 선물(천국 또는 영생. 계 21장)이다.

참 아름다워라, 주님의 세계는(찬송가 478)

1 참 아름다워라 주님의 세계는
저 솔로몬의 옷보다 더 고운 백합화
주 찬송하는 듯 저 맑은 새소리
내 아버지의 지으신 그 솜씨 깊도다

2 참 아름다워라 주님의 세계는
저 아침 해와 저녁놀 밤하늘 빛난 별
망망한 바다와 늘 푸른 봉우리
다 주 하나님 영광을 잘 드러내도다

3 참 아름다워라 주님의 세계는
저 산에 부는 바람과 잔잔한 시냇물
그 소리 가운데 주 음성 들리니
주 하나님의 큰 뜻을 나 알 듯 하도다. 아멘

20
아직은 …

(창 2:5–6)

개역개정	직역
5 여호와 하나님이 땅에 비를 내리지 아니하셨고 땅을 갈 사람도 없었으므로 들에는 초목이 아직 없었고 밭에는 채소가 나지 아니하였으며	5 그리고 들의 모든 초목이 아직 땅에 있기 전, 그리고 들의 모든 채소가 아직 자라기 전이었다. 이는 여호와 하나님께서 (아직) 땅에 비를 내리지 않으셨고 (아직) 땅을 섬길 사람이 없었기 때문이었다.
6 안개만 땅에서 올라와 온 지면을 적셨더라	6 그러나 안개만은 땅에서부터 솟아올랐다. 그리고 그것이 온 땅의 얼굴을 적시었다.

이것은 창조 이전의 상태를 보여주는 것이다. 이와 관련하여 두 개의 영역이 언급되었다. i) 경작할 수 없는 지역(싸데 = 들) ii) 경작할 수 있는 지역(아다마 = 땅) 이곳들은 사람의 손이 닿는지 여부에 관계없이 동식물들이 살아야 할 곳인데 아직 그럴만한 여건이 조성되지 않았다.(월튼 255)

창세기 2장 4절 이하는 광활한 우주와 그 운행 및 만물이 아니라 이 세상(아다마 = 땅)에 시선을 모았다. 하나님은 말씀과 아울러 몸소 손을 움직여(도공, 농부[정원사], 건축가 또는 해부학 의사의 이미지) 창조의 활동을 계속하셨다. 창 2:4.b~3:24에는 크게 다섯 가지 장면이 들어 있다: i) 사람을 지으시고 에덴동산에 살게 하심(2:4b-17) ii) 돕는 배필을 만드심(2:18-25) iii) 에덴동산에 들어온 훼방꾼(3:1-7) iv) 불순종·거역(3:8-13) v) 심판과 추방(3:14-24)

창세기에는 인간에 대한 두 가지 관점이 긴장 관계로 나타난다. 모든 인간은 한편으로 '하나님의 형상과 모양'을 지닌 가장 존귀하고 존엄한 존재이다. 다른 한편 인간은 땅의 '티끌'에서 온 존재이며 동물에 속한 피조물이다. 물론 뒤엣것이 인간의 존엄성을 깎아내리는 것은 아니다. 성경에는 연약한 인간을 사용하셔서 위대한 일을 이루시는 하나님의 사역이 수도 없이 나타나 있다. 하나님은 먼지였던 인간을 존엄하게 만드신 창조주이시다.

인간은 그분 앞에서 한없이 작고 나약하다. 이 세상 다른 피조물들 앞에서 무기력할 때도 많다. 인간은 다만 창조주 하나님이 부어주시는 은혜와 능력을 통해서만 세상에서 가장 존엄한 존재로 변할 수 있다.

성경에는 인간이 자기 힘으로 할 수 없는 일을 해내는 이야기가 많이 있다. 자식이 없던 아브라함이 이스라엘 민족의 조상 더 나아가 세상 만민의 조상으로 세워지는 이야기, 야곱이 장자인 에서를 제치고 이스라엘 열 두 지파의 아버지가 된 이야기, 노예 요셉이 이집트의 총리가 된 이야기, 이집트에서 노예였던 히브리 민족이 출애굽하여 가나안 땅에 정착한 이야기 등은 그것들 가운데 일부분이다. 그 이야기들은 약한 인간이 하나님 안에 있을 때 자신의 한계를 뛰어넘을 수 있음을 보여주었다. 창조 이야기 역시 이와 마찬가지이다. 인간은 먼지처럼 아주 보잘 것 없는 재료로 만들어졌다. 그렇더라도 하나님의 손길과 숨결이 닿자 놀라울 정도로 존엄해졌다. 하나님은 사람에게 자신의 뜻에 알맞게 세계를 다스리며 생물들을 정복할 수 있게 하셨다.

창세기 1:1-2:4a와 2:4b-25사이에는 문체와 이야기 전개순서 및 과정, 구체적인 내용 등에서 차이가 있다. 그러면서도 다음과 같은 공통점이 있다.(

천사무엘, 창세기 76)

i) 하나님은 창조주이시라는 고백.

ii) 인간은 피조물들 가운데 매우 특별한 존재이며, 다른 피조물을 보전할 독특한 사명을 띠고 태어났다.

iii) 인간은 피조물이면서도 동시에 관계의 동물이다.

iv) 인간의 먹거리로 식물이 주어졌다.

v) 하나님의 창조세계는 그 자체로 아름다우며, 통일성을 갖추고 있다.

2장에는 하나님의 창조와 관련하여 아주 중요한 단어들이 쓰였다:

i) 4 … 여호와 하나님이 땅과 하늘을 만드시던 날에 5 여호와 하나님이 땅에 비를 내리지 아니하셨고 땅을 갈(아바드) 사람도 없었으므로 들에는 초목이 아직 없었고 밭에는 채소가 나지 아니하였으며 6 안개만(뷔에드 = 그러나 안개만은) 땅에서 올라와 온 지면을 적셨더라 7 여호와 하나님이 그 흙(아파르 하아다마 = 그 흙의 먼지, 고운 그 흙가루)으로 사람을 지으시고 생기를 그 코에 불어넣으시니 사람이 생령이 되니라(창 2:4b-6).

ii) 여호와 하나님이 동방의 에덴에 동산을 창설하시고 그 지으신 사람을 거기 두시니라(창 2:8; 사 45:18 참조).

iii) 여호와 하나님이 그 사람을 이끌어 에덴동산에 두어(봐얀니헤후 ← 누흐 = 안식하다) 그것을 경작하며(아바드) 지키게 하시고(샤마르 NIRV to work its ground and to take care of it 창 2:15).

iv) 19 여호와 하나님이 흙으로 각종 들짐승과 공중의 각종 새를 지으시고 아담이 무엇이라고 부르나 보시려고 그것들을 그에게로 이끌어 가시니 아담이 각 생물을 부르는 것이 곧 그 이름이 되었더라 20 아담이 모든 가축과 공중의 새와 들의 모든 짐승에게 이름을 주니라…(창 2:19-20)

'아바드'(= 섬기다)란 말은 민 8:15에서 회막 곧 하나님과 만나는 장소를 목적어로 취했다. 이는 영적인(거룩한) 봉사를 가리킨다. 신 28:39에서는 포도원이 목적어로 쓰였다. 이는 농업활동을 의미한다. 창 2:5(땅을 갈 …)에서도 '아바드'는 경작하다는 뜻이다.

창 2:4b-6은 얼핏 창 1:1-2을 떠올리게 한다.(v. Rad, Genesis) 시간을 나타내는 전치사 쁘 (be)로 시작되는 것과, 그 뒤에 이어지는 '아직 … 하지 않았다'라는 네 가지 표현이 그렇다. i) 모든 초목이 아직 ii) 모든 채소가 아직 iii) 땅에 비가 아직 iv) 땅을 섬길 사람이 아직

6절의 첫 낱말인 접속사 와우를 창 1:2에서 그런 것처럼 순접으로 할지(개역개정, 공동번역, 표준새번역 그리고 안개가) 역접으로 할지(KJV, NAB, ELB 그렇지만/ 그러나 안개가) 정해야 한다. 이는 창조 이전의 부정적인 상태를 묘사한 다음에 창조의 단초를 긍정적으로 나타낸 점에 착안하며 결정해야 할 것이다.

6절의 에드란 무엇을 가리키는가? 안개(수증기) 강 홍수 구름, 그것도 아니라면 무엇인가? 이것을 공동번역과 표준새번역은 물로 옮겼다. 칠십인역이나 불가타 시리아역은 이를 샘이라 하였다. 만일 이 낱말이 수메르말이나 아카드말에서 나왔다면(이드) 그 뜻은 강이다. 특히 아카드말에서 이것은 강물이 범람하는 것을 나타낸다. 만일 개역개정처럼 안개로 옮긴다면 창조 이전에는 안개가 황무지를 적시는(뒤덮은) 상태였다고 보아야 할 것이다.

창 2:4b-7에는 크게 두 가지 결핍이 거론되었다. 비(물)와 섬김. 앞엣것이 환경이라면 뒤엣것은 사람의 자기역할이다. 그 둘이 없는 것이 곧 창조 이전의 상태였다.

내 인생의 메마른 자리

심리학자 롤러 메이(Rollo May)는 현대인을 '공허한 인간 군상'《자아를 잃어버린 현대인》 빅터 프랭클은 '실존적 공허'라 했다.《죽음의 수용소에서》

자신이 세운 목표를 바라보며 온 힘을 다해 앞만 보고 달려왔는데도 결국 빈껍데기만 남는 경우가 있다. 혼신의 노력을 통해 무엇인가를 성취하였는데도 성취감을 느끼는 대신에 오히려 상실감에 빠지곤 한다. '겨우 이것을 얻으려고 내가 그렇게 기를 쓰고 살아왔던가?'에서 시작하여 '나는 왜 사는가?'라는 허망한 생각이 그를 사로잡는다. 다른 사람에게 인정받지 못하고 있다는 생각도 공허를 느끼는 원인이기도 하다. 자기 존재에 대한 불안감도 그 원인이다. 이 때문에 불확실한 현재와 미래를 견뎌내는 인내심도 바닥을 드러내곤 하는 것이다.

누가(무엇이) 내(우리) 인생을 목마르게 하는가? 누가(무엇이) 내(우리) 인생의 갈증을 풀어주는가? 내(우리) 인생에서 메마르다고 느껴지는 부분은? 인생의 꿈도 목적도 싹트지 못할 정도로 삭막한 자리는 무엇인가? 나(우리)는 어떤 방법(내용)으로 그 자리를 변화시켜 나가는가?

21
생명은 하나님의 것

(창 2:7)

개역개정	직역
여호와 하나님이 땅의 흙으로 사람을 지으시고 생기를 그 코에 불어넣으시니 사람이 생령(히, 생물)이 되니라	그리고 여호와 하나님께서 땅의 티끌로 그 사람을 만드셨다. 그리고 그 코에 생명의 호흡을 불어넣으셨다. 그러자 그 사람이 생명체가 되었다.

이것은 여호와께서 사람을 창조하시는 이야기이다. 하나님은 땅의 먼지(아파르 민-하아드마 = 땅으로부터 생긴 티끌)로 사람을 지으셨다. 여기서 히브리 성경의 강조점은 흙이 아니라 먼지(티끌)에 있다.

아담과 아드마는 둘 다 표면, 피부를 가리키는 아랍어에서 나왔다. 아드마는 본디 땅바닥(지표)을 가리키며 토지나 경작지를 의미하지 않는다. 아람어와 히브리어는 이것들을 사람이란 낱말로 받아들였다.(Ruppert 128) 그 뿌리인 아담은 '붉다'는 뜻이다.(GM 16; THAT 57) 그러므로 아드마는 원래 황토를 가리켰으리라. 그것을 가지고 각종 피부색을 지닌 사람을 만드셨으니 창조주 하나님의 솜씨는 가히 놀랍다.

하나님은 이렇게 창조된 인간의 존엄성을 다양한 표현으로 말씀하셨다.

하나님이 그들에게 복을 주시며 하나님이 그들에게 이르시되 생육하고 번성하여 땅에 충만하라, 땅을 정복하라, 바다의 물고기와 하늘의 새와 땅에 움직이는

모든 생물을 다스리라 하시니라(창 1:28)

사람을 쳐죽인 자는 반드시 죽일 것이요(레 24:17)

그를 하나님보다 조금 못하게 하시고 영화와 존귀로 관을 씌우셨나이다(시 8:5)

7절에는 창조와 관련하여 짓다(조성하다 형성하다)는 말(야차르)이 쓰였다.(Deus faber) 창세기 1장에 쓰인 빠라는 하나님의 창조를 나타내는 가장 중요한 낱말이다. 물론 유일한 것은 아니다. 그밖에도 아사(= 만들다) 야차르(= 조성하다 낳다) 빠나(= 세우다 건설하다 창 2:22; 암 9:6) 야싸드(= 설립하다 설치하다 시 24:2; 잠 3:19) 쿤(= 확립하다 확실하다 사 45:18; 렘 10:12) 나타(= 펴다 펼치다 욥 9:8; 사 42:5) 나타(= 심다) 라카(= 확장하다 펴다) 얄라드(= 낳다 신 32:18) 아마르(= 말하다) 카라(= 부르다 칭하다) 차봐(= 명령하다) 카나(= 얻다 낳다 창조하다 창 4:1) 쉽(= 놓다 출 4:11; 잠 8:29) 무트(= 흔들다 뒤집다 시 82:5; 93:1)등도 넓은 의미에서 창조활동을 묘사하는데 쓰였다.

여기 쓰인 아파르 민-하아드마는 우리가 흔히 생각하는 흙보다도 훨씬 더 못한 재료이다. 그런 재료로 사람을 만드신 하나님은 그의 코에 생기(니샤마트 카이임 = 생명의 숨결들)를 불어넣으셨다.(나파흐) 이로써 사람은 살아있는 영혼(네페쉬 카야아 = 살아있는 존재, 생명체)이 되었다.

인간을 형성한 원 재료는 아주 보잘 것 없는 것이었다. 하나님께서 그에게 창조의 생기를 불어넣으셨다. 불어넣다는 말(나파흐)은 본디 의성어(ein onomapoetisches Wort)이다.

이것은 주로 세 가지 명사와 함께 쓰인다.(ThWAT V 519-521) i) 숨(느샤마)이다. 숨이 끊어지면 죽은 것이요(왕상 17:17) 숨을 쉬면 산 것이다. 성경에서 숨과 생명은 종종 동의어로 쓰인다.(수 10:40; 욥 41:21[13] 참조) ii) 영혼(생명 네페쉬)이다. "그러나 악한 자들은 눈이 어두워서 도망할 곳을 찾지 못하리니 그들의 희망은 숨을 거두는 것이니라"(욥 11:20) iii) 불(에쉬)이다. "보라 숯불을 불어서 자기가 쓸 만한 연장을 제조하는 장인도 내가 창조하였고 파괴하며 진멸하는 자도 내가 창조하였은즉"(사 54:16)

하나님은 아담에게 숨을 불어 넣으셨다.(나파흐 느샤마) 그러자 그는 살아 있는 생명체(네페쉬 카야)가 되었다.(창 2:7)

> 또 내게 이르시되 인자야 너는 생기를 향하여 대언하라 생기에게 대언하여 이르기를 주 여호와께서 이같이 말씀하시기를 생기야 사방에서부터 와서 이 죽음을 당한 자에게 불어서 살아나게 하라 하셨다 하라(겔 37:9)

하나님이 생명의 숨결을 불어넣으시자 흙덩이였던 인간은 질적으로 완전히 다른 피조물이 되었다. 사람은 흙의 먼지와 하나님의 숨(숨결)이 합쳐진 단순한 총합이 결코 아니다. 그 둘이 결합하여 이전과 완전하게 다른 존재(새로운 피조물)로 변한 것이 인간이다.(김창주 85)

사람을 가리키는 아담이란 말은 구약성경에서 다음과 같이 쓰였다.(이하 Westermann 275-276)

i) 아담이란 말은 창세기 1-11장에 주로 쓰였다. 그것은 인간의 창조 또는 인간의 한계를 나타내고 있다. 창 16:12를 빼놓고는 창 12-50에 나오지 않는다.

ii) 창세기 1-11장 말고 다른 곳에서 쓰일 때에도 인간의 창조를 직접 나타내거나 그것을 반영하는 투로 쓰였다. 출 4:11; 신 4:32; 시편 8 등에서 이 말은 하나님께서 창조한 인간의 존엄성을 의미한다. 하나님은 인간을 보전

하신다.(욥 7:10; 시 36:8 등)

iii) 약 60여 곳에서 이 말은 창조주에 거슬리는 개념으로 쓰였다.(사 2:9, 11; 31:3, 8) 에스겔서에 이런 경향이 강하게 나타난다. 그리고 하나님과 관계를 맺은 피조물로 묘사됐다.

iv) 사람과 동물이 다 하나님의 피조물일 뿐만 아니라(창 1:22, 28: 2:7) 하나님 앞에서 동일하게 언급되었다.(창 6:3; 7:23; 출 9:25)

v) 사람은 허무한 존재이다.(민 16:29; 시 49:13) 이는 때때로 인간의 악함과 관련되어 있다.(민 5:6; 시 140:2; 잠 6:12 등)

vi) 전도자는 인생의 헛됨을 뼈저리게 깨달은 사람이다. 전도서는 전체에 걸쳐 인간 존재의 무상함에 대한 인식과 그것을 극복하는 참된 길을 제시했다.

vii) 이상의 모든 것을 한데 묶어서 아담이란 말은 다른 모든 피조물과 구별되는 종(種)인 인간을 가리킨다. 그리고 흔히 말하는 인간세계를 의미한다.

참고로 성경에서 사람을 가리키는 낱말들을 살펴 보면 다음과 같다.

아담 ('ādām)	구약성경에 554회 나오는 이 말은 본디 '붉다'는 뜻으로, 흙(땅의 표면 = 아다마) 또는 에돔(아돔)민족을 가리키는 말이었다. 이는 하나님께서 인간을 흙으로 지으신 사실을 보여준다.(창 2:7) 이 말이 처음 쓰인 창 1:26에서 인간(아담)은 하나님의 형상과 모양을 따라 지어진 유일한 피조물이었다. 타락 이후 인간은 반드시 흙으로 되돌아갈 수밖에 없는 유한한 존재가 되었다.(창 3:19)

벤 아담 (bēn-'ādām)	구약에서 '인자(사람의 아들)'라는 표현은 다니엘서 7:13과 8:17을 빼놓고는 모두 인간의 연약성을 강조할 때 쓰는 표현이다. 곧 흙으로 돌아갈 유한하고 연약한 피조물임을 가리킨다. 예수님은 자신을 가리키는 칭호로 가끔 이 말을 사용하셨다.
께베르 (geber)	구약성경에 약 60회 쓰인 이것은 본디 강하다, 강력하다는 뜻을 지닌 말(가바르)에서 유래했다. 여성이나 아이와 구별되는 남성 장정을 가리키곤 한다.
에노쉬 ('enôš)	창 4:26에 처음 쓰인 다음 구약성경에 약 42회 나오는 이것은 본디 '깨어지기 쉽다, 약하다'는 뜻을 지닌 말(아나쉬)에서 유래하였다. 이는 신체적으로 약한 인간이 죽을 수밖에 없는 존재라는 사실을 나타낸다.
이쉬 ('īši) 잇샤 ('īšâ)	이것은 2183회나 등장하여 구약성경에 사람을 나타내는 말들 가운데 가장 널리 쓰이는 말이다. 남녀노소 모두에게 해당되는 이 말의 뿌리를 분명히 알 수는 없다. 혼인과 관련된 문맥(창 2:24)이나 불특정 다수를 나타낼 때에 자주 쓰였다. 이것으로 미루어 짐작건데 인간이 사회적 존재임을 뜻하는 것 같다.
안트로포스 (anthrōpos)	신약성경에서 사람을 가리키기에 가장 널리 쓰이는 이 말은 하나님과 구분되는 표현이다.(마 19:6). 주로 연약함(히 5:2) 죽음(히 9:27) 죄의 지배를 받음(롬 3:4)과 관련되어 나온다. 동물과 구별되는 인간으로 쓰일 때에는 긍정적인 의미도 있다.
안에르 (anēr)	여성이나(행 8:2) 어린 아이(고전 13:11)와 구별하여, 개별적인 성인 남성을 가리키는 말이다.

구약성경에 25번 나오는 느샤마란 말은 창 7:22에 동물에도 해당되는 것을 암시한 것 말고는 항상 사람에게만 쓰였다. 창 1:26-27과는 달리 여기서 아담이란 말에 정관사가 빠져있다. 히브리어의 일반 규칙에 따라 앞엣것을 보통(집합)명사로 뒤엣것을 고유명사로 보아야 하리라. J. 엘링턴의 분석에 따르면 창 1-5장에서 AV는 이 낱말을 고유명사로 18번 보통명사로 16번,

RSV는 18대 26, NEB는 4대 30, JB는 6대 28로 옮겼다.(Hamilton 159)

부활하신 예수님은 제자들을 찾아오시어, 그들에게 숨을 불어넣으셨다.(요 20:22 … 그들을 향하사 숨을 내쉬며 이르시되 성령을 받으라) 이는 창조의 숨결을 연상시키는 대목이다. 여기서 '숨을 내쉬다'라고 번역된 말(엠퓌사오)은 '…을 향하여 숨을 내쉬다 또는 … 안으로 숨을 불어넣다'는 뜻이다.(천주교새번역: 그들에게 숨을 불어넣으며 말씀하셨다. "성령을 받아라") 부활하신 예수님의 숨결을 받고 성령을 체험한 제자들은 십자가 사건 이전과 도저히 비교할 수 없는 새로운 피조물로 거듭났다. 그들은 이전과 질적으로 전혀 다른 사람이 되었다.

오늘의 적용

인간은 누구인가?

인간은 누구인가라는 물음에 관한 다양한 대답을 시대별로 요약하면 다음과 같다.

1 고대

호모 루덴스(homo ludens = 놀이[축제]하는 인간)

2 중세

호모 아베우(homo aveu = 예배드리는 인간)

3 근대

호모 사피엔스 (homo sapiens = 생각하는 인간, 17세기)

호모 에코노미쿠스 (homo economicus = 경제 활동을 하는 인간, 18세기)

호모 파베르 (homo faber = 노동하는 인간, 19세기)

4 현대

호모 폴리티쿠스(homo politicus = 권력지향적인 인간, 20세기)

5 21세기 ~

호모 레시프로쿠스(homo reciprocus = 상호의존하는 인간)

호모 심비우스(homo symbius = 공생하는 인간)

지금 나(우리)는 위의 것들 가운데 주로 어떤 모습들로 살고 있는가?

22
에덴 동산

(창 2:8–9)

개역개정	직역
8 여호와 하나님이 동방의 에덴에 동산을 창설하시고 그 지으신 사람을 거기 두시니라	8 그리고 여호와 하나님이 동방에 에덴에 동산을 만드셨다. 그리고 거기에 자신이 만드신 사람을 있게 하셨다.
9 여호와 하나님이 그 땅에서 보기에 아름답고 먹기에 좋은 나무가 나게 하시니 동산 가운데에는 생명나무와 선악을 알게 하는 나무(선악 지식의 나무)도 있더라	9 그리고 여호와 하나님이 땅에 자라게 하셨다, 보기에 매혹적이고 먹기에 탐스러운 모든 나무를. 그리고 생명나무를 동산 가운데 그리고 선악을 아는 나무를 (자라게 하셨다).

이 문단은 하나님께서 만드신 에덴동산과 관련하여 몇 가지 구체적인 내용을 기록하였다. 사실 표현만 다를 뿐 동서고금을 막론하고 이상향을 상상하거나 소망하는 사람이 늘 있어 왔다. 기독교는 그것을 에덴동산(구약) 새 하늘과 새땅(신약) 이라 불렀다.

8절과 9절의 관계를 모순으로 보는 사람도 있다. 그러나 이것은 별로 신통치 않은 생각이다. 8절은 에덴 동산의 일반적인 상황을, 9절은 그곳의 구체적인 내용을 언급한 것이기 때문이다.(Cassuto 109) 에덴이란 낱말은 구약성경에 17번 쓰였다.(단수로 14번, 복수로 3번) 그것은 다음과 같다.(Westermann

285)

에덴에 있는 정원(창 2:8, 10[?])

에덴 정원(창 2:10[?], 15; 2:23, 24; 겔 36:35; 욜 2:3)

에덴(창 4:16; 사 51:3; 겔 31:9, 16, 18)

에덴, 하나님의 정원(겔 28:13)

하나님의 정원인 에덴의 나무들(겔 31:9)

에덴… 여호와의 정원(사 51:3)

에덴에 관해 첫 번째 언급하는 8절은 창 1:11-12와 관련시켜 이해할 수 있다. 에덴(시 36:8 참조; 기쁨 복락이란 뜻)은 과수가 들어 찬 정원을 가리키는 말이다.(9절 참조) 성경에는 에덴 또는 에덴동산으로 나오는 이것은 여호와의 동산(창 13:10; 사 51:3) 하나님의 동산(겔 28:13; 31:9)으로 불리기도 하였다.(천사무엘, 창세기 80) 정원(동산)을 가리키는 히브리말 간(gan)이 칠십인역에는 파라데이소스(paradeisos)로 번역되었다.(창 2:8, 15; 수 2:3) 그것은 울타리가 쳐진 기쁨이 가득한 동산(정원)이란 뜻을 지닌 페르시아 동부 지방의 말 파이리(pairi = 주위에)-다에자(daeza = 울타리)에 뿌리를 두고 있다. 이밖에도 트루페(trufh, = 풍요 사치 겔 31:16, 18; 36:35)로 옮겨지기도 하였다.

하나님께서 창조하신 정원의 범위(영역)는 두 가지로 제한되었다.(창 2:8) 그 하나는 '에덴에 (있는)' 다른 하나는 '동쪽에 (있는)'이다. 그 정원은 에덴에 있었고 그 에덴은 동쪽지방(동방)에 있었다. 이는 정원의 영역과 위치를 어렴풋이나마 알려주는 것이다. 여기서 말하는 동쪽이란 성서편집자의 위치에 비추어 볼 때 동쪽에 있다는 뜻이리라. 에덴이란 이스라엘에서 동쪽방향(메소포타미아 지방?)에 있는 어떤 지역(나라)을 나타내는 것이다. 에덴이 어느

생명나무: 19왕조(주전 1345-1200) 제누디엠 왕의 무덤 벽화(Deir el Medine)

곳이냐는 물음보다 어떤 곳이냐는 물음이 훨씬 더 중요하다. 그렇더라도 사람의 호기심은 그곳이 어디인지를 알고 싶어 하는 마음을 놓아주지 않는다.

사실 이것은 어떤 구체적인 장소를 가리키는 것이 아닐 것 같다. 학자들은 에덴동산의 위치를 찾으려고 많이 시도하였다. 그것들은 다 설득력이 떨어진다. 이것은 어느 지역을 가리키는 뜻보다는 상징적-비유적 표현으로 보인다.(D. Jericke, Die Ortsangaben im Buch Genesis: Ein historisch-topographischer und literarisch-topographischer Kommentar 25)

성경에는 여러 가지 나무가 나온다. 대체로 그것은 식물학(생물학)의 시각보다는 비유 또는 신학적 시각으로 언급되었다. 창세기 2장을 비롯하여 아브라함이 머물던 마므레 상수리나무, 모세의 시내산 떨기나무, 엘리야의 로뎀나무, 예수님과 무화과 나무 등이 우리에게 익숙하다. 특히 성경은 생명나무 이야기로 시작하여(창 2:9) 생명나무 이야기로 끝난다.(계 22:14, 19)

9절은 에덴동산의 한 가지 특징 곧 나무에 주목한다. 그 나무들은 '네크마드 르마르에 뷔토브 르마아칼(= 보기에 아름답고 먹기에 좋다)'이었다. 여기에는 특히 두 가지 나무가 언급되었다: 생명나무와 선악을 알게 하는 나무, 생명나무에 관해서는 고대 근동 문헌들에도 널리 언급되었다. 선악을 알게 하는 나무에 관한 언급은 오직 성경, 곧 여기에만 쓰였다.(힐튼 241)

앞엣것은 창세기(창 2:9; 3:22, 24)와 잠언(잠 3:18; 11:30; 13:12; 15:4) 그리고 묵시문학(1에녹서 24:4; 2에녹서 8:3, 5, 8; 9:1; 2에스드라서 8:52) 및 신약성경(계 2:7; 22:2, 14, 19)에 등장한다. 특히 사도 요한은 예수님을 그리스도로 영접한 사람들이 부활하여 들어갈 하나님 나라에 생명나무가 있다고 했다. 묵시문학과 신약성경에서 그것은 항상 에덴의 분위기를 띤 재창조와 관련이 있다.

성경에서 낙원은 '하나님이 함께 계시는 곳'이다. 하나님은 그 동산을 거니셨다.(창 3:8) 에덴동산이 낙원인 가장 큰 이유는 바로 이것이다. 그곳에서 하나님은 사람과 함께 계시며 직접 대화를 나누셨다. 예수님이 십자가에서 돌아가실 때 옆에 있던 강도가 '주님의 나라가 임하실 때에 나를 기억해 주십시오'라고 말씀드리자 예수님이 대답하셨다. '오늘 네가 진실로 나와 함께 낙원에 있으리라.' 사실 예수님과 강도는 바로 그 날 하나님이 계신 곳에 그분과 함께 있을 것이다. 낙원이란 이런 곳이다, 하나님과 함께 하는 곳, 함께하는 일….

고후 7:2-4이다.

2 내가 그리스도 안에 있는 한 사람을 아노니 그는 십사 년 전에 셋째 하늘에 이끌려 간 자라 (그가 몸 안에 있었는지 몸 밖에 있었는지 나는 모르거니와 하나님은 아시느니라)
3 내가 이런 사람을 아노니 (그가 몸 안에 있었는지 몸 밖에 있었는지 나는 모르거니와 하나님은 아시느니라)
4 그가 낙원으로 이끌려 가서 말로 표현할 수 없는 말을 들었으니 사람이 가히 이르지 못할 말이로다

여기서 사도 바울은 삼층천으로 끌어올려졌던 사람을 이야기하였다. 그 삼층천이 무엇을 가리키는가? 공중에 나는 새들 떠다니는 구름이 있는 곳이 일층권이라면 아마 별과 달과 해가 있는 곳이 이층천이리라. 그렇다면 삼층천은? 이는 필시 하나님이 계신 곳을 상징하는 표현이다. 그곳은 하나님이 계신 곳 하나님의 처소이다. 그래서 우리는 종종 '하늘에 계신 우리 아버지'라고 고백하곤 하는 것이다.

요한계시록에서 '새 하늘과 새 땅'이 곧 낙원이다. 그곳은 하나님이 사람과 함께 계시는 곳이다.(계 21:3 참조) 이런 뜻에서 성경에서 낙원이란 하나님이 계신 곳이다. 찬송가 438장이다:

높은 산이 거친 들이 초막이나 궁궐이나 내 주 예수 모신 곳이 그 어디나 하늘나라.
할렐루야 찬양하세 내 모든 죄 사함 받고 주 예수와 동행하니 그 어디나 하늘나라

창 2:10-14는 에덴동산의 주변 환경을 묘사하였다. 그곳에서 시작된 강

네 개가 각지로 흘렀다.

구약성경에도 에덴이란 말이 지명으로 쓰이는 예가 있다. 왕하 19:12; 그리고 겔 27:23이 그것이다. 그 위치는 아마 유프라테스강 중(하)류이리라.(GM 927; HAL 749)

물론 이 말은 인명(또는 부족명)으로 쓰이기도 하였다.(사 37:12; 대하 29:12; 31:15) 이는 아마 고대 사회에서 지명과 인명이 같은 경우 또는 비교적 최근까지 사람이 호를 지을 때 어떤 지명에 빗대어 짓던 것을 반영할지도 모른다. 그렇더라도 성서의 주된 흐름으로 볼 때 이 말은 인명보다는 지방 또는 지역 이름일 가능성이 더 높다. 특히 창 2:8이 그렇다.

붸스터만은 창 2:8을 창 1:11-12와 연결시켜 이해하자는 F. 델리취의 제안을 받아들였다. 그리고 브리젠(Th. Vriezen)에 따라 인간을 위해 하나님께서 에덴에 정원을 잘 조성하여 내어주신 것을 신(신들)의 정원(Gottes- bzw. Götter Garten 사 51:3; 겔 28:13; 31:9 참조) 또는 흔히 말하는 파라다이스로 받아들일 수 있는가를 물었다.(C. Westermann 283-87) 브리젠은 에덴이란 말에 지역적, 신화적, 그리고 상징적 의미가 들어 있다고 본데 비해 델리취나 붸스터만은 지방 및 그 풍토의 이미지로 에덴이란 낱말이 나오는 본문들을 다 풀이할 수 있다고 보았다. 성경편집자는 에덴에 들어 있는 신화적인 의미를 구체적인 장소로 설정하였다는 것이다. 물론 이런 입장에 반대하는 학자들도 있다.(예: H. Pfeiffer)

창세기 2-3장으로 미루어 보건데 에덴에 있던 정원은 휴식(누흐)과 노동(아바드)과 보전(샤마르)이란 뜻에서(창 2:15 참조) 창조질서가 이상적으로 살아 숨 쉬는 곳이다. 에덴(또는 에덴의 정원)은 마치 노닥거리고 사는 무릉도원 같은 곳이 아니다. 물론 성경은 에덴 그 자체에 대해 구체적으로 설명하지 않았다. 창 2:9-14도 에덴 그 자체의 묘사보다는 에덴 주변 환경에 대해 기록하였을 뿐이다. 오히려 이집트나 메소포타미아의 기록들은 이에 비하면 조금 더 구체적인 편이다. 성경에서 에덴은 항상 어떤 이야기의 흐름 속에 한 요소로 등장할 뿐이다.

에덴동산에 있는 수많은 나무들 가운데 특별히 생명의 나무와 선악을 알게 하는 나무가 언급되었다.(창 2:9)

> 여호와 하나님이 이르시되 보라 이 사람이 선악을 아는 일에 우리 중 하나 같이 되었으니 그가 그의 손을 들어 생명 나무 열매도 따먹고 영생할까 하노라 하시고(창 3:22)

창세기 3장에서 아담과 하와가 따먹은 열매가 이 두 나무의 것인지 아니면 선악을 알게 하는 나무의 것인지 분명하지 않다.

성경의 에덴동산과 이집트 및 고대 근동의 파라다이스(유토피아) 또는 딜문(Dilmun)에 공통적인 요소가 있다. 특히 지방 또는 지명을 표시한다는 점에서. 그리고 먹고 살 걱정이 전혀 없는 곳이라는 점에서. 그렇다고 해서 그 본질도 같다고 보기는 어렵다. 발달된 도시문명인 딜문에 비해 에덴동산은 매우 목가적인 분위기를 풍긴다. 딜문은 신들이 노니는 최고의 문명도시인데 반해 에덴동산은 하나님의 통치 아래 사람이 사는 곳이었다. 더 나아가 동서고금을 막론하고 도시가 발달하면 발달할수록 인간의 생활은 편리하면서도 각박하고 삭막하다는 점에서 딜문과 에덴은 결코 같을 수가 없다.

우리는 이상적인 나라(거처)를 에덴이나 새 하늘과 새 땅 또는 다른 어떤 말로 표현하며 그 이미지를 그려낼 수 있다. 그렇지만 그에 관한 어떤 기록을 읽더라도 우리는 그 내용을 소상하게 파악할 수 없다. 아무도 경험해 보지 않은 곳이요, 눈으로 보지도 않았기 때문이다. 우리가 알 수 없는 그 장소와 모양과 내용은 하나님의 신비로 남겨 두어야하는 이유가 바로 이 때문이다.

오늘의 적용

하나님의 창조 이야기의 첫머리에 에덴동산 이야기가 나온다. 그리고 하나님의 재창조는 '새 하늘과 새 땅' 이야기로 끝난다. 어떤 의미에서 우리는 첫 번째 창조와 두 번째 창조(새 하늘과 새 땅) 사이에 있다.

하나님의 창조세계 안에서 나(우리)는 어디에 위치하고 있는가? 하나님의 창조 세계 안에 사는 나의 행복은 어디에, 무엇에 좌우되는가?

찬송가 438장 3절이 그 대답이 될 수 있을 것이다. '초막이나 궁궐이나 내 주 예수 모신 곳이 그 어디나 하늘나라. 할렐루야 찬양하세 내 모든 죄 사함 받고 주 예수와 동행하니 그 어디나 하늘나라.'

23

생수의 강

(창 2:10–14)

개역개정	직역
10 강이 에덴에서 흘러 나와 동산을 적시고 거기서부터 갈라져 네 근원이 되었으니	10 그리고 강 하나가 에덴으로부터 흘러나왔다. 그 동산을 적시려고. 그리고 거기서 그것들이 갈라졌다. 그리고 네 근원이 되었다.
11 첫째의 이름은 비손이라 금이 있는 하윌라 온 땅을 둘렀으며	11 그 첫째의 강 이름은 피숀이었다. 그것은 하윌라의 온 땅을 두루 둘렀다. 거기에 그 금이 (있었다).
12 그 땅의 금은 순금이요 그 곳에는 베델리엄과 호마노도 있으며	12 그리고 그 땅에서 나오는 금은 좋았다. 거기에는 브돌라흐와 청금석이 (있었다).
13 둘째 강의 이름은 기혼이라 구스 온 땅을 둘렀고	13 그 두 번째 강 이름은 기혼이었다. 그것은 쿠쉬 온 땅을 둘렀다.
14 셋째 강의 이름은 힛데겔이라 앗수르 동쪽으로 흘렀으며 넷째 강은 유브라데더라	14 그리고 셋째 강 이름은 힏데겔이었다. 그것은 앗수르 동쪽으로 (흘러) 갔다. 그리고 넷째 강, 그것은 프랃(이었다).

이것은 강이 에덴동산에서 흘러나와 온 대지를 적시며 풍요롭게 하는 이야기이다. 에덴 동산은 강들의 발원지가 되었다. 그 강은 네 개의 지류로 갈라졌다: 비손, 기혼, 힛데겔, 유브라데. 에덴동산은 물이 풍부한 곳이요, 각 곳으로 물을 공급해주는 수원지였다. 우리는 힛데겔과 프랕을 오늘날 메소포타미아 지역의 티그리스강과 유프라테스강에 일치시키지 말아야 한다. 다시말해 에덴 도산의 위치를 오늘날의 메소포타미아 지역으로 확정지을 수 없다는 것이다.

> 1 또 그가 수정 같이 맑은 생명수의 강을 내게 보이니 하나님과 및 어린 양의 보좌로부터 나와서 2 길 가운데로 흐르더라 강 좌우에 생명나무가 있어 열두 가지 열매를 맺되 달마다 그 열매를 맺고 그 나무 잎사귀들은 만국을 치료하기 위하여 있더라(계 22:1-2)

창 2:6과 2:10은 사용된 용어와 문장 형식에서 비교해볼만 하다.(Cassuto 115)

창 2:6	창 2:10
그러나 강이 땅에서부터 솟아올랐다. 그리고 그것이 온 땅의 얼굴을 적시었다.(직역)	강이 에덴에서 흘러 나와 동산을 적시고 거기서부터 갈라져 네 근원이 되었으니

앞에서도 이미 보았듯이 강을 가리키는 두 가지 말이 쓰였다: 에드와 나하르. 그 강물이 6절에서는 솟아올랐다(알라)고 하였는데 10절에서는 흘러나왔다고(야차) 했다. 6절에서 물은 온 땅을, 10절에서 그것은 에덴동산을 적

시었다. 6절과 10절은 히브리어의 통상적인 순서인 동사-주어의 순서를 깨고 주어 - 동사(분사) 순으로 되어 있다. 6절은 동사문장이고 10절은 명사문장이다.

10절에 근원으로 옮겨진 말(로쉬, 라쉼)은 본디 머리, 꼭대기, 시작, 지도자, (강의) 지류 라는 뜻이다. 강이란 말은 흐르다는 말(나하르)에서 나왔다. 아람어에서 이것은 넘쳐흐르다 풍족하게 흐르다는 뜻으로 물이 많아 만족스러워하는 말맛을 지니고 있다.(GM 789) 이에 따라 에덴동산은 비에 의존하지 않으면서도 물이 풍부한 지대로 보인다.

그 날에 산들이 단 포도주를 떨어뜨릴 것이며 작은 산들이 젖을 흘릴 것이며 유다 모든 시내가 물을 흘릴 것이며 여호와의 성전에서 샘이 흘러 나와서 싯딤 골짜기에 대리라(욜 3:18)

이곳에 흐르는 강 하나가 발원지가 되어 네 개의 강으로 갈라졌다.(파라르)

그 날에 생수가 예루살렘에서 솟아나서 절반은 동해로, 절반은 서해로 흐를 것이라 여름에도 겨울에도 그러하리라(슥 14:8)

한 시내(나하르)가 있어 나뉘어 흘러 하나님의 성 곧 지존하신 이의 성소를 기쁘게 하도다(시 46:4)

첫째 강 비손은 터져나오다 흩어지다 퍼지다 쏟아지다 는 뜻을 지닌 말(가봐흐 또는 기흐)에서 유래했다.(욥 38:8; 40:23 참조) 아마 그 지류가 많기에 이런 이름이 붙었을지 모른다. 그 강은 하윌라 땅을 둘러 흘렀다. 하윌라라는 말은 힘이란 말(카일)에서 유래했다. 이곳에 관해서는 금은 보석들이 많이 나는 곳이라는 것 밖에는 그 위치를 비롯해 다른 사항을 알 수 없다. 이곳에서 생산되는 금은 좋았다. 9절에 두 번 쓰인 토브란 말은 여기서 금의 순도가 매우 높다는 말맛을 풍긴다. 개역성경이 이를 '정금'(개역개정: 순금)이라 한 것은 매우 훌륭한 의역이다.

앗시리아 풍요의 신 신전의 돌에 새긴 조각(주전 2500여년 무렵의 것으로 추정됨. O. Keel, Die Welt der altorientalischen Bildsymbolik und das Alte Testament 103)

둘째 강은 기혼이다. 이는 이스라엘의 기혼 샘과는 아예 다른 강이다. 기혼이란 말이 넘쳐 흐르다는 말(끼아흐)에서 왔으므로 이 강은 아마 자주 범람한 것이 아닌가 싶다. 여기서 말하는 구스가 오늘날 에디오피아를 가리키는지는 분명하지 않다.

셋째 강은 힛데겔이다. 힛데겔은 '화살'이란 뜻의 아람어에서 나왔다. 이것은 유속이 매우 빠른 티그리스강을 가리킨다. 이는 메대왕 다리우스의 비문에 이 강이 '티그라'(Tigra)로 기록된 것에서 알 수 있다.

넷째 강은 유브라데이다. 아르메니아에서 발원하여 2850Km에 이르는 긴 강인 이 유역에서 앗시리아와 바빌론 문화가 형성 · 발달했다.

물론 이 네 강이 어디에 있는 어떤 강인지를 밝히는 것으로 본문의 메시지를 찾는 열쇠가 될 수 없다. 에덴동산의 위치를 찾으려는 시도가 무의미하듯, 이 강들에 관한 것 또한 그러하다. 이는 하나님께서 온 세상에 창조하신 물길(샘과 강)을 가리키는 것이리라. 넷이라는 숫자가 '온 세상'을 가리키는 말이기에 그렇다. 예언자 에스겔은 삭막하고 황폐한 시대에 살았다. 팍팍한 환경에서 포로민으로 살았다. 하나님은 그에게 성전에서 흘러나오는 샘물이 온 세상과 생물을 살리는 꿈을 꾸게 하셨다.

1 그가 나를 데리고 성전 문에 이르시니 성전의 앞면이 동쪽을 향하였는데 그 문
지방 밑에서 물이 나와 동쪽으로 흐르다가 성전 오른쪽 제단 남쪽으로 흘러 내
리더라 … 5 다시 천척을 측량하시니 물이 내가 건너지 못할 강이 된지라 그 물
이 가득하여 헤엄칠 만한 물이요 사람이 능히 건너지 못할 강이더라 … 8 그가
내게 이르시되 이 물이 동쪽으로 향하여 흘러 아라바로 내려가서 바다에 이르리
니 이 흘러내리는 물로 그 바다의 물이 되살아나리라 9 이 강물이 이르는 곳마다
번성하는 모든 생물이 살고 또 고기가 심히 많으리니 이 물이 흘러 들어가므로
바닷물이 되살아나겠고 이 강이 이르는 각처에 모든 것이 살 것이며 … 12 강 좌
우 가에는 각종 먹을 과실나무가 자라서 그 잎이 시들지 아니하며 열매가 끊이
지 아니하고 달마다 새 열매를 맺으리니 그 물이 성소를 통하여 나옴이라 그 열
매는 먹을 만하고 그 잎사귀는 약 재료가 되리라(겔 47:1-12)

예수님은 말씀하셨다.

13 예수께서 대답하여 이르시되 이 물을 마시는 자마다 다시 목마르려니와 14
내가 주는 물을 마시는 자는 영원히 목마르지 아니하리니 내가 주는 물은 그 속
에서 영생하도록 솟아나는 샘물이 되리라(요 4:13-14)

물

하나님께서 처음 창조하실 때부터 사람은 예나 지금이나 물(강) 들 산에 가까이 산다. 특히 물은 인간의 생명과 삶에 없어서는 아니 될 필수 불가결한 것이다.

창 1:2에서 물은 감히 범접하기 어려운 두려운 존재처럼 느껴진다. 학자들은 이를 심연(深淵) 또는 원초적인 바다(카오스의 바다)로 부르기도 한다. 창 2:5-6에서 물의 이미지는 그것과 사뭇 다르다. 그것은 생명체에게 없어서는 아니 될 필요불가결한 요소이다.

일찍이 노자는 '가장 좋은 것은 물과 같다(상선약수 上善若水)고 했다. 중국의 제자백가(諸子百家)들은 물로 인생을 비유하고 물의 흐름으로 세상을 보았다. 고자(告子)는 "인간의 본성은 물 흐름과 같은 것이다. 수로(水路)를 동쪽으로 내면 동으로 흐르고, 서쪽으로 트면 서로 흐른다. 이처럼 사람도 가르침이나 습관에 따라 선악 어느 방향으로 흐른다"고 했다. 尸者(시자)라는 사람이 있다. 그의 글(군치편 君治篇)에 물은 네 가지 덕성(德性)을 지녔다는 말이 있다.(수유사덕 水有四德) 그것은 인의예지(仁義禮智)를 상징한다는 것이다.

첫째로 인(仁)이다. 물은 모든 생명을 키우며 더러운 것을 깨끗하게 씻어 준다. 물은 만물을 깨끗하게 하고 통하여 흐르게 하니 이것이 곧 어짊이다.

둘째로 의(義)이다. 때로 얼룩진 것을 깨끗이 씻어 순결하게 하고 스스로를 맑게 한다. 탁한 것을 꺼리고 맑은 것을 추구하니 이것이 곧 의(義)이다.

셋째로 용(勇)이다. 물은 부드럽고 약하게 보이면서도 강한 것을 이긴다.

쓰임에 따라 하나도 둘도 셋도 된다. 물은 단단하고 굳은 물질을 녹이며, 불의 무서운 힘을 다스려 이기고, 강철같이 강한 것을 뚫으며, 또 자를 수 있는 힘을 가졌으니 이것이 '용'이다.

넷째로 지(智)이다. 물은 자연의 법칙을 거슬리지 않는다. 가득 차는 것을 싫어하며, 높은 데서 낮은 데로 흐른다. 순리대로 흐르다가 길이 막히면 비켜가거나 기다린다. 물은 다른 것과 잘 융화하며, 그것들을 흡수한다. 그렇게 포용하여 겸손하게 조화를 이룬다. 강과 바다는 작은 시냇물도 버리지 않는다.(하해불택세류 河海不擇細流) 바다는 그 어떤 물도 사양하지 않는다.(해불양수 海不讓水) 이것이 곧 지(智)이다.

이에 공자는 물가에 앉은 제자에게 말했다. '물은 백 길 벼랑도 두려워 않고 흘러내리니 용기가 있고, 아무리 옹색한 곳에라도 침투하니 통찰력이 있으며, 지상의 더러운 것을 씻어버리니 감화력이 있다. 그래서 군자는 흐르는 물을 바라보길 좋아하는 것이다.'

24

쉬며 다스리고 경작하게 하시니

(창 2:15)

개역개정	직역
15 여호와 하나님이 그 사람을 이끌어 에덴 동산에 두어 그것을 경작하며 지키게 하시고	15 그리고 여호와 하나님께서 사람을 취하셨다. 그리고 그를 에덴 동산에서 쉬게 하셨다, 그곳을 섬기며 보전하게 하시려고.

이것은 하나님께서 사람에게 에덴동산을 맡기시는 이야기이다. 창 2:5, 7, 15, 19-20을 이어 읽으면 하나님께서 사람을 창조하신 목적이 나온다. 곧 사람에게 안식을 주시는 한편, '땅을 섬길 사람이 없었으므로'라는 표현에서 엿보이듯이 '땅을 섬기고, 보전하는데' 그 목적이 있다. 하나님은 그를 에덴동산으로 이끌어 그곳에 살면서 이를 가꾸고 경작하도록 하셨다(창 2:15). 창 2:15에 '에덴동산에 두어'에서 '두다'라고 번역된 말(누흐)은, 창 2:8의 두다는 말(심)과 다른 용어이다. 이는 본디 정착하다, 휴식하다, 평안하다는 뜻이다:

> 아사가 일찍이 유다 사람에게 이르되 … 우리가 주를 찾았으므로 주께서 우리 사방에 평안을 주셨느니라 하고 이에 그들이 성읍을 형통하게 건축하였더라(대하 7:14-16)

창 2:15에서 히필형(Hiph 휴식하게 하다, 안식을 제공하다)으로 쓰인 이 말(누흐)은 그 뒤에 나오는 말들과 함께 하나님께서 사람을 에덴동산에 살게 하신 목적은 땅을 섬기고 보전하기에 앞서, 먼저 안식(휴식)하라는 데 있음을 보여주었다. 더 나아가 섬기며 보전하는 일을 제대로 하려면 먼저 휴식(평안)이 있어야 한다는 뜻이다. 사실 안식 곧 쉼은 이 땅을 사는 모든 인간의 갈망이다. 성경의 첫 번째 책 창세기는 창조자 하나님이 인간을 창조하고 나서 제일 먼저 하신 일이 인간을 복 주신 일이라고 기록하였다. 무슨 복을 먼저 주셨을까? '안식하는 복'이다.

장조(張潮 1650~1707 청 清)는 말한다. "진실로 세상 사람이 바삐 해야만 한다고 여기는 것을 느긋하게 대할 수 있는 자만이 바야흐로 세상 사람이 등한히 하는 것을 신속히 이룰 수 있다"(능한세인지소망자 能閒世人之所忙者, 방능망세인지소문 方能忙世人之所閒《유몽영(幽夢影)》209)

유몽영을 이어받아 1878년《유몽속영(幽夢續影)》을 낸 주석수(朱錫綬)는 말한다. "조용히 앉아 있는 시간이 없다면 이것 저것 바쁘게 일하는 것이 얼마나 정신을 소진시키는지 알지 못한다. 이리저리 불려 다녀 보지 않으면 한가로운 행보가 정신을 얼마나 참되게 길러주는지를 알지 못한다."(부정좌 不靜坐 부지망지모신자속 不知忙之耗神者速 부범응 不泛應, 부지한지양신자속 不知閑之養神者眞《유몽속영(幽夢續影)》24)

이는 단순한 유유자적이 아니다. 자기 안으로 침잠하는 것이 없이 허둥지둥 사는 소모전을 치르다보면 사람의 영혼은 그 서슬에 자기도 모르는 사이에 허물어진다. 자신의 내면세계를 가꾸는 사람은 세상 사람이 정신없이 바쁘게 살아갈 때 한가로움을 즐기는 것이요(망중한 忙中閑) 세상 사람들이 가치 없게 여겨 눈을 돌리지 않는 것을 중요하게 받아들여 바삐 이루고자 하는 것이다.(한중망 閑中忙) 자기 자신의 내면 및 자신의 과거 · 현재 · 미래와

직면하며 살 때 그 사람의 바깥 생활에도 힘이 더해진다.

여기서 경작이란 말은 2:5절에 '땅을 섬기다(갈다, 농사짓다)'는 말씀과 같다. 곧 창 2:5, 15; 3:23; 4:2, 12에는 섬긴다는 뜻으로'아바드'란 말이 쓰였다. 여기서 땅을 간다는 말로 '섬긴다'는 뜻을 지닌 아바드란 말이 쓰였다.(창 4:2, 12 참조) 하나님은 토지(아다마)를 아바드(섬기게) 하게 하려고, 흙의 먼지(아파르 하아다마)로 아담(= 사람)을 창조하셨다. 이 말은 본디 i) 복종하다, 존중한다, 경배하다.(명사형: 에베드 = 종) ii) 헌신하다, 섬기다. iii) 땅을 간다(경작하다, 농사짓다)는 뜻이다.

이 말(아바드)은 농업활동과 하나님을 섬기는 일에 쓰였다. 그 말맛은 이 동사의 목적어로 결정된다. 농사일을 가리킬 때 흙(대지 토양)을 목적어로 하고(창 2:5; 3:23 등) 성스러운 봉사활동을 나타낼 때 인격적인 대상(하나님, 바알)이나 인격화된 대상(이집트)을 목적어로 취한다.(출 4:23; 23:33 등) 창 2:15에서 에덴동산은 이 두 가지 의미를 다 내포하고 있다. 그것은 식물들이 자라고 사람이 사는 장소로도, 하나님께서 머무시는 거룩한 처소로도 받아들여진다.(월튼 245)

노동이 없는 인생은 진정으로 사는 것이 아니다. 성경은 창 1:1-24a에서 이미 노동과 안식(휴식)이 리듬 있게 작용하며 창조역사가 이루어지는 모습을 보여주었다.(Westermann 300) 하나님은 하늘을 자신이 주재하는 영역으로 남겨놓으면서도 땅만은 사람에게 맡겨주신 것이다.(시 115:16 참조)

사람은 노동과 안식을 균형 있게 조화시킴으로써 하나님의 뜻을 이룰 수 있다. 창 2;15에서 하나님의 뜻은 에덴동산을 보전하는 것이었다. 보전하다는 말(샤마르)은 '지키다 준수하다 보살피다 돌보다 주목하다 보전하다 간수하다' 라는 뜻이다. 이것은 기본적으로 보전하다 곧 지키며 창조적 · 발전적으로 유지한다는 의미이다. 성경에서 이 말은 보호한다는 뜻을 지닌 나차

르와 나란히 쓰이곤 하였다.(신 33:9; 시 12:7; 105:45; 119:34, 55-56, 145-146; 140:4; 141:3; 잠 2:8, 11; 4:6; 5:2; 27:18) 창 3:24에서 이 낱말은 거룹의 역할과 관련하여 사용되었다.

창 2:15에서 아바드와 샤마르는 긍정적인 의미에서 상호 보완 작용을 한다. 그것은 창조세계 안에서 서로 지지와 작용, 창조와 유지, 노동과 보전의 역할을 나타낸다. 한자로 사람을 가리키는 말(인 人)의 유래를 설명하는 것들 가운데 하나가 '사람이 몸을 왼쪽으로 굽히고 팔을 뻗어 일한다'(⺈)에서 왔다는 것이다.

이것은 수메르-바빌론 신화와 다른 내용이다. 거기서 인간은 신들의 과중한 부담을 덜어주기 위해 노동하도록 창조되었다.(Westermann 301) 수메르-아카드 창조설화에서 인간의 노동은 주로 신을 섬기는데 필요한 것과 토지를 경작하는 것이다. 이런 뜻에서 성경의 노동관은 고대 근동의 창조 및 노동과 크게 구별된다.

하나님은 사람을 휴식(안식)과 노동(개발, 발전)과 보전, 이 세 가지가 조화를 이루는 에덴동산으로 인도하셨다. 이로써 창세기 2:3(하나님의 안식)에 이어, 인간의 안식(휴식)이 창조의 본래 목적에 속한 것으로 드러났다.(참조: 휴식 없는 땅으로 쫓겨난 가인 창 4:16) 창세기 2:3에서 하나님은 안식할 '시간'을 창조하셨고, 창 2:15에서 하나님은 안식할 '공간(자리)'을 창조하셨다. 하나님께서 사람에게 에덴을 허락하신 목적은 세 가지, 곧 휴식(안정)과 경작(섬김, 노동)과 창조세계의 보전이었다.

에덴이란 말은 여러 가지 뜻을 지녔다. 그 가운데 대표적인 것은 환희, 기쁨이라는 뜻이다. 사람들은 보통 섬김보다는 다스림에서 만족을 얻기 마련인데 어떻게 섬기는 것과 기쁨이 연결될 수 있을까? 하나님이 창조하신 에덴동산에 사는 인간은 그 땅, 곧 하나님이 주신 선물을 섬기며 살아갈 때,

진정으로 즐거워진다는 뜻이 아닐까? 종(에베드)과 섬긴다(아바드)는 말에 들어있는 아주 모범적인 모습은 예수님에게서 엿보인다:

> "너희 안에 이 마음을 품으라. 곧 그리스도 예수의 마음이니, 그는 근본 하나님의 본체시나 하나님과 동등 됨을 취할 것으로 여기지 아니하시고 오히려 자기를 비워 종의 형체를 가지사 사람들과 같이 되셨고 사람의 모양으로 나타나사 자기를 낮추시고 죽기까지 복종하셨으니 곧 십자가에 죽으심이라"(빌 2:5-8).

곧 예수님은 자기를 낮추셔서 종(섬기는 자)의 모습으로 이 땅에 오셨다. 그분은 자신이 이 세상에 온 것은 섬김을 받으려 하심이 아니라 섬기기 위하여 오신 것이라고 하였다.(마 20:28; 막 10:15; 요 12:26) 이런 뜻에서 보면, 섬김이란 강한 자가 약한 자를 위해 스스로 낮은 자리에 처하여 헌신하는 것을 가리켰다. 세상에서는 종이 주인을 섬기는 것이 보통이다. 그렇지만 믿음의 세계에서는 더 높거나(?) 나은 처지에 있는 자가 더 낮거나(?) 어려운 형편에 놓인 자를 섬기며, 헌신하는 것에서 진정한 기쁨이 창조된다는 말이다. 이렇게 사람은 자연을 섬기고, 자연의 질서와 모양에 순종하며 살도록 창조되었다. 그러므로 오늘날과 같이 환경이 오염되고(공해), 기후변화가 심한 시대에 이 말씀의 뜻과 목적을 되새겨보는 일은 참으로 의미 있는 일이다.

오늘의 적용

창 1:28, 30과 창 2:15는 긴밀하게 이어 읽어야 할 말씀이다. 앞엣것은 창조주께서 사람에게 복을 주시는 이야기이다. 뒤엣것은 창조주께서 사람에게 책임을 맡기시는 이야기이다. 이것은 받은 복을 온전한 복으로 만들어 향유할 책임이 인간에게 있다는 뜻이다.

사람을 하나님의 형상대로 창조하시고 복을 내려주신 하나님은 휴식과 경작과 창조 세계의 보전 - 이 세 가지를 위해 사람을 에덴동산으로 끌어들이셨다. 내 생활에 이 세 가지가 어떻게 적용되고 있는가?

곡식 떠는 소에게 망을 씌우지 말지니라(신 25:4)

의인은 자기의 가축의 생명을 돌보나…(잠 12:10)

네 양 떼의 형편을 부지런히 살피며 네 소 떼에게 마음을 두라(잠 27:23)

사람은 자기 자신의 인생을 위해서뿐만 아니라 주변의 다른 사람들과 피조물들을 위한 청지기로 살라고 이 세상에 보내진 것이다.

25
선긋기

(창 2:16–17)

개역개정	직역
16 여호와 하나님이 그 사람에게 명하여 이르시되 동산 각종 나무의 열매는 네가 임의로 먹되 17 선악을 알게 하는 나무의 열매는 먹지 말라 네가 먹는 날에는 반드시 죽으리라 하시니라	16 그리고 여호와 하나님께서 사람에게 엄히 명령하셨다. 말씀하시기를 "그 동산의 나무로부터 너는 모든 것을 자유롭게 먹어라. 17 그러나 선과 악의 지식나무로부터는 먹지 말아야 한다. 그것들로부터 먹는 날에는 정녕 죽을 것이기 때문이다."

이것은 하나님과 아담이 언약을 맺는 이야기이다. 하나님은 다른 피조물과는 구별되게 인간하고만 언약을 맺으셨다. '하나님의 형상'과 함께 '언약'은 인간에게만 주어진 특권이자 은총이요 의무이다.

에덴동산에는 두 가지 나무가 있었다: 생명나무, 선악을 알게 하는 나무. 생명나무가 있다는 말은 곧 인간은 처음부터 살다가 죽는 존재로 창조되었다는 뜻이다. 두 번째 선악을 알게 하는 나무에서 선악이 무엇을 가리키는 지를 놓고 다양한 의견이 제출되었다.(D. Michel, Studien zur Überlieferungegeschichte alttestamentlicher Texte 93-111; Hamilton, Genesis 67; 강사문 81)

i) 성적인(성관계에 관한) 지식

12세기 이븐 에즈라의 주장 이래 몇몇 학자들이 이런 입장을 취했다. 이는 아담과 하와가 선악과를 따먹은 다음 옷을 벗고 지내는 것에 부끄러움을 느낀 것(창 3:7)과 아담과 하와가 동침하여 자녀를 낳은 것(창 4:1, 25)에 근거하였다. 그러나 생육하고 번성하라는 축복의 말씀(창 1:27-28; 2:25)이나 하나님께서 결혼을 창조의 질서로 만드신 점을 감안할 때 이것은 근거가 희박하다.

ii) 광범위한 지식, 전지전능한 지식

이는 구약성경에서 선이나 악을 말할 수 없다는 말이 아무 것도 말할 수 없다는 뜻으로 쓰이는데(창 24:50; 31:24; 삼하 14:17, 20) 근거한 것이다. 그러나 선악과를 먹은 다음에 인간이 도달한 상태는 이것과 거리가 멀기에 이것 또한 근거가 희박하다.

iii) 윤리적, 문화적 지식

이는 인간이 타고난 도덕적 · 윤리적 분별력을 의미한다. 이런 입장에 선 사람들은 신 1:39; 사 7:15-16; 삼하 14:17; 왕상 3:9 등에서 그 근거를 찾았다. 창세기 3장을 살펴볼 때 우리는 이런 견해를 받아들이기 어렵다.

iv) 인간의 독자적인 판단력

선악을 아는 지식이란 인간의 독자적인 판단력을 가리킨다는 주장. 곧 무엇을 해야 할지 하지 말아야 할지를 인간 스스로 결정하고, 자기중심적으로 행한다는 것이다. 나중에 이 과실을 먹은 아담과 하와의 행태만 보면 이것과 비슷하다.

v) 신적인 지혜

인간의 지각과 지혜를 초월하는 신의 영역에 속한 지혜를 가리킨다고 보는 사람도 있다.

vi) 하나님 말씀을 향한 반응

학자들이 말하는 이런 주장에 덧붙여 필자는 다음과 같이 생각한다. 선악을 아는 지식이란 하나님의 말씀에 어떤 반응을 보일 것인가에 관계된 것이다.

창 2:16-17은 무엇이 좋은 것인가, 무엇이 나쁜 것인가를 우리에게 묻는다. 창세기 1-11장(원역사)의 흐름에서 본다는 하나님 말씀에 순종하는 것이 선이요, 하나님 목적에 합당하게 처신하는 것이 좋은 것이다.

비록 하나님의 말씀이라도 우리는 우리 자신에게 유리한 것에는 기꺼이 따르고 그렇지 않은 것에는 애써 눈을 돌리곤 한다. 비록 하나님의 목적에 합당한 것이라도 우리는 충분히 공감하거나 확실하게 이해가 될 경우에만 따르고 그렇지 않을 경우에는 애써 외면하곤 한다. 심지어 자기에게 이익이 되는 것을 아는 순간 자신의 품위와 인격과 신앙에 반하는 행위인 것을 알면서도 강행한다. 그 순간에 즐겁다는 것을 아는 순간 장기적으로는 자신에게 해로운 행동인 것을 알면서도 버릇처럼 하는 것이다.

하나님과 그분 뜻을 뒷전으로 물리고 인간 위주로 선과 악을 결정하는 태도는 영적인 신앙 및 거룩한 지식과 거리가 멀다. 그 어떤 경우에도 하나님 말씀에 순종하고 따르는 것이 선악을 제대로 아는 지식이다. 하나님의 목적이 무엇인가를 분별하는 것이 선악을 바르게 아는 지식이다. 이런 지식을 그냥 먹어버려서는 곤란하다. 하나님 말씀이 아니라 자신의 이해관계 또는 유불리 또는 자신의 전이해 및 경험을 기준으로 선과 악을 가르는 지식에 좌우될 때 사람은 하나님과 멀어진다.

2장의 흐름으로 보면 16절이 말하는 '동산의 온갖 나무'는 앞 9a에 나오는 '보기에 탐스럽고 먹기에 좋은 온갖 나무'를 가리킨다. 그것들은 '물가에 심겨진 나무'(시편 1:3)였으리라. 이는 나무 열매가 쳐다보기만 해도 욕심이 나고 먹기에 좋아 보였다는 뜻이다. 하나님이 동산에 생겨나게 하신 나무들은 이런 식으로 생명력이 넘치고 아름다움으로 가득하였다. 그 나무에 대한 묘사가 나중에 3장 6절에는 '먹기에 좋고 눈에 들고 슬기롭게 할 만큼 탐스럽다'는 식으로 조금 확장되었다.

16절에서 하나님은 동산의 '온갖' 나무라고 함으로써 사람이 나무 열매 먹는 것을 전적으로 허용하셨다. 이어 17절에서 단 한 나무를 이 온갖 나무에서 제외시키셨다.

17절 또한 16절과 마찬가지로 목적어를 앞세움으로써 전적인 허용에서 제외되는 나무가 어떠한 나무인지를 강조한다. 좋고 나쁨을 알게 하는 나무가 그 나무인데, 이런 특징은 이미 9b에 언급되었다. 하나님께서 동산의 '땅'(아다마)에서 돋아나게 하신 나무들을 '보기에 탐스럽고 먹기에 좋은 온갖 나무'라 한 다음 '그 동산 한 가운데 있는 생명나무'와 '좋고 나쁨을 알게 하는 나무'를 덧붙임으로써 이 두 나무가 특별함을 암시하였다. 자세히 살펴보면 17절의 금지명령은 생명나무에 관한 것이 아니었다. 뿐만 아니라 3장 1-21절에는 좋고 나쁨을 알게 하는 나무만 나온다. 그리하여 9절과 17절만 두고 보면 여호와 하나님은 사람이 생명나무 열매는 먹을 수 있게 하신 것처럼 보인다.

생명나무란 말은 잠언에 네 차례 쓰였다. 그것은 생명의 길이와 관련이 있다. 잠 3:16-18에서 그것이 지혜로부터 주어지는 유익 가운데 하나인 장수와 나란히 쓰인 것이 그 예이다. 잠 13:12; 15:4는 사람을 타락시켜 결국 큰 피해를 입게 하는 행위를 생명나무와 대치시켰다.(월튼 242)

창 3장 22절에서야 비로소 생명나무도 금지대상이 되었다. "여호와 하나님께서 말씀하셨다. 보라, 그 사람이 좋음과 나쁨을 아는데 우리 가운데 하나처럼 되었다. 그러니 이제 그가 손을 뻗쳐 생명나무로부터도 (열매를) 따서 먹고 길이 살지 못하게 하자." 이에 대해 카숫토는 말한다.(124)

> 인간은 아주 간단하게 불멸성을 얻을 수 있었다. 그러나 불순종함으로써 그 상태를 유지할 수가 없었다. 하나님께서 생명나무의 열매를 먹는 것까지도 금지시켰기 때문이다.

창 2:16-17은 창조주이신 여호와께서 사람에게 주신 첫 번째 명령이다. 창세기 2장 4절부터 15절에 이르기까지는 그냥 홀로 행동하시던 하나님께서 마침내 16절에 이르러 사람과 대화하셨다. 숱한 피조물 가운데서 사람만이 창조주 하나님의 대화 상대였다. 물론 이 특권은 창조주 하나님께서 열어주신 은총이었다.

여호와 하나님이 사람에게 하신 첫 마디 말씀은 명령어 형식이었다. 이것은 하나님께서 사람에게 복을 빌어주시던 1장 28절과 다르다. 창세기 2장 16-17절은 창조주 하나님께서 피조물인 사람에게 주신 첫 번째 명령인 것이다.

그 첫 말씀의 내용은 두 가지이다. 첫째로 허락하시는 말씀이다. "그 동산의 온갖 나무로부터 정녕 먹으라." 에덴동산에 있는 먹을거리가 저절로 생겨난 것이 아니다. 9절에서 똑똑히 밝혔듯이 하나님이 동산의 땅에 돋아나게 하신 것이다. 그 주인이 따로 있었다는 말이다. 그리고 목적어가 동사보다 앞에 나와 강조됨으로써 하나님께서 사람에게 최대한으로 허락하심이 두드러진다.

여기 16절이 말하는 동산의 온갖 나무는 9a에 나오는 보기에 탐스럽고 먹기에 좋은 온갖 나무를 가리킨다. 이는 나무 열매가 쳐다보기만 해도 욕심이 나고 먹기에 좋아 보였다는 것이다. 하나님이 동산에 생겨나게 하신 나무들은 생명력이 넘치고 아름다움으로 가득한 나무들이었다.

둘째로 금지명령이다. 17절에는 어떤 나무로부터 나는 단 한 가지 열매를 하나님은 '그 온갖 나무에서 나는 것'에서 제외시키셨다. 17절은 16절과 마찬가지로 목적어를 앞세움으로써 전적인 허용에서 제외되는 나무가 어떠한 나무인지를 강조하였다: '좋고 나쁨을 알게 하는 나무.' 이 나무 또한 이미 9b에 나왔다. 17절의 금지명령에서 '생명나무'에 대한 말씀은 없다. 뿐만 아니라 3장 1-21절에 언급되는 나무도 좋고 나쁨을 알게 하는 나무일뿐이다.

좋고 나쁨이란 개념을 나란히 쓰는 히브리어 말투를 살펴보자. 이것은 그냥 사리를 판단할 수 있다는 정도가 아니다. 이를테면 이사야 7장 15절에서 말하는 '나쁜 것을 버리고 좋은 것을 뽑을 줄 아는 것'을 가리키는 것이 아니다. 여기서 이 말은 인생에 관한 모든 것을 안다는 뜻으로 볼 수 있다. 결국 이는 피조물인 사람의 삶은 본디 창조주이신 하나님의 손에 달려 있는데도 사람이 자기 스스로의 힘으로 삶의 모든 문제를 해결해나가려 한다는 것이다. 하나님이 동산의 다른 모든 나무 열매 먹는 것은 허락하시면서 '좋고 나쁨을 알게 하는 나무 열매'을 금지시키신 까닭이 바로 이것이다. 사람은 피조물로서 주어진 한계 안에서 살아야 하는 것인데 그 한계를 벗어나고자 하면 불행하게 된다는 뜻이다.

그 열매를 먹는 날에는 '반드시 죽으리라' 하신 것도 바로 이런 흐름에서 제대로 이해할 수 있다. '네가 반드시 죽으리라'(모트 타무트)란 말씀은 표현법으로 보면 저지른 잘못에 상응하는 형벌(사형)을 선언하는 형식이다.(삼상 14:44, 22:16; 왕하 1:4, 6; 렘 26:8; 겔 3:18 등), 여기서 이것은 경고의 성격을 강하게 띠고 있다. 이는 나중에 두 사람이 이 명령을 거스르고 그 나무 열매를 따 먹었지만 곧 바로 죽게 하지 않은 것으로도 알 수 있다. 죽음의 벌을 받아야 할 사람들이었지만 하나님께서는 그들에게 여전히 살 길을 열어주신 것이다. 다만 더 이상 동산에서 살 수 없도록 쫓아내셨다.

15-17절 전체를 다시 한 번 살펴보자. 이것을 통틀어 보면 8-9절의 내용에 덧붙여 따로 더 발전시킨 것으로 볼 수 있다. 9절에 여호와 하나님께서 나무들이 동산에 그냥 돋아나게 하셨다 한 것을 16-17절에는 그 나무들의 열매를 사람이 먹을 수 있지만 좋음과 나쁨을 아는 나무 열매는 먹지 말라 명령하셨다는 식으로 더 구체화시켰다. 이는 8절이 여호와 하나님께서 사람을 에덴의 동산에 그냥 데려다 두셨다 한 것을 15절에서는 동산을 갈고 지키도록 사람을 거기 자리 잡게 하셨다는 식으로 더 자세히 말하고 있는 것과 같다.

15-17절에 따르면 하나님은 사람을 만드시고 그를 위하여 동산을 만드셨다. 그리고 그것을 사람에게 맡기셨다. 이는 한편으로 사람에게 최대한의 것을 허락하시면서도 다른 한편으로 사람에게 자신의 한계를 지키라고 하신 것이다.

창조주 하나님은 피조물인 사람을 위해 최선을 다하셨다. 그리고 선과 악을 아는 나무 열매를 통하여 사람이 피조물이라는 사실을 결코 잊지 않게 하셨다. 여기서 피조물인 인간은 여호와 하나님의 명령을 좇을 것인가 아니면 거스를 것인가를 스스로 결정할 자유를 얻었다. 우리는 이 자유가 선용될 지 악용될 지 사뭇 호기심어린 마음으로 지켜보게 될 것이다.

오늘의 적용

이 세상에는 서로 쉽게 분리되는 듯하면서도 결코 분리될 수 없는 것이 적지 않다. 생명과 죽음, 선과 악, 유익한 것과 무익한 것과 해로운 것, 정의와 불의도 그러하다. 그것들은 동전의 양면과 같아서 100% 생명의 길로 이끄는 것도, 100%도 죽음의 길로 몰아가는 것도 거의 없다. 대체로 어느 쪽 비중이 더 높으냐 정도의 구별만 할 수 있을 뿐이다. 그런 것들은 구분을 해도 문제이고 구분을 하지 않아도 문제이다.

이와 관련하여 우리는 그때 그때마다 새로운 선택의 자리에 선다. 그리고 그 순간의 선택이 오래가는 여운을 남기며 마치 알곡과 쭉정이를 가려내는 키와 같이 우리 인생을 키질하는 것이다.

우리에게 생명의 나무는 무엇이며 선악을 알게 하는 나무는 과연 무엇일까?

26
이름을 짓는 자

(창 2:19)

개역개정	직역
19 여호와 하나님이 흙으로 각종 들짐승과 공중의 각종 새를 지으시고 아담이 무엇이라고 부르나 보시려고 그것들을 그에게로 이끌어 가시니 아담이 각 생물을 부르는 것이 곧 그 이름이 되었더라	19 여호와 하나님께서 흙으로 만드셨다, 땅에 있는 모든 생명체들을, 그리고 하늘의 새들을. 그리고 보시려고 사람에게 오셨다, 그가 그것을 어떻게 부르는가를. 그리고 모든 것 곧 그 사람이 부르는 그대로 생명체의 이름이 되었다.

이것은 아담이 여러 가지 생물에게 이름을 붙이는 이야기이다. 헤르만 궁켈 이후 몇몇 학자들은 들짐승과 날짐승은 언급된데 비해 물고기가 언급되지 않은 것을 의아하게 생각해 왔다. 이런 의문은 정당한 것이지만 우리는 그 대답을 결코 알 수 없다.

천지만물을 지으신 하나님은 아담을 시켜서 피조물 각자에게 이름을 주셨다. 이에 사도 바울은 '이러므로 내가 하늘과 땅에 있는 각 족속에게 이름을 주신 아버지 앞에 무릎을 꿇고 비노니(엡 3:14-15)'라고 하나님을 찬양하며 하나님께 기도를 드렸다.

사람은 종종 사람에게 번호를 붙인다. 이름 대신에 그것을 부른다. 영화 '레미제라블'의 주인공 장 바르잔에게는 '24601'라는 수인번호가 붙어 있었다. 그 번호가 항상 이름을 대신했다. 우리 생활에서 숫자가 이름을 대신하는 곳은 어디일까?

직장 생활을 하는 사람에게는 이름대신 직급으로 불려진다. '이 대리' '김 과장' '박 부장' 등이 그것이다. 한편으로 이름 부르기가 조심스러워 배려하는 것일 수도 있다. 다른 한편으로 직급을 강조하면서 사람의 존재가치를 그 직급에 맞추려는 현대 사회의 병리현상이기도 하다. 이런 세상에서 하나님은 번호가 아닌 우리의 이름을 불러 주신다. 직급이 아니라 이름을 부르신다. "지렁이 같은 너 야곱아!" "삭개오야 내려오라!" "사울아 사울아 어찌하여 네가 나를 핍박하느냐?"

마가복음 10장에는 사람을 이름으로 부르지 않는 이들, 사람으로 대우하지 않고 '어린 아이'로만 취급하는 사람들이 있다.

> 사람들이 예수께서 만져 주심을 바라고 어린 아이들을 데리고 오매 제자들이 꾸짖거늘(막 10:13)

사람의 나이를 기준으로 예수님 앞에 나아올 수 있고 나아오면 아니 된다는 생각은 사람을 외모로 취하지 않으시는 하나님 뜻에 어긋난 행동이다. 이렇게 행하는 제자들을 예수님은 꾸짖으셨다.

> 어린 아이들이 내게 오는 것을 용납하고 금하지 말라 하나님의 나라가 이런 자의 것이니라(막 2:14)

예수님이 이렇게 하신 이유는 사람을 볼 때 외모보다는 중심을 보라는 뜻이다. 사람에게는 생김새 나이 성별 인종 직업 직급 등 여러 가지 외모가 있다. 이런 것들이 우리에게 있고, 또 그것들 사이에 차이가 있는 것은 매우 자연스러운 일이다. 사람들 중에는 이 자연스러운 차이를 성실하다 게으르다, 맘에 든다 들지 않는다, 성공했다 실패했다로 규정하곤 한다. 이런 규정으로 인해 정당한 인정을 받지 못하는 사람들이 생겨났다.

사람은 누구나 다른 이에게 인정받고 싶은 욕구가 잇다. 이것이 충족되지 않을 때 속앓이를 한다. 그 마음에 상처를 입은 사람들 중에는 심한 경우 아무 일이나 마구 저지르는 이도 있다. 자기 이름, 자기 존재를 알리려고 사람들이 고개를 흔드는 짓을 하기도 한다.

터키 에베소에 가면 세계 7대 불가사의 중 하나인 아르테미스 신전터가 있다. 그 신전은 주전 6세기 중엽 리디아 왕 크로이소스 때부터 세우기 시

에베소에 있는 아르테미스 신전터

작하여 120년이 걸려 완성되었다. 그것은 높이 20미터 정도의 흰색 대리석 기둥이 127개(이오니아식)나 있었다. 오늘날까지 웅장함을 자랑하는 아테네의 파르테논 신전이 대리석 기둥 58개로 이루어졌다는 것을 생각해 보면 이것은 그것의 두 배가 넘는 규모였다.(길이 130미터, 폭 70미터)

이것이 세워지고 난 뒤 그리스의 역사가 헤로도투스(주전 484-425)가 이곳을 방문하여 보고 이집트의 피라미드, 모에리스에 있는 라비린토스에 비겨도 전혀 손색이 없는, 위대한 걸작이라고 평했다.

주전 356년 10월 그것이 불 타 버렸다. 헤로스트라투스라는 사람이 일부러 불을 질렀다. 그 이유가 무엇일까? 그는 아무리 생각해도 자기 이름이 후세에 남을 것 같지 않았다. 궁리 끝에 그는 이 위대한 걸작품을 불타 없어지게 하면 후세 사람들이 자기 이름을 기억해 주리라고 생각했다. 참 어처구니없는 생각이다. 이렇게 해서라도 자기 이름을 남기고 싶은 것이 사람의 마음인가 보다.

사람의 이런 마음을 잘 아는 심리학자 매슬로우는 인간의 기본 욕구를 표로 만들었다.

2000년대에 살아가는 오늘 우리나라 사람들은 이 그림에 보이는 두 번째~네 번째 단계 사이를 왔다 갔다 한다. 보다 높은 차원의 자아실현 곧 하나님의 형상을 회복하고 빛낸다는 의식은 아직 멀게만 보인다. 안타깝게도 신앙인조차도, 심지어 성직자도 그렇다.

사람들은 저마다 자기 이름을 내려 한다. 자기 분수도 모르면서 기회만 있으면 어느 자리에나 자기 이름을 올리려 애를 쓴다. 과연 이런 모습을 하나님께서 좋아하실까? 교회 역사를 살펴보면 자리를 탐하며 다투는 것이 성도가 타락하는 첩경이요, 교회가 부패하는 지름길이었다.

하나님은 만물에게 이름을 주시는 분이다. 그리고 무명(無名)의 존재를 유

명(有名)의 존재로 만드시
는 분이다.

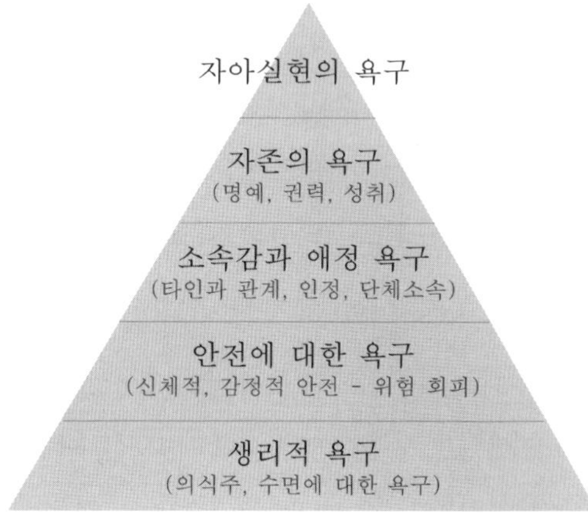

8 … 우리는 속이는 자 같으나 참되고 9 무명한 자 같으나 유명한 자요 죽은 자 같으나 보라 우리가 살아 있고 징계를 받는 자 같으나 죽임을 당하지 아니하고 10 근심하는 자 같으나 항상 기뻐하고 가난한 자 같으나 많은 사람을 부요하게 하고 아무 것도 없는 자 같으나 모든 것을 가진 자로다(고후 6:8-10)

이 세상 70억 인구 중에 우리가 아는 이름은 얼마나 될까? 아주 아주 유명한 사람이라고 내가 인정하는 어떤 사람의 이름을 그 70억 명 중에 몇이나 알고 있을까?

하나님은 우리 이름을 생명록에 기록해 놓으셨다.(시 69:28; 계 21:27 참조) 하나님은 우리 이름을 아신다. 우리를 인정해 주신다. 사도 바울의 고백처럼 우리는 '무명한 자 같으나 유명한 자이다.' 비록 세상 사람들이 우리 이름을 몰라주더라도 하나님께서 알아주시는 이 한 가지만으로도 충분히 만족하며 살 순 없을까?

그러나 귀신들이 너희에게 항복하는 것으로 기뻐하지 말고 너희 이름이 하늘에 기록된 것으로 기뻐하라(눅 10:20)

예수님도 30년 동안 무명으로 지내셨다. 공생애를 시작한 뒤 얼마 동안에도 사람들은 예수님(예수님 이름)을 몰랐다. 헤롯왕이 예수님을 세례 요한으로 보았을 정도였다.(막 6:15-16)

예수님이 가이사랴 빌립보에서 제자들에게 물으셨다. '사람들이 나를 누구라 하느냐?' 이에 제자들이 대답했다. '세례 요한이라 하고 더러는 엘리야, 더러는 선지자 중의 하나라 하나이다'(막 8:28; 마 16:14) 사람들은 예수님을 예수로 보지 않았다. 공생애 기간 대부분 그분은 무명 인사였다. 사람들이 이렇게 몰라 줄 때에도 예수님은 명성에 연연해하지 않으셨다. 사람들이 인정해 주지 않을 때에도 예수님은 하늘 아버지를 바라보며 그분 말씀대로 사셨다.

하나님께서 우리 이름을 불러주실 때 '예 제가 여기 있나이다' 라고 응답했던 사람들을 보자. 믿음의 조상 아브라함이 그랬다. 예언자 이사야가 그랬다. 예언자 엘리야가 그랬다. 세상 사람에게 손가락질 받던 삭개오가 그랬다. 그들은 시대와 풍조와 평판을 뛰어넘어 영원히 빛나는 별과 같이 신앙을 빛내고 이름을 떨쳤다. 세상 사람들은 우리에게 번호를 붙여 부르고, 세상 사람들은 우리에게 등급을 붙여 부른다. 그러나 하나님은 우리에게 이름을 주시고 이름을 불러주신다.

> 12 영접하는 자 곧 그 이름을 믿는 자들에게는 하나님의 자녀가 되는 권세를 주셨으니 13 이는 혈통으로나 육정으로나 사람의 뜻으로 나지 아니하고 오직 하나님께로부터 난 자들이니라(요 1:12-13)

> 우리가 아직 죄인 되었을 때에 그리스도께서 우리를 위하여 죽으심으로 하나님께서 우리에 대한 자기의 사랑을 확증하셨느니라(롬 5:8)

보라 아버지께서 어떠한 사랑을 우리에게 베푸사 하나님의 자녀라 일컬음을 받게 하셨는가, 우리가 그러하도다(요일 3:1)

이 말씀들이 한결같이 강조하는 바가 무엇인가? 우리 인생은 창조주 하나님의 인정을 받았다는 사실이다. 우리는 창조주 하나님의 딸 아들이라는 명예를 얻었다. 우리는 하나님께서 예비하신 새 하늘과 새 땅의 백성이라는 지위와 자존심을 선물로 받았다. 이것으로 충분하지 않을까? 이 세상에서 인정받는 것은 언젠가는 사라질 것이요, 썩어질 것이다. 이 세상에서 칭찬받는 것은 순식간에 경멸로 바뀌기도 한다.

그 썩어질 것에 매달려 살아가는 제자들에게 예수님은 어린 아이들을 보여주셨다. 그리고 그 어린 아이들을 안고 그들 위에 안수하시고 축복하셨다.(막 10:16) 예수님으로부터 축복받은 이 아이들은 아마 세상 사람들이 아무리 자기들을 배척해도 외롭지 않았을 것이다. 세상 사람들이 아무리 자기들을 멀리해도 상처받지 않았을 것이다.

창조주 하나님께서 '하늘에 있는 자들과 땅에 있는 자들과 땅 아래에 있는 자들로 모든 무릎을 예수의 이름에 꿇게'(빌 2:10)하셨다. 그런데 바로 그 예수님에게 받아들여진 사람이라면 더 이상 무엇을 바랄까?

조병화 시인은 "이 세상 모두 이름이 있어(~있어)" 라는 시에서 한 '자리' … 그 이름으로 하여 너를 알음에 / 너의 자리 온 빛 가득하여 / 마치 끝이 보이지 않는 하늘같구나!!!라고 노래했다.

오늘의 적용

신영복의 강의록을 정리한《담론: 신영복의 마지막 강의》(돌베개)에는 감옥에서 겪은 이야기가 많이 있다. 그 가운데 고암 이응노 화백에 얽힌 에피소드이다.(73쪽) 동베를린 사건으로 수감된 이응노 화백은 감방 수인(囚人)들 사이에서 '괴짜 노인'으로 알려졌다. 감옥 안에서 사람들을 모두 수번(囚番)으로 부르는데 그 분만은 예외였다. 꼭 상대방의 이름을 알아내서 그 이름을 불렀다.

고암선생이 같은 방 수감자에게 물었다. '자네 이름이 뭐야?' '이름은 왜요? 그냥 번호 부르세요. 쪽팔리게.' 한사코 이름을 알려달라는 고암 선생에게 그는 어쩔 수 없어 자기 이름이 '응일'應一이라고 했다. 그랬더니 한 일 자 쓰느냐고 또 묻더란다. 그렇다고 했더니 '뉘 집 큰아들'이 징역 와 있구먼.' 이라고 혼자 말처럼 하셨다.(이름자에 한 일 자 쓴 사람이 대개 맏아들이다. 영일 정일 태일 등)

'뉘 집 큰아들이 징역 와 있구먼!' 하는 그 말을 들은 날 밤 그 사람은 자기가 큰 아들이라는 사실을 자각했다. 그리고 부모님과 누이동생을 생각하며 한숨도 잘 수 없었다. 죄수로서가 아니라 자신이 어떤 존재인지를 새삼 느꼈다.

27
자연과 함께 사는 사람

(창 2:20a)

개역개정	직역
20 아담이 모든 가축과 공중의 새와 들의 모든 짐승에게 이름을 주니라	20 하그리고 아담은 이름들을 불렀다, 모든 가축과 하늘의 새와 들 짐승을 위하여.

이것은 아담과 다른 동물 사이의 관계를 보여주는 이야기이다. 사람 사는 세상에는 사람만 살지 않는다. 거기에는 대지와 바위 및 물이 숨 쉬고 있다. 풀과 나무와 곤충과 벌레와 동물들이 같이 살고 있다. 이는 하나님께서 천지를 창조하신 이래 지금까지 계속되었으며, 앞으로도 그럴 것이다.

하나님은 창조주이다. 그리고 하늘과 땅에 있는 각 족속에게 이름을 주신 분이다.(엡 3:14-15) 하나님은 그 권한의 일부를 아담에게 양도하셨다. 아담을 흙먼지로(아파르 민-하아다마) 지으신 뒤 하나님은 흙으로(민-하아다마) 각종 들짐승과 공중의 각종 새를 창조하셨다. 여기 쓰인 전치사 민(min)은 창 2:7처럼 재료를 나타내는 것이다. 짐승에게는 하나님께서 생기(느샤마)를 불어넣으셨다는 언급이 빠졌다. 이는 필시 짐승과 인간을 구분하신 것이리라.(7절) 하나님은 그들을 아담에게 데려 가셨다.

하나님은 아담을 그것들의 이름을 부르는 자가 되게 하셨다. 창세기 1장에서는 하나님께서 직접 이름을 붙이셨다.(예: 낮이라 부르시고 … 밤이라 부르셨

사람과 동물의 우호적인 관계

사람과 동물의 적대적인 관계

출처 Keel & S. Schroer, Schöpfung: biblische Theologien im Kontext altorientalischer Religionen, V&R, 2002. 63-64

다, 궁창이라 부르셨다, 뭍이라 부르시고 … 바다라 부르셨다. 등) 본디 자신에게 속한 권한을 그에게 양도하신 것이다. 하나님은 마 이크라 로 (= 그가 그것을 어떻게 부르는가)를 보셨다. 그리고 그가 부르는 대로 그 이름을 정해주셨다.

하나님께서 아담에게 각종 짐승의 이름을 짓게 하신 것은 '다스리라 정복하라'(창 1:28)며 그에게 복 주신 것을 실현시키는 과정이었다. 고대 근동에서 누군가에게 또는 무엇인가에 이름을 지어주는 것은 소유 및 통치권을 상징하였다.

여기서는 이야기가 조금 다르다. 아담이 동물들에게 이름을 지어주었더라도 그것들을 갖게 되었다는 것은 아니다. 다만 다른 동물들보다 뛰어난 인간의 우월성(시 8:6)을 인정받았다는 뜻이다. 더 나아가 사람을 그들과 우호적인 관계에 들어가게 만드신 것이다.

19절은 창 2:7절로 이어지는 말씀이다.(Westermann 309) 이것은 봐잇체르(= 그리고 그가 조성하였다/ 만들었다)란 말로 시작한다. 아카드말 에체루는 '그리다 형성하다 확정하다'라는 뜻이다. 렘 18:2 이하에서 이 낱말은 토기장이의 작업 곧 진흙으로 무엇인가 만드는 일을 묘사하는데 쓰였다. 대상 4:23에는 이 낱말의 분사형이 직업(토기장이)을 나타내는 용어로 사용되었다.

물론 이 말은 행위만이 아니라 생각(품은 뜻)을 가리키기도 한다. 렘 18:11에는 이 낱말이 카샤브(= …으로 여기다, 셈하다, …으로 간주하다)와 나란히 쓰였다.

> 그러므로 이제 너는 유다 사람들과 예루살렘 주민들에게 말하여 이르기를 여호와의 말씀에 보라 내가 너희에게 재앙을 내리며(요체르← 야차르) 계책을 세워(호셰브 ← 카샤브) 너희를 치려하노니 너희는 각기 악한 길에서 돌이키며 너희의 길과 행위를 아름답게 하라 하셨다 하라

노아 시대와 관련해서도 이 낱말은 그런 뜻으로 쓰였다.

> 여호와께서 사람의 죄악이 세상에 가득함과 그의 마음으로 생각하는 모든 계획(예체르 ← 야차르)이 항상 악할 뿐임을 보시고(창 6:5)

> 여호와께서 그 향기를 받으시고 그 중심에 이르시되 내가 다시는 사람으로 말미암아 땅을 저주하지 아니하리니 이는 사람의 마음이 계획하는 바(예체르 ← 야차르)가 어려서부터 악함이라 내가 전에 행한 것 같이 모든 생물을 다시 멸하지 아니하리니(창 8:21)

성경에서 야차르란 말은 하나님의 창조를 묘사할 때 처음 나왔다.(창 2:19; 암 7:1) 이것은 하나님의 창조를 묘사하는 주요 낱말들 가운데 하나이다. 시편 및 구약의 찬양시와 이사야서 43-44장에 이런 용법이 두드러지게 나타난다.

사람과 다른 피조물의 관계를 어떻게 풀어나가야 하는가? 이것은 영원한 숙제이며, 늘 새롭게 부딪히는 문제이다. 짧게 보더라도 뉴톤-데카르트의

세계관 이래 기독교는 다른 피조물들의 정복자로 군림해 왔다. 개발이 곧 발전이라며 막개발 난개발을 정당화해 왔다. 심지어 어떤 사람들은 창세기 1-2장을 언급하며 그것이 하나님의 뜻이라고 주장하기까지 했다.

그 결과가 무엇인가? 사람들은 자연세계가 몸부림을 치거나 몸살을 앓게 만들었다. 오늘날 지구촌 곳곳에서 일어나는 지진 해일 등 자연재해, 이상 기후로 나타나는 혹한(酷寒) 혹서(酷暑)는 결코 우연이 아니다.

오늘의 적용

잡초는 없다.

윤구병이 쓴《잡초는 없다》(보리, 1998)의 한 대목이다. "마늘밭을 온통 풀밭으로 바꾸어 놓은 그 괘씸한 '잡초'들을 죄다 뽑아 던져 버린 뒤에야 그 풀들이 '잡초'가 아니라 별꽃나물과 광대나물이었다는 사실을 알고 얼마나 후회했는지 모른다. 정갈하게 거두어서 나물도 무쳐 먹고 효소 식품으로 바꾸어도 좋을 약이 되는 풀들을, 내 손으로 그 씨앗을 뿌리지 않았는데도 돋아났다는 이유 하나만으로 적대시하여 죄다 수고롭게 땀 흘려가며 뽑아서 버렸으니 어리석기도 하지"

우리가 잡초라고 부르는 식물이 약 16000종이라고 한다. 그것들은 제각각 이름을 갖고 있다. 그런데도 우리는 i) 낯설거나 ii) 이름을 모르거나 iii) 농사에 방해된다는 생각만으로 '잡초'라고 뭉뚱그려 버린다.

중국이나 수단이나 터키 사람이 우리(나)를 보면서 항상 '한국인'이라는 집합명사로 불러준다면 기분이 어떨까? 외국에 사는 한국 사람이 자신을

'아시아인'이라고 부르는 서양인에게 몹시 서운하다 못해 분개하는 모습을 본 적이 있다. 우리는 아프리카 지역의 어떤 나라에서 온 사람을 '아프리카 사람'이라 부른다. 물론 틀린 것은 아니다. 그런데 그런 말을 듣는 그 사람 심정은 어떨까?

28
도울 짝

(창 2:18, 20b)

개역개정	직역
18 여호와 하나님이 이르시되 사람이 혼자 사는 것이 좋지 아니하니 내가 그를 위하여 돕는 배필을 지으리라 하시니라 …	18 그리고 하나님께서 말씀하셨다. 그것은 참 좋지 않다, 그 사람이 혼자 있는 것이. 내가 그와 나란히 있으면서 도울 짝을 만들리라…
20 … 아담이 돕는 배필이 없으므로	20 … 그리고 그분은 그(아담)과 상응하는 자로서 그를 도울 자를 찾지 못하셨다.

이것은 하나님께서 하와를 창조하시는 동기를 밝혀주는 이야기이다. 창조의 여섯째 날에 하나님은 창조된 모든 것이 다 보기에 심히 좋다고 하셨다.(창 1:31) 그런 하나님 눈에 보기에 좋지 않은 것이 하나 있었다. 그것은 사람이 독처하는 것 곧 혼자 사는 것이었다.

여기서 좋지 않다는 말은 나쁘다거나 악하다는 말맛이 아니다. 오히려 그것은 완벽하지 않다, 흡족하지 않다는 뉘앙스다.(McKeown 33-34; Sarfati 319-20) '좋지 않다'는 이 평가에 따라 하나님은 함께 살 사람을 만들려고 마음먹으셨다. 이로써 이 부분은 구약성경 전체에서도 가장 아름다운 이야기가 되었다.

여기에는 '시중들다(아바드 = 섬기다)'는 뜻이 전혀 들어 있지 않은 단어, 곧 '그와 나란히 있으며/ 마주 서며 돕는 자'(에체르 크네그도) 라는 말이 쓰였다. 도움(에제르 ← 아자르)이란 뜻을 지닌 이 말은 창 2:5, 15에 나오는 시중든다는 말과는 전혀 다른 뜻이다. 근대에 이르기까지 성경해석자들은 '돕는다'는 말을 '시중들다'로 읽어 왔다. 이는 이만 저만한 오류가 아니다. '나란히 있어 돕는 자'라는 이 말은 부부관계(남녀관계)의 본질을 보여준다.

우리말 개역개정에서 에제르 크네그도는 '그를 위하여 돕는 배필'이라고, 표준새번역에서 '그를 돕는 사람, 곧 그에게 알맞은 짝'으로, 공동번역에서 '그의 일을 거들 짝'이라고, 그리고 천주교새번역에서 '그에게 알맞은 협력자'로 각각 번역되었으며, 영어(KJV an help meet for him)와 독일어(ELB … ihm eine Hilfe machen, die ihm entspricht) 번역도 대체로 위와 비슷하였다. 이런 번역들은 한결같이 히브리어의 원뜻을 제대로 살려내지 못했다. 그 결과 마치 여성이 남성을 위해 존재하는 듯한 인상을 풍겨주었다.

에제르란 말은 도움(Beistand, Hilfe)이란 뜻이다. 도움 혹은 돕는 자라는 말은 구약성경에서 동사와 명사로 약 128번 쓰였다. 돕는 주체의 절반 이상이 하나님이다.(출 18:4; 신 33:29; 시 20:2; 121:1, 2; 124:8; 89:19 등)

돕는 관계에서 사람이 주체로 등장하는 경우를 살펴보자. 이 경우 대체로 강한 자가 약한 자에게 군사적인 도움을 주는데 사용되었다. 예를 들어 여호수아가 르우벤 갓 므낫세 지파에게 요르단강 서쪽으로 건너가 다른 지파들이 그곳을 정복할 수 있도록 도우라고 명령하였다.(수 1:14)

예언자 이사야는 앗시리아의 공격을 피하려고 이집트에 군사적 도움을 요청하려는 아하스왕에게 경고하였다.(사 20:6) 그 왕은 앗시리아왕 티글랏 필레세르 3세에게 도움을 청하는 사신을 보냈다.(대하 28:16) 이런 경우에 도움이란 군사동맹을 맺는 것에 관련되어 있었다. 그 밖에도 이 말은 연대의

식과 협력을 나타내는 경우에 쓰였다.(왕상 20:16; 삼하 21:17; 사 41:6; 스 10:15 등)

여기 있는 돕다는 말('azar)에는 '건지다, 구원하다'(사 49:25)는 뜻뿐만 아니라, '강하다'는 뜻도 있다.(우가릿어, 페니키아어 가자르, gzr, '강한' 영웅, 전사) 이것은 '돕는 자' 로뿐만 아니라, '힘센 자, 강한 자'라고 번역될 수 있다. 만일 이런 뜻을 여기에 적용시킨다면, 하나님은 아담의 배필로 강한 자를 만들어주셨다. 사실 하와는 강인한 자이다. 부드러우면서도 강인한 여성은 아름답다(잠 31:10-31 참조). 이런 뜻에서 '약한 자여, 그대 이름은 여성이니라'는 세익스피어의 말을 신주단지처럼 받드는 사고방식은 성경과 거리가 아주 멀다.

성경안팎에서 '돕는 자'('ezer)는 도움을 받는 자보다 더 나은(?) 위치에 있었다.(후원 또는 원조 등. 아카드어, 이디오피아어, 이집트어, 아람어에서 이것은 '빚을 탕감해준다, 사과를 받아준다'는 뜻) 구약성경에 이 말(아자르, 에제르, 에즈로)은 동사 혹은 명사로 약 128번 나타나는데, 그 절반 이상에서 하나님은 주체가 되셨다.(출 18:4; 신 33:29; 시 20:2; 121:1, 2; 124:8; 89:19 등) 이런 곳에서 전능하신 하나님은 연약한 피조물인 인간을 돕는 분으로 고백되었다:

> 하나의 이름은 엘리에셀이라. 이는 내 아버지의 하나님이 나를 도우사 바로의 칼에서 구원하셨다 함이더라(출 18:4)

> … 우리와 함께 하시는 이가 그와 함께 하는 자보다 크니, 그와 함께 하는 자는 육신의 팔이요, 우리와 함께 하시는 이는 우리의 하나님 여호와시라. 반드시 우리를 도우시고 우리를 대신하여 싸우시리라(대하 32:7-8)

창조주 하나님 앞에서 여성은 남성 앞에 있는 동등한 강자이다. 하나님은 남자가 혼자 있지 않고, 자신과 동등한 위치에 있는 강자와 더불어 살게 하셨다. 남성과 여성은 서로 어울리는 동역자(파트너)이다. 그들은 모두 동급의 인격과 같은 힘을 가진 자이며, 서로에게 도움(힘)이 되도록 지어졌다. 이 남녀는 땅(세계)을 다스리는 사역에 함께 참여하는 동료이며, 동역자이다. 따라서 여자가 남자에 비해 열등한 존재라는 생각은 창조이야기에 전혀 나타나 있지 않다.

이 이야기는 오히려 남녀의 상호의존성을 분명하게 보여주었다. 남과 여는 서로 다른 모양을 지녔으나 동등하며, 서로 다르기에 서로 보완하며 살도록 만들어졌다. 우리말 번역 '돕는 배필'은 독자의 문화적 배경에 따라 마치 여자가 남자의 조수 혹은 시녀라는 의미로 오해하게 만들 수 있다. 사실 교회는 이 말에 기초하여 남성이 여성보다 우월하다는 생각을 정당하게 여겨왔다. 그러나 돕는 것과 시중드는 것은 그 내용과 질이 전혀 다르다.

> 9 두 사람이 한 사람보다 나음은 그들이 수고함으로 좋은 상을 얻을 것임이라 10
> 혹시 그들이 넘어지면 하나가 그 동무를 붙들어 일으키려니와 홀로 있어 넘어지
> 고 붙들어 일으킬 자가 없는 자에게는 화가 있으리라 11 또 두 사람이 함께 누우
> 면 따뜻하거니와 한 사람이면 어찌 따뜻하랴 12 한 사람이면 패하겠거니와 두
> 사람이면 맞설 수 있나니 세 겹 줄은 쉽게 끊어지지 아니하느니라(전 4:9-12)

하나님의 뜻은 남성을 남성으로서보다는 사람으로, 여성도 여성으로서보다는 사람으로 만나고 교류하는 것이리라.

오늘의 적용

창세기1-3장을 읽으며 사람들이 주로 오해하는 항목이 세 가지 있다.

i) 창세기 2장에 근거하여 남성이 여성보다 우월한 존재라는 생각이다. 사람들은 '돕다'라고 쓰여진 낱말을 '섬기다'(시중들다)로 읽고 있었다. 어쩌면 이것은 자신의 희망사항을 마치 성경의 가르침인양 꿰어 맞춘 것이리라. 본문을 진지하게 읽으면 결코 이렇게 생각할 수 없을텐데 참 안타까운 일이다. 이런 해석은 아마 인류역사가 모계사회를 지나 가부장 사회로 전개된 탓도 있으리라. 이런 것을 보면 사람이 성경을 객관적으로(주어진 그대로) 읽고 받아들이기가 얼마나 어려운지를 실감한다.

ii) 여성의 임신과 출산이 선악과를 따 먹은 다음에 여성에게 주어진 형벌이라는 생각이다. 이것 역시 성경을 진지하게 읽지 않는데서 나온 것이다. 창 1:28에 따라 사람이 생육하고 번성하여 땅을 충만하게 하려면 임신과 출산은 반드시 필요한 과정이다. 그것은 하나님께서 사람에게 주신 첫 번째 복이다. 창세기 3장에 따르면 선악과를 따 먹은 다음에 출산의 고통이 주어졌을 뿐이다.

iii) 노동이 형벌이라는 생각이다. 이 역시 성경을 깊이 읽지 않은데서 나온 생각이다. 하나님께서 사람에게 주신 복 곧 다스리라, 정복하라는 말씀(창 1:28)이 실현되려면 반드시 노동이 필요하다. 사람을 에덴동산으로 이끄시어 그곳에서 휴식하며 경작하며, 그것을 보전하게 하신 하나님의 뜻(창

2:15)은 분명 노동 없이는 이루어질 수 없는 것이다. 선악과를 따먹은 다음에 주어진 말씀(창 3:19-19)은 범죄로 말미암아 소외되는 노동의 현실을 보여주는 것일뿐 노동 자체에 대한 저주는 결코 아니다.

성경을 대할 때 우리의 선입견(사고방식)과 경험과 지식에서 벗어나는 일이 정말 정말 필요하다.

29

잠든 사이…

(창 2:21a)

개역개정	직역
21 여호와 하나님이 아담을 깊이 잠들게 하시니 잠들매 …	21 그리고 여호와 하나님께서 깊은 잠을 그 사람 위에 떨어지게 하셨다. 그러자 그가 잠들었다.

이것은 하나님께서 하와를 창조하시는 이야기이다. 하나님 보시기에도 여성은 특별한 피조물이다. 다섯 가지 측면에서 그렇다.

i) 비록 창 2:7에는 남성이란 낱말이 쓰이지 않았더라도 18절 이하의 내용으로 보면 그곳에서 창조된 피조물은 남성뿐이다. ii) 사람과 동물은 모두 흙(또는 흙먼지)으로 만들어졌는데 비해 여성은 남성의 갈비뼈로 만들어졌다. 이에 따라 앞에는 야차르(형성하다, 빚어내다)가 뒤에는 아사(만들다)와 빠나(건설하다, 건축하다)가 쓰였다. iii) 창 1:27에서 자카르(남성) 네케바(여성)이라 한 것이 창 2:23에서 잇샤(여성) 이쉬(남성)로 용어와 순서가 바뀌었다. 앞엣것은 동물을 구분할 때에도 쓰였고, 뒤엣것은 사람에게만 적용되었다. iv) 남성(아담)은 여성(하와)의 이름을 지어주는 자가 아니었다. 하나님은 그에게 동물들의 이름을 붙여주게 하셨다. 여성에 대해서는 작명이 아니라 환호를 하게 하셨다.(창 2:23) v) 그 둘은 한 몸이 되어 가정을 이루게 하셨다.(창 2:24-25)

그분은 아담이 잠들게 하시고 그 틈을 타 여성을 만드셨다. 잠과 관련하여 아담 아브라함 야곱 요셉 솔로몬 다니엘 베드로 바울 그리고 파라오 및 느브갓네살 등의 이야기가 성경에서 중요하게 등장한다. 잠 또는 자면서 꾼 꿈을 통해 그들은 하나님께서 이루시는 깜짝 놀랄 일들을 경험했다.

널리 알려져 있다시피 잠에도 여러 과정과 종류가 있다. 성경에서 잠을 나타내는 말은 넓은 의미에서 15가지인데, 그 가운데 여섯 가지가 중요하다.(ThWAT VII 358-361; 김창주 111-112 참조)

i) 눔(nwm 명사: 누마, 트누마 시 121:3-4; 76:6; 사 5:27)은 꾸벅꾸벅 졸거나 아주 가볍게(약하게) 자는 것이다.

> 3 여호와께서 너를 실족하지 아니하게 하시며 너를 지키시는 이가 졸지(야눔 ← 눔) 아니하시리로다 4 이스라엘을 지키시는 이는 졸지도 아니하시고 주무시지도(이이샨 ← 야샨) 아니하시리로다(시 121:3-4)

ii) 꿈을 꾸면서 비몽사몽간에 자는 것은 쉐나(← 야샨 jšn)이다. 하나님은 사랑하시는 자에게 잠을 주신다.(시 127:2)

iii) 야셴(← 야샨)은 잠을 나타낼 때 가장 널리 쓰인다. 우선 긍정적인 의미다. 이로써 사람은 피곤을 풀고 체력을 재충전한다. 이것은 하나님으로부터 오는 평화와 안정을 상징한다.(시 3:5; 4:8) 이것이 부정적인 뜻으로 쓰일 때도 있다. 이를 테면 사람이 먹고 자는 것을 즐기면 나라가 위태로워진다.(사 56:9-12) 영원한 잠은 죽음을 비유한다.(렘 51:39) 우리말 영면(永眠)은 죽음을 가리키는 것과 같다.

iv) 깊은 숙면이나 혼절한 상태를 나타낼 때에는 라담(rdm 명사: 타르데마)이 사용되었다. 예언자 요나는 배가 뒤집힐지도 모르는 거센 풍랑에도 깊이 잠들어 깨어나지 않았다.(욘 1:5; 단 8:18) 이는 꿈도 꾸지 않고 업어가도 모를 정도로 아주 깊게 자는 잠이다.(창 15:12) 삼상 26:12은 타르데마를 하나님의 잠이라고 불렀다. 이집트어에서 이 말은 심령이 지쳤다는 뜻이다. 이것은 무의식을 가리키기도 한다. 타르데마는 잠보다는 계시라는 말맛을 지녔다.(창 15:12; 욥 4:12이하; 33;15 이하. Seebass 117)

v) 넓은 의미에서 눕다는 말(샤카브 škb = 눕다: 명사형 mškb)도 이 범주에 속한다.

vi) 흔히 꿈꾸다로 번역되는 칼람이 있다.

톰슨(J. Thomson)은 눔(nwm)을 가벼운 잠, 야샨(jšn)을 건강한 잠, 라담(rdm)을 깊은 잠으로 분류했다.(Sleep: An Aspect of Jewish Anthropology 1955. 421) 창세기에는 잠과 관련된 낱말이나 상황이 구약성경 중에서 가장 많이 나오는 책이다.(창 2:21; 15:12; 19:2-4, 15; 20:3-8; 24:23-25, 32-33, 54; 26:30-31; 28:11-18; 31:40, 54-32:1; 32:14, 22-23; 37:5-10; 40:5; 41:1-8, 11, 15. 17-22. 구약성경에 잠과 간련된 본문의 일람표는 Th. McAlpine, Sleep, Divine and Human, in the Old Testament 38-39, 44을 참조하라.)

창세기 2장에는 타르데마와 야산이 나란히 쓰였다. 아담은 세상모르고 잠들어 있었다. 그 사이에 무슨 일이 일어나는지 전혀 몰랐다. 그가 잠든 사이 하나님은 쥐도 새도 모르게 하와를 창조하셨다. 이것은 아마도 창조의 사건이 언제나 신비에 싸여 있게 하려는 것일지도 모른다.(Gunkel 12; von Rad 59) 어떤 학자들은 남성이 잠들었을 때 여성이 창조된 것은 남녀의 평등을 의미한다고 풀이했다. 여성이 창조되는 것을 남성은 까마득히 몰랐으며, 그 일에 그가 한 것이 아무 것도 없기 때문이다.(Ch. Uehlinger, Eva als 'lebendiges Kunstwerk' Traditionsgeschichtliches zu Gen 2,21-22(23.24) und 3,20, BN 43, 1988. 90-99;

C. Dohmen, BBB 17, 1988. 84, 306-308)

사람은 종종 잠속에서 인간의 세계를 초월하는 하나님의 현실을 체험하곤 한다. 아브라함(창세기 15장) 요셉(창세기 37장) 다니엘이 그 대표적인 사람들이다. 예언자들은 환상(잠?)이나 잠든 사이에 꾸는 꿈을 통해 하나님을 만났으며 말씀을 받았다. 특히 깊은 잠은 자기 자신의 내면으로 가는 여행이며, 하나님의 계시를 받는 자리일 뿐만 아니라 비유로 성경에 종종 쓰였다. 이것은 하나님의 목적과 뜻 앞에 인간은 수동적인 역할 밖에 할 수 없다는 사실을 일러준다.

오늘의 적용

잠의 순기능과 역기능

성경에서 잠은 긍정적으로도 부정적으로도 묘사되었다. 긍정적인 예는 다음과 같다.

> 내가 누워 자고 깨었으니 여호와께서 나를 붙드심이로다(시 3:5)
>
> 잠자리에 눕자마자, 나는 평화롭게 잠에 빠져드나이다. 오직 주님만이 저를 안전하게 살게 하시니(시 4:9 직역)

하나님을 믿고 의지하는 자에게 잠은 선물이요 복이다. 잠을 통해 주어지는 안식과 재충전을 거쳐 사람은 자기 인생과 하나님의 창조세계에 좋은 이바지를 할 수 있다.

잠이 부정적으로 곧 게으름을 나타내는 경우는 다음과 같다.

9 게으른 자여 네가 어느 때까지 누워 있겠느냐 네가 어느 때에 잠이 깨어
일어나겠느냐 10 좀더 자자, 좀더 졸자, 손을 모으고 좀더 누워 있자 하면
11 네 빈궁이 강도 같이 오며 네 곤핍이 군사 같이 이르리라 (잠 6:9-11)

33 네가 좀더 자자, 좀 더 졸자, 손을 모으고 좀 더 누워 있자 하니 34 네 빈
궁이 강도 같이 오며 네 곤핍이 군사 같이 이르리라(잠 24:33-34)

하나님께서 주신 사명을 등한히 하는 자에게 잠은 인생의 목적을 실현하는 길에서 멀어지게 만든다.

30

화려한 등장

(창 2:21b–22a)

개역개정	직역
21 … 그(여호와 하나님)가 그 갈빗대 하나를 취하고 살로 대신 채우시고	21 … 그리고 그분은 그의 갈비뼈들 중에서 하나를 취하셨다. 그리고 그 자리를 살로 막으셨다.
22 여호와 하나님이 아담에게서 취하신 그 갈빗대로 여자를 만드시고 …	22 그리고 여호와 하나님이 만드셨다, 그에게서 취한 갈비뼈를 여성으로 …

이것은 하나님께서 여성을 창조하시는 이야기다. 하나님은 남성의 갈빗대 가운데 하나 또는 옆구리(첼라)로 여성을 만드셨다. 이것은 어원학(원인론) 신화학 인류학 심리연상 등 다양한 측면에서 접근할 수 있다. 이것의 정확한 뜻은 아직 논쟁 중이다. 대체로는 갈비뼈라는 뜻 말고 (성막의) 측면(출 25:12, 14; 37:3, 5) 산기슭(산비탈. 삼하 16:13) 옆방(다락방, 복도. 왕상 6:5) 마루(왕상 6:15-16) 건물의 날개(골방. 겔 41:5) 출입문의 문짝(왕상 6:34) 기둥 위의 들보(왕상 7:3) 등으로 쓰였다.

여성을 남성의 갈빗대 가운데 하나로 만드셨다는 이야기는 여성신학의 단골메뉴(locus calssicus)이다. 이는 여성의 지위와 관련하여 여러 가지 평가를 이끌어내었다. 그것은 남성에 비해 여성은 열등하다, 동등하다, 우월하다로 나누어진다. 하나님은 인류를 창조하실 때 남과 여로 지으셨다. 그동안 인류는 모계사회 또는 부계사회 라는 식으로 어느 한쪽이 주류가 되는 형태로 발전해 왔다. 어느 한 쪽이 다른 쪽을 일방적으로 주도하거나 조력자로 취급하는 것이 하나님의 창조섭리에 부합할까?

아리스토텔레스(주전 384-322)는 "야만인들 중에서 여성은 노예와 같은 지위에 있다."고 했다. 그 영향 아래 지난 날 철학자나 신학자들 중에는 여성이 남성의 갈비뼈로 만들어졌기에, 남성이 여성보다 우월하다는 식으로 이 부분을 해석하는 사람도 있었다. 정말 그럴까? 만들어진 재료로만 본다면, 뼈보다 흙이 더 좋은 재료라고 말할 수 있을까? 아니다. 오히려 그 반대다. 굳이 우열을 가려야 한다면 흙덩이(7절을 직역하면, 흙의 먼지) 보다는 뼈가 더 낳은 재료라고 해야 하리라.

이 부분에서 하나님께서 하신 말씀의 핵심은 흙이냐 뼈냐가 아니다. 하나님께서 직접 만드셨다는 사실이 중요하고, 하나님의 생명의 숨결이 그 안에 들어 있다는 사실이 중요하다. 우리는 이렇게 결론을 내릴 수 있다. 사람을 만들 때 하나님은 남자와 여자를 똑같은 가치를 지니게 하셨다. 그러면서도 서로 다르게 만드셨다. 다른 두 사람들이 만나서 자신의 부족함과 연약함을 서로 이해하고 품어주며, 채워주고 도와주며 살게 하셨다. 남성만 있거나 여성만 있다면 하나님께서 내려 주신 복(창 1:28)은 실현되지 않을 것이다.

첼라란 말은 구약성경에 39(40)번 쓰였다. 그 가운데 성막건설(출 25-31장, 35-40장) 및 성전건축과 관련하여(왕하 6-7장 겔 41-44장) 쓰였다. 특히 성막과 관련하여 출애굽기 25-38장에만 19번 등장했다. 첼라가 갈빗대라는 의미로 사용된 곳은 창 2:21-22 단 두 군데뿐이다.(ThWAT VI 1060-61) 이 말에는 측면(옆)이란 뜻도 있다. 이곳에 쓰인 전치사 민(min)은 앞의 경우와 같이 재료를 나타낸다.(genetivus materiae) 이런 뜻을 받아들인다면 남성과 여성은 나란히 있는 존재이며 같은 편이다. 탈무드의 이야기도 이를 뒷받침한다.

"하나님은 하와를 아담의 발뼈로 만들지 않으셨다. 만일 그랬더라면 그녀는 그의 노예가 되었으리라. 하나님은 하와를 아담의 머리뼈로 만들지 않으셨다. 만일 그랬더라면 그녀는 그의 지배자가 되었으리라. 하나님은 하와를 아담의 옆구리에서 갈빗대를 취해 만드셨다. 그렇다. 그녀는 그의 동반자가 되었다."

창세기 랍바(Genesis Rabbah 18.2)의 한 구절이다.(Mathews 217)

그분(하나님)은 스스로 생각하셨다. '우리는 그를 머리로 만들지 않겠다. 그래야 경박하지 않을 테니까. 그를 눈으로 만들지 않겠다. 그래야 남자만 응시하지 않을 테니. 그를 귀로도 만들지 않겠다. 그래야 엿듣는 자가 되지 않을 테니까. 그를 입으로 만들지도 않겠다. 그래야 시시콜콜한 얘기를 너무 많이 하지 않을 테니. 그를 심장으로도 만들지 않겠다. 그래야 시기하지 않을 테니까. 그를 손으로 만들지 않겠다. 그래야 손버릇이 나쁘지 않을 테니. 그를 발로도 만들지 않겠다. 그래야 놀러나 다니는 사람이 되지 않을 테니까. 그 대신 남성의 감추어진 곳으로 만들겠다. 왜냐하면 심지어 남성이 벌거벗고 서 있을 지라도 그 결함을 덮으며 가려줄 수 있을 테니까.

하나님께서 아담을 창조하신 후 하와를 창조하신 목적이 창 2:18, 20에 나와 있다:

여호와 하나님이 이르시되 사람이 혼자 사는 것이 좋지 아니하니 내가 그를 위하여 돕는 배필을 지으리라 하시니라(창 2:18)

아담이 모든 가축과 공중의 새와 들의 모든 짐승에게 이름을 주니라 아담이 돕는 배필이 없으므로(창 2:20)

하와의 창조와 관련하여 성경은 아사(18절)와 빠나(22절)란 말을 썼다. 이 두 낱말은 창조하다 만들다라는 뜻이다.(우가릿어 bny 참조) 여기에 쓰인 빠나란 말에는 아름다움 안정성 지속성이란 말맛이 들어 있다. 우가릿말에서 하나님(El)을 가리키는 칭호들 가운데 하나는 '피조된 것들의 창조자'이다.(Hamilton 179)

성경 여러 곳에서 동사 빠나(bānâ)는 건축행위(건축물)을 직접 목적어로 취한다.(벽 성전 도시 망루 등) 창 2:22에는 여성이란 낱말에 간접목적어를 의미하는 전치사 르(lᵉ)가 붙었다. 이는 누구를 위해(무엇을 위해) 여성이 지어졌는지를 나타낸다. '갈비뼈로 여자를 만드시고…'라는 개역개정의 번역은 직역이 아니다. 이 부분과 문자적으로 같은 형식으로 기록된 곳은 왕상 6:1이다. 거기에 보면 솔로몬은 여호와를 위하여(간접목적어) 성전(직접 목적어)을 건축했다. 만일 이것을 본문에 적용시킨다면 '여호와께서 그 여자를 위하여 그 갈비뼈를 세우셨다'는 것이다.(월튼 251-52)

갈빗대라는 말이 주로 성막 및 성전 건축에 관련하여 쓰였다는 사실에 주목해 보자. 그렇다면 남성과 여성의 창조는 하나님께서 지상에 성전을 건축하신 것이라고 볼 수도 있지 않을까?(ThWAT VI 1062) 창 2:18, 20-22는 단순히 하나님께서 창조하신 남녀 사이의 우열관계내지 평등관계를 말하는 것으로 끝나지 않는다. 그보다는 오히려 i) 피조물 창조의 절정이자 ii) 지상에 하나님의 성전이 세워진 것이다.

5 세계가 다 내게 속하였나니 너희가 내 말을 잘 듣고 내 언약을 지키면 너희는

모든 민족 중에서 내 소유가 되겠고 6 너희가 내게 대하여 제사장 나라가 되며
거룩한 백성이 되리라 너는 이 말을 이스라엘 자손에게 전할지니라(출 19:5-6)

16 너희는 너희가 하나님 성전인 것과 하나님의 성령이 너희 안에 계시는 것을
알지 못하느냐 17 누구든지 하나님의 성전을 더럽히면 하나님이 그 사람을 멸하
시리라 하나님의 성전은 거룩하니 너희도 그러하니라(고전 3:16-17)

갈비뼈는 상징적 의미를 지닌다. 사도 바울은 그리스도를 머리로 하는 교회를 몸에 비유하여 그 의미를 명확히 밝혀주었다.

15 오직 사랑 안에서 참된 것을 하여 범사에 그에게까지 자랄지라 그는 머리니
곧 그리스도라 16 그에게서 온 몸이 각 마디를 통하여 도움을 받음으로 연결되
고 결합되어 각 지체의 분량대로 역사하여 그 몸을 자라게 하며 사랑 안에서 스
스로 세우느니라(엡 4:15-16)

오늘의 적용

탈무드의 이야기

어떤 이교도 선생이 유대교 랍비에게 이런 질문을 했다. "당신네 경전에 보면 남자가 자는 동안 당신네 신이 그 갈빗대 하나를 가져가서 그걸로 여자를 만들었다고 하는데 그렇다면 당신네 신은 도둑이 아니오?"

옆에서 그 말을 듣던 랍비의 딸이 그에게 물었다. "선생님은 현명하시다

고 소문이 자자하시니 한 가지 여쭙고자 합니다. 실은 어젯밤에 저희 집에 도둑이 들었습니다. 평소 아끼던 목제 식기가 있었는데 그걸 훔쳐갔지 뭡니까? 그런데 그 자리에는 목제 식기 대신 순금으로 된 식기가 놓여 있었습니다. 이걸 어떻게 받아들여야 할까요?"

그러자 그 선생이 대답했다. "그런 도둑이라면 우리 집에도 왔으면 좋겠군. 목제 식기를 가져가고 금제 식기를 놓고 가다니 이 얼마나 큰 이익이란 말인가."

그녀가 맞장구쳤다. "그게 바로 하나님께서 갈빗대를 가져가시고 여자를 주신 이치입니다."

31
살과 뼈를 공유하는 짝

(창 2:22b-24)

개역개정	직역
22 … 그를 아담에게로 이끌어 오시니	22 … 그리고 그 남성에게로 데려오셨다.
23 아담이 이르되 이는 내 뼈 중의 뼈요 살 중의 살이라 이것을 남자에게서 취하였은즉 여자라 부르리라 하니라	23 그리고 그 아담이 말하였다. 그녀는 내뼈 중에 뼈요 살 중에 살이로다. 그녀를 위하여는 여성이라 부르리라. 이는 그녀를 남성에게서 취하였기 때문이라.
24 이러므로 남자가 부모를 떠나 그의 아내와 합하여 둘이 한 몸을 이룰지로다	24 그리고 그 남성은 자신의 아버지와 어머니를 떠나리라, 그리고 자신의 여성에게 붙을 것이다. 그리고 그들은 한 몸이 되리라.

이것은 하나님의 뜻에 따라 창조된 남성과 여성이 서로에게 반응하는 이야기다. 그 핵심은 남녀가 하나님의 피조물이며, 하나님 앞에서 살과 뼈를 공유한 동등한 존재라는 것이다.

창 2:18-20에서 하나님은 여성을 만드시는 목적을 말씀하셨다. "사람이 혼자 사는 것이 좋지 아니하니 내가 그를 위하여 돕는 배필을 지으리라'였다.(18절) 비록 창 1:26처럼 강력한 자기 권유형(adhortativ)으로 표현되지는 않았더라도, 이 부분에는 하나님께서 기필코 하시겠다는 의지가 잘 드러나 있다. 그 핵심은 사람이란 관계 속에서 온전해진다는 사실을 분명히 밝히는데 있다.

여성의 역할과 관련하여 '그와 나란히 혹은 마주 서 있으며 서로 돕는 자'(에제르 크네그도) 라는 말이 사용되었다. 여기에는 땅(자연)에 쓰였던 '시중들다(섬기다)'는 뜻이 전혀 들어 있지 않다. 도움이란 뜻을 지닌 이 말은 창 2:5, 15에 나오는 섬기다는 말과는 전혀 다른 뜻이다.

'나란히 있어 돕는 자'라는 이 말은 부부관계(남녀관계)의 본질을 보여주었다. 크네그드라는 말(크[접두어] + 네게드[상대편] + 오[3인칭 소유격 어미])는 '일치, 부합, 상대편, 맞은 편'등을 가리켰다.(GM 483; HAL 666 참조) 이 말을 직역하면, '그와 마주 본다'는 뜻이다. 이는 '꼭 같은 자'라는 뜻은 아닐지라도 '일치하거나, 어울리는 자'(BDB 617) 또는 ' … 에게 적합한 자, 적절한 자, 남자에 상응하는 능력을 지닌 자'를 가리켰다. 이 말은 때때로 반대자를 가리키기도 하였다. 서로 돕기도 하고 서로 적대하기도 하는 관계를 가리켜 옛 사람들은 대대관계(對待關係) 또는 상보관계(相補關係)라고 말한다.

어떤 노부부가 텔레비전의 낱말 맞추기 프로그램에 출연하였다. 할아버지가 주어진 낱말을 비슷한 말이나 유추하여 생각해 낼 수 있는 말이나 동작으로 설명해 주면, 할머니는 그 낱말을 맞추는 게임이었다. 마침 '천생연분'이라는 낱말이 나왔다. 할아버지는 '당신과 나의 관계를 네 자로 뭐라고 하지?'라고 물었다. 할머니는 대뜸 '평생웬수!'라고 대답하였다.

우스갯소리 같아도 사실 천생연분인 동시에 평생원수인 것이 부부관계이다. 어느 한편이 있음으로 기쁨도 갈등과 고민도 생겨나는 관계, 어느 한편이 없으면 다른 한 편도 없는 관계가 바로 이 대대관계의 특징이다. 이 관계에서 사람은 서로 상대방에게 기대기(의지하기)도 하고 반대도 하면서 공존하는 것이다. 상대방이 있으니 자신도 있는 것이지 자기 혼자 있는 것처럼 자기 편리한대로만 살 수는 없다는 것이다.

창세기 2:23은 비슷한 발음과 뜻을 지닌 낱말들로 꾸며진(word play) 매우 아름다운 시이다:

이를 가리켜(르조트)

부르리라(이카레)

여성이라 (잇샤)

왜냐하면 남성으로부터(키 메이쉬)

취하였은즉(루카카)

이를 (조트)

이것은 성경에 처음 나오는 인간의 말(반응)이다. 그것은 노래였다. '뼈 중의 뼈, 살 중의 살'이란 최상급 표현이다. 우리나라 사람들은 가족관계 곧 '핏줄'을 중요하게 생각했다. 히브리인들은 '뼈와 살'을 중요하게 여겼다. 이로써 성경은 부부관계는 인간관계 중 가장 가깝고 친밀하고 지속적임을 강조한다.

그는 자신을 도울 자(여성)를 가리켜 '살 중의 살'이라 말한다. 살이란 말(빠사르)은 말 그대로 살을 가리키는 동시에 몸을 의미한다. 더 나아가 개개인의 깨어지기 쉬운 연약성을 나타낸다. 다른 한편 그는 그녀를 가리켜 '뼈 중에 뼈'라고 말한다. '뼈'(에쳄)는 살과 달리 강하고 단단한 것을 가리킨다. 그 동사(아참)는 '강하다 또는 강하게 만들다'는 뜻이다.(창 26:16; 시 105:24; 단 8:8, 24) 그래서 뼈는 죽음 이후에도 그 사람의 존재를 나타내는 표지였다.(창 50:25)

한편 '살'이란 말은 우리말 '살붙이 피붙이'처럼 가까운 친족관계를 나타내는 말로도 쓰였다.(창 37:27 키 아히누 브사레누 후 = 진실로 그는 우리의 동생이요 우리의 혈육이니라) 구약성경에 '나의 (너의) 살과 뼈'라는 문구가 네 번 나온다.(창 29:14; 삿 9:2; 삼하 5:1; 19:13) 이는 '살붙이'를 포괄하는 것으로 아마 친족관계를 에둘러 표현하는 방법이었을 것이다.(Hamilton, Genesis 179)

한걸음 더 나아가 살과 뼈는 인간의 약함과 강함을 나타내는 한 쌍의 낱말이다.

> 사탄이 여호와께 대답하여 이르되 가죽으로 가죽을 바꾸오니 사람이 그의 모든 소유물로 자기의 생명을 바꾸올지라 이제 주의 손을 펴서 그의 뼈와 살을 치소서 그리하시면 틀림없이 주를 향하여 욕하지 않겠나이까(욥 2:4-5)

사탄은 하나님께 욥의 "뼈와 살을 치소서 그리하시면 정녕 대면하여 주를 욕하리이다"고 말씀드렸다. 이때의 뼈와 살은 욥의 가장 강한 부분과 약한 부분, 곧 욥 전체를 가리킨다. 4절에 "사람이 가죽으로 가죽을 바꾼다"고 말하는데, 가죽 혹은 살갗이란 말은 인간이 겪는 가장 민감하고 어려운 상황을 뜻한다. 또한 살과 뼈라는 두 단어가 한 쌍으로 나타날 때에는 처음부터 끝까지라는 뜻이 있다. 여기에는 모든 심리적-신체적인 차원을 다 포함하는 것이다.(Bruggemann 532) 그래서 결혼을 올릴 때 우리는 '부할 때에나 가난할 때에나, 건강할 때에나 병들 때에나' 변함없이 서로 사랑하기로 서약하는 것이다. 이는 다른 말로 어떤 상황에서도 변함없이, 어떤 방해거리 앞에서도 꾸준히 사랑할 것을 서약하는 것이다.

결혼관계는 떠남과 연합으로 이루어진다. '남자가 부모를 떠나'에서 떠나다는 말(아자브)은 본디 버린다, 남겨둔다는 뜻이다. 고대 근동 사회에서 남자가 결혼으로 부모를 떠나는 것이 아니라, 아내가 부모 집을 떠나 남편 집

안으로 들어왔다. 그러므로 버리다는 말이 쓰인 것이 뜻밖이다. 히브리 문법으로 보면 여기에서 버리다는 말은 자기 부모를 떠나야만 한다라기 보다는 '떠나서'라는 뜻이다. 다시 말해 결혼한 부부의 생활에서 무엇이 우선하는가 라는 비중에 변화가 생긴다는 것이다. 결혼 전에는 부모에게, 결혼 후에는 부부 상호에게 우선권이 있다는 뜻이다.

본문에는 떠나다와 연합하다(따바크 = 들러붙다)가 대조를 이루고 있다. 물론 그 연합은 서로 사랑해야만 유지되는 것이다. 서로의 다름과 약점을 인정하고 서로 돕겠다는 마음을 가지고 마음을 하나로 합칠 때 평소 지녔던 것보다 훨씬 더 큰 능력이 나타난다. 서로 군림하거나 나한테 억지로 끼워 맞추겠다고 하면 그때부터 관계는 깨어지고 힘은 약해진다. 남녀 중에 누구도 "내가 저 사람을 통해서 무슨 덕을 볼까? 저쪽 집이 부자니까 신세 좀 지자"는 마음으로 대하면 깊게 교류하는 관계가 형성되지 않는다.

여기서 사람은 하나님께서 자신에게 서로 공감하며 대화를 나누는 사람이요 서로 경청하며 존중하는 사람이요 서로 배려하며 부족함과 약점을 보완해주는 사람으로 주신 것을 찬양하였다. 이것이 창세기 2장이 보여주는 남녀관계요 부부관계이다.

뼈와 살

뼈와 살은 언약체결을 통해 이루어진 상호 연대성을 말할 때 사용된다. "이스라엘 모든 지파가 헤브론에 이르러 다윗에게 나아와 말하여 가로되 보소서 우리는 왕의 골육이니이다"(삼하 5:1). 다윗은 이스라엘 다른 지파와 친인척의 관계가 아니었다. 그런데도 그들은 언약을 체결하며 '골육관계'가 되었다. 여룹바알의 아들 아비멜렉이 세겜에 가서 "그 어미의 형제에게 이르러 그들과 외조부의 온 가족에게 말하여 가로되 나는 너희의 골육지친임을 생각하라"고 했다.(삿 9:1-2) 그 때 "그들의 마음이 아비멜렉에게로 기울어서 말하기를 그는 우리 형제라"고 응답했다. 이는 실제적인 혈연이 아니라 하나의 공동체로 묶여져 서로 연대하는 것을 가리킨다.

이런 관점에서 보면, 하나님의 사람은 모두가 다 믿음과 약속을 통해 서로에게 '골육지친'이다. 그리스도이신 예수님과 결혼하여 다같이 한 가정을 이룬 가족이다.

찬송가 574장 2절이다. "하늘같이 높푸르자 우리들의 젊은이 바다같이 넓고 깊자 우리들의 사랑이 우리들은 주의 자녀 부름 받은 한 형제 몸과 마음 다 바쳐서 주 뜻대로 살리라"

32
부끄러워하지 않았다

(창 2:25)

개역개정	직역
25 아담과 그의 아내 두 사람이 벌거벗었으나 부끄러워하지 아니하니라	25 그리고 그 둘은 벌거벗었다, 그 남성과 그 여성. 그런데도 그들은 부끄러워하지 않았다.

이것은 하나님의 뜻에 따라 한 가정을 이룬 아담과 하와 사이에서 생겨난 자연스러움을 보여준다. 그것은 둘 다 벌거벗은 채 만났어도 부끄러워하지 않았다는 말로 요약된다. 다시 말해 남과 여가 벌거벗은 모습으로 만났더라도 부끄러워하지 않을 수가 있다는 뜻이다.

부끄러워하다는 말(보쉬)은 우가릿어나 아카드어에선 비참해진다는 뜻이 있다. 성경에는 부끄럽다(부끄러워하다, 부끄럽게 하다)는 낱말이 여러 개 있다.(THAT I 269-272) 칼람은 부끄럽게 되다, 상처를 받다는 뜻이다.(사 41:11) 카파르는 스스로 부끄러워하다는 의미이다.(사 1:29) 카타트는 본디 부서지다 기절초풍하다는 뜻으로 수치를 심하게 당하는 것을 나타낸다.(왕하 19:26 = 사 37:27) 쿠르는 수치심으로 창백해지는 것이다.(사 19:9) 쑤그는 부끄러움 때문에 스스로(저절로) 물러서는 것이다.(사 42:17) 바할은 부끄러운 것을 혐오하다, 질색하다라는 의미이다.(시 6:10; 83:16-17) 샤다드는 부끄러움으로 허전해지는 것을 나타낸다.(사 9:19[18]) 아말(우믈랄)은 부끄러움으로 마음에 메마르는 것 또는 슬퍼한다는 뜻이다.

이렇게 많은 용어가 쓰이는 것은 인생에서 부끄러워할 일들이 그만큼 많다는 뜻이다. 그 내용을 들여다보면 객관적인 것도 주관적인 것도 있으며, 개인적인 것도 사회적인 것도 있다. 부끄러워할 것을 부끄러워하지 않는 사람도 있는가 하면 부끄러워할 필요가 전혀 없는 일에도 부끄러워하는 이도 있다.

부끄러움은 많은 얼굴을 가지고 있다. 그것은 수치감이나 죄의식으로 인해 마음에 생기는 크고 작은 상처와 좌절에서부터 대인관계나 사회관계에서 수치와 배척당함까지 매우 다양하다. 이 경우 자기 자신이 원인을 제공한 경우도 있고 자기 뜻과 상관없이 타인이 자신을 부끄럽게 만드는 경우도 있다.

아담과 하와는 나체인 채 서로 만났다. 히브리인들에게 벌거벗음은 매우 부끄러운 일이었다. 그것은 종종 죄와 관련이 있었다.(Mathews 225) 성경은 종종 죄에 대한 심판을 벌거벗음 또는 벌거벗김에 비유하곤 했다.(사 47:3; 겔 16:7, 22, 37, 39' 애 1:8)

조금 우스꽝스러운 예가 노아 이야기에 있다. 그는 술을 마시고 잔뜩 취해서 옷을 다 벗어던진 채 천막 안에서 자고 있었다. 그 모습을 본 그의 아들 함이 밖으로 나가 자기 형제들에게 알렸다. 그 말을 들은 다른 두 아들 셈과 야벳은 옷을 들고 뒷걸음질 치며 천막 안으로 들어가 덮어 주었다. 아버지의 벗은 모습을 보지 않으려 한 것이다. 나중에 잠에서 깬 노아는 이 사실을 알고 함을 크게 저주했다.(창 9:18-27)

계약법전(출 20-24)은 예배를 집례하는 사제는 제단 앞으로 나갈 때 성과 관련된 신체의 기관(에르봐)을 노출시키지 말라고 했다.(출 20:26)

42 또 그들을 위하여 베로 속바지를 만들어 허리에서부터 두 넓적다리까지 이르

> 게 하여 하체를 가리게 하라 43 아론과 그의 아들들이 회막에 들어갈 때에나 제단에 가까이 하여 거룩한 곳에서 섬길 때에 그것들을 입어야 죄를 짊어진 채 죽지 아니하리니 그와 그의 후손이 영원히 지킬 규례니라(출 28:42-43)

레위기 법전(레 12-24)에서 벌거벗음(레 18:6, 10; 20:17)이나 성관계를 위한 벌거벗김(헤에라)은 흔히 성폭행을 나타내곤 한다.(예를 들면 레 20:18-19이다)

25절에서 부끄럽다는 말(보쉬)은 히트파엘(강의 재귀용법)으로 쓰였다. 그것은 본디 벌거벗은 아담과 하와 두 사람이 마땅히 느껴야 할 것이었다. 그런데도 그들은 전혀 부끄럽게 여기지 않았다. 그것이 참 신비로운 일이다.

그들이 부끄러워하지 않음은 부부가 되어 하나님의 복(생육하고 번성하라)을 실현하는 통로가 되었기 때문이다. 하나님 축복의 통로가 되는 일은 세상 상식으로는 부끄러운 모습이라도 영적으로는 전혀 부끄러운 일이 아니다.

윤동주는 "또 태초의 아침"이란 시에서 이렇게 썼다. '… 죄를 짓고 / 눈이 / 밝아 / 이브가 해산하는 수고를 다하면 / 무화과 잎사귀로 부끄런 데를 가리고/ 나는 이마에 땀을 흘려야겠다.'

이 이야기는 사람이 무엇을 부끄러워하며, 무엇을 부끄러워하지 말아야 하는가에 중요한 단서를 제공한다. 부부관계에서 부끄러움이 없다는 말을 어떻게 적용할까?

어떤 방송의 앵커가 '과연 무엇이 성공이라고 생각하느냐'라는 물음을 워렌 버핏에게 던졌다. 그는 이렇게 대답하였다:

> 나는 가까운 사람들에게서 사랑받는 사람이 진정으로 성공한 사람이라고 생각합니다. 나이가 들면서 주위 사람들의 사랑을 받는 사람이 드문 것 같아요. 세계적인 부자, 자기 이름으로 대학교를 세우고 엄청난 업적을 남긴 사람은 많지만,

그 주위에 단 한사람이라도 진정으로 사랑을 주는 사람이 없는 것 같아요. 살다 보면 모든 것이 허무해집니다. 그렇지만 평범하고 별로 대단하게 이루어놓은 것이 없어도, 주위 사람들에게 사랑받는 사람은 진정 성공한 사람입니다.(≪좋은생각≫ 07-12, 44쪽)

그의 말처럼 가까운 주변 사람 특히 가족에게 사랑받는 사람은 세상에 나가서도 부끄럽지 않을 것이다.

오늘의 적용

부끄러움과 사람다움

사람의 사람됨은 부끄러움을 아느냐 모르느냐에 달려 있다. 일찍이 맹자는 인간이 타고난 기본 본성 네 가지 가운데 하나로 부끄러움을 아는 마음, 수오지심(羞惡之心)을 말했다. 조선시대 석당 김상정(1722-1788)은 부끄러움의 여섯 가지 측면을 이야기했다.(치제설 恥齊說) i) 가장 좋은 것은 부끄러운 행실이 전혀 없는 것이다.(태상무치 泰上無恥) ii) 그 다음은 부끄러운 행실이 적은 것이다.(기차과치 其次寡恥) iii) 그 다음은 부끄러운 행실을 없애는 것이다.(기차거치 其次祛恥) iv) 그 다음은 부끄러운 행실을 부끄러운 줄 아는 것이다.(기차지치 其次知恥) v) 그 다음은 부끄러운 행실을 부끄러워하는 마음이 있는 것이다.(기차유치 其次有恥) vi) 가장 나쁜 것은 부끄러운 행실을 아예 부끄러워하지 않는 것이다.(최하자역무치이기의 最下者亦無恥而已矣其)

v) 유치 4) 지치 3) 거치 2) 과치는 보통 사람에게 다 있는 것이며, 조금

만 힘쓰고 노력하면 보다 나은 단계로 올라설 수 있다.

최악의 사람은 부끄러운 짓을 해 놓고도 전혀 부끄러워하지 않는 자이다. 그런 사람은 해서는 아니 될 짓도 서슴지 않는다. 해야 할 것과 하지 말아야 할 것을 분별하지 않는 사람은 사람답지 못한 사람이다. 부끄러워 할 줄 아는 것보다 더 중요한 일이 있다. 그것은 진정으로 부끄러워해야 할 것과 부끄러워하지 말아야할 것을 제대로 분간하는 일이다.

33
에덴동산에서 무슨 일이?

(창 3:1–3)

개역개정	직역
1 그런데 뱀은 여호와 하나님이 지으신 들짐승 중에 가장 간교하니라 뱀이 여자에게 물어 이르되 하나님이 참으로 너희에게 동산 모든 나무의 열매를 먹지 말라 하시더냐	1 그리고 뱀은 가장 간교하였다, 여호와 하나님이 지으신 것들 중에서. 그리고 그가 그 여자에게 말하였다. "참으로 하나님께서 말씀하셨느냐? 너희는 이 동산에 있는 나무에서 아무 것도 먹지 말라고"
2 여자가 뱀에게 말하되 동산 나무의 열매를 우리가 먹을 수 있으나	2 그러자 그 여성이 그 뱀에게 말하였다. "그 정원의 나무 열매에서 우리가 먹어도 된다.
3 동산 중앙에 있는 나무의 열매는 하나님의 말씀에 너희는 먹지도 말고 만지지도 말라 너희가 죽을까 하노라 하셨느니라	3 다만 정원 중앙에 있는 그 나무의 열매에 대하여 하나님이 말씀하셨다. '너희는 그것 중에서 아무것도 먹지 말아라. 손대지도 말아라, 너희가 죽지 않으려면.'"

이것은 하나님의 피조물인 뱀이 아담과 하와에게 접근하는 이야기다. 창세기 3장에서부터 인간의 타락과 죄에 관한 교리가 시작된다. 아름답고 평화롭게 전개되던 창 1-2장의 이야기가 3장에 와서 단숨에 깨어졌다.

그 일은 뱀이 갑자기 등장하면서부터 시작되었다. 우선 그 뱀은 하나님께서 지으신 피조물들 중 하나였다. 그것은 사탄이 아니었다. 이에 따라 뱀은 중세기 이전의 신학에서는 사탄의 이미지로 덧칠되지 않았다. 사실 뱀의 이미지는 문화와 시대에 따라 변화를 거듭해 왔으며, 긍정적인 의미와 부정적인 의미를 동시에 지니고 있다. 그리스의 영향을 받은 서양에서는 치료와 회복의 상징이다. 이는 병원이나 약국의 문양에 널리 쓰였다. 조선시대 초에 나온 '용비어천가'에 '뱀이 까치를 물어 나무 끝에 얹으니 성손(聖孫)이 바야흐로 일어나려함에 기쁜 일이 먼저 있게 되었다'라는 내용이 나온다. 이 때 뱀은 풍요와 번영의 상징이었다. 옛날 논의 넓이를 나타낼 때 한 뱀이(배미), 두 뱀이 등 그 넓이에 뱀이라는 말을 붙인 것도 이와 같았다.

구약성경에는 뱀에 관한 내용이 많지 않다. 마귀나 사탄에 관한 정보도 빈약하다. 이 단어의 어원도 확실하지 않다. 우선 뱀이란 말(나카쉬 nāḥaš 구약성경에 31번)은 발광체(빛의 천사?)를 가리키는 히브리말 느코쉐트(nəḥošet = 구리, 청동)와 관련이 있을지도 모른다.(민 21:4-9에 따르면 모세는 하나님 말씀에 따라 구리로 뱀을 만들었다) 혹시 이 말은 '점술을 행하다'는 말(나카쉬)과 어떤 관련이 있는지 모른다.

명사문장인 창세기 3장 1절은 뱀의 속성(성격)을 알려주었다. 여기서 뱀은 i) 하나님의 피조물이요(뱀의 기원), ii) 간교한(지혜로운) 동물이었다.(속성) 사실 간교하다고 번역된 말(아룸 ʿārûm)에는 깎아내리는 뜻만 들어 있지 않다. 이 말에는 긍정적으로 신중함과 슬기로움(잠언)이, 부정적으로 교활함(욥기)이란 뜻도 들어 있다. 그 쓰임새와 이중적 의미 및 뉘앙스는 다음과 같다:

i) 이 말은 잠언에 8번 쓰였다. (12:16, 23; 13:16; 14:8, 15, 18; 22:3; 27:12). 이것은 모두 슬기로운 사람이란 뜻이다. (참조 마 10:16 … 그러므로 너희는 뱀 같이 지혜롭고 비둘기 같이 순결하라) 위 사례들 가운데 앞의 네 곳은 미련한 사람과, 뒤의 네 곳은 어리석은

사람과 대조를 이루어, 지혜롭고 능숙한 모습이나 선하고 칭찬받을 만한 품성을 묘사하였다.

ii) 욥기에서 이것은 교활한 자, 곧 하나님께서 미워하시는 사람을 가리켰다. (욥 5:12; 15:5)

iii) 이 말의 여성형(아르마)은 잠언에서 슬기로움을 뜻하지만(잠 1:4), 출애굽기에서는 살인을 꾀하는 악한 행동을 의미하였다. (출 21:14; 수 9:4; 삼상 23:22; 욥 5:13; 시 83:3) 사실 슬기(지혜로움)는 사용하는 사람과 쓰는 방법에 따라 선용될 수도, 악용될 수도 있는 것이다.

iv) 창 3:1에 나오는 그 낱말의 발음이 창 2:25 및 창 3:7의 그것(아루밈('arūmmim 벌거벗은)과 비슷하게 들린다. 이는 아마 어두동음법에 따른 언어놀이(word play)일 수 있다.

우리가 여기서 다룰 것은 뱀의 정체가 아니라 뱀이 하는 짓(말)이다. 그것은 인간심리의 밑바탕을 교묘하게 파고들었다.(von Rad 62)

존 밀턴(1608-1674)은 실낙원(失樂園, Paradise Lost)이라는 작품을 썼다. 그는 상상력을 발휘하여 인간의 타락으로 말미암아 낙원을 잃는 과정을 그려냈다. 실낙원에 따르면, 뱀은 이브가 얼마나 아름다운 여인인지 입에 침이 마르도록 추켜세웠다.

신들 중의 여신인 그대를
수없는 천사들이 숭배하며

매일 그대에게 시중들리라

밀턴의 상상대로 하와가 이런 찬사를 들었다면 그녀는 필시 정신을 차리지 못할 정도로 붕붕 떠다녔을 것이다. 뱀이 그녀에게 물었다.

하나님이 참으로 너희에게 동산 모든 나무의 열매를 먹지 말라 하시더냐(창 3:1)

창세기 2:16에서 여호와 하나님은 사람더러 "동산의 온갖 나무로부터 네가 먹을 수 있다"고 말씀하셨다. 뱀은 그 사실을 슬쩍 바꿔치기 하여 전적인 허용을 전적인 금지로 표현했다. 더 나아가 여자로 하여금 여호와의 명령에 그냥 순종하기보다는 그 말씀에 시시비비를 따지도록 유도했다. 이런 점에서 뱀은 참 능글맞다.

뱀이 사용한 낱말에는 분명 교활한 함정이 들어있다. 뱀은 사실을 교묘하게 왜곡시킴으로써 사람을 자기 뜻대로 끌어들였다: 반드시(정말, 꼭) 너희(누구나, 아무도) 모든(어느 것이나). 이런 용어들은 동서고금을 막론하고 상대방의 감정을 자극하거나 판단에 혼란을 느끼게 하거나 반발심을 불러일으키는데 널리 사용되었다.

뱀은 2:16-17의 하나님 말씀을 긍정도 부정도 하지 않았다. 그는 하나님 말씀 가운데 강조점을 약간 달리하는 방법으로 인간의 마음을 충동질하였다. 반은 진실이고 반은 거짓인 이런 어법은 순진한 사람을 자신의 말상대로 끌어들이는 아주 교묘한 방법이었다. 뱀이 사람에게 한 말을 창 2:16과 견주어 보면 다음 같은 차이가 있다.

i) 그는 하나님께서 사람에게 '그 동산의 나무로부터 너는 정녕 모든 것

을 먹어라.' 는 내용을 슬쩍 바꾸어놓았다. 이 부분에서 그는 수사학적 질문(참으로 하나님께서 말씀하셨느냐? 너희는 이 동산에 있는 나무에서 아무 것도 먹지 말라고. 3:1)을 던짐으로써 자신의 말에 대답이 아니라 동조하는 분위기를 조성했다.

ii) 2장 16절은 한 사람 '너'(또는 인류 전체)에 대한 말씀이다. 3장 1-5에서 뱀은 이를 '너희' 라고 표현하였다. 여자에게 말하면서도 남성 2인칭복수를 사용하였다. 이는 뱀의 말이 남자와 여자 둘에게 적용된다는 뜻이다.

부정 종속절을 이끄는 접속사 펜(pen = … 하지 않도록) 과 호팔, 미완료 동사(Hophal Pk)가 나오는 여성의 말(창 3:3)은 '너희가 죽지 않으려면 … 또는 "너희가 죽을까 하노라'(Lest you die)란 뜻이다. 이로써 하나님의 말씀(절대적인 명령)은 자신의 욕망을 허용할 수 있는 정도의 수준으로 약화되었다. 이는 그녀가 뱀이 하는 그 다음 말을 받아들일 준비가 되었다는 뜻이다. 하나님 말씀(명령)의 절대성(권위)을 자신의 생각이나 욕망에 따라 변조시키는 한, 우리 인간은 세속에서 다가오는 유혹의 덫에서 벗어날 수 없다.

더 나아가 하와는 하나님께서 하지도 않은 것을 말씀에 덧붙였다. "… 손 대지도 말아라."(3절 뒷부분) 하나님은 말씀하셨다. "내가 이 두루마리의 예언의 말씀을 듣는 모든 사람에게 증언하노니 만일 누구든지 이것들 외에 더하면 하나님이 이 두루마리에 기록된 재앙들을 그에게 더하실 것이요"(계 22:18)

하나님 말씀이 일러주는 진리 말고 또 다른 길이 있다고 여기는 순간, 그렇게 열어 놓은 문으로 인간을 둘러싸고 있던 온갖 세속적인 것들이 물밀듯 밀려들어오기 마련이다. 간교한(지혜로운?) 뱀은 이 틈새를 놓치지 않고 공략했다 (창 3:4): '너희가 결코 죽지 아니하리라'(로 모트 트무룬 = 너희가 죽는 것이 절대 아니야). 그는 하와의 말에 부정어 로(= 아니다) 하나만 덧붙였다.(부정사 절대형 + 정동사 구문) 이것의 위치가 정동사 바로 앞이 아니라, 절대형 부정사(Inf. abs.) 바로 앞이라는 점에 주목할 필요가 있다. 이는 자신의 주장을 아주 강력하게 표현하는 방법이기 때문이다.(figura etymologica) 뱀은 이 어조사(부정어 로) 하나로 하나님 말씀을 송두리째 부정했다: "반드시 죽으리라"(창 2:17) – "결코 죽지 아니하리라"(창 3:4).

아담과 하와에게 뱀이 일부러 다가와 시험에 빠뜨릴 만한 허물이 있었는가? 아니다. 여기서 뱀은 남이 잘되는 꼴을 눈뜨고 보지 못한다는 점이 확인되었다. 그는 자기 주변에 잘나가는 사람과 잘되는 꼴을 두고 보지 못하였다. 옛말에 '사촌이 땅을 사면 배가 아프다'는 말이 있다. 사실 자기에게 아무런 피해나 어려움을 끼치지 않는데도, 사람에게는 다른 사람이 잘되는 것, 특히 가까운 사람이 잘되는 것을 배 아파하는 마음이 있다. 여기 나오는 뱀처럼, 남이 행복하게 사는 것, 잘 되어가는 것을 견디지 못하는 것이다.(돌밭 같은 마음?, 막 4:1–9 참조) 이런 뜻에서 '사촌이 땅을 사면(그가 한턱을 낼 것이니) 밥이 생긴다'는 우스갯소리처럼, 사고방식을 긍정적인 방향으로 바꿀 필요가 있으리라.

이런 유혹과 시험이 찾아올 때, 만일 하나님 말씀에 비중을 높게 두지 않으면, 사람은 그 누구라도 시기(질투)라는 이름을 지닌 뱀의 시험에 걸려 넘어진다. 하나님을 향한 신뢰에 자기 인생의 기초를 세우지 않는 사람은 누구나 다른 사람이 행복해하는 것을 눈뜨고 보지 못하는 배앓이라는 이름을 가진 뱀의 유혹에 넘어가게 되어 있다.

오늘의 적용

뱀이 아담과 하와를 일부러 찾아와 유혹한 이유가 무엇일까? 혹시 그들이 잘 나가는 것을 보고 샘이 났을까? 사촌(일가친척, 교회식구)이 땅을 사면 배가 아픈가, 그가 가까운 사람이라서 남이 한 것보다 더 기쁜가? 그리고 그가 그 일을 빌미로 한턱 낼 것을 생각하며 마음이 흐뭇해지는가?

34

꼬임에 넘어간 뒤

(창 3:4–7)

개역개정	직역
4 뱀이 여자에게 이르되 너희가 결코 죽지 아니하리라	4 그러자 그 뱀이 여자에게 말하였다. "너희는 죽는 것을 죽지 않을 것이다.
5 너희가 그것을 먹는 날에는 너희 눈이 밝아져 하나님과 같이 되어 선악을 알 줄 하나님이 아심이니라	5 오히려 하나님이 아시기 때문이다. 곧 너희가 그것 중에서 먹는 날에는 너희 눈이 열린다는 것을, 그리고 너희가 선과 악을 아는 신들처럼 된다는 것을."
6 여자가 그 나무를 본즉 먹음직도 하고 보암직도 하고 지혜롭게 할 만큼 탐스럽기도 한 나무인지라 여자가 그 열매를 따먹고 자기와 함께 있는 남편에게도 주매 그도 먹은지라	6 그리고 그 여자가 보았다. 그 나무가 먹기에 참 좋은 것을, 그리고 눈에 진실로 탐스러운 것을. 그리고 그 나무가 지혜롭게 할만하다는 것을. 그래서 그녀는 그 나무 열매 중에서 (일부를) 취하였다. 그리고 먹었다. 그리고 자기 곁에 있는 남자에게도 주었다. 그리고 그가 먹었다.
7 이에 그들의 눈이 밝아져 자기들이 벗은 줄을 알고 무화과나무 잎을 엮어 치마로 삼았더라	7 그러자 그들 둘의 눈이 열렸다. 그리고 그들은 알게 되었다. 자기들이 벌거벗은 것을. 그리고 그들은 무화과 나무 잎을 엮었다. 그리고 그들은 자신들을 위해 치마들을 만들었다.

이것은 뱀과 여성이 대화를 나눈 결과를 보여 준다. 그녀는 하나님 말씀에 따르는 대신 뱀의 말씀에 복종하였다. 창조주 하나님과 피조물인 인간 사이의 연결고리는 오직 하나님의 말씀뿐이었다는 사실을 감안할 때 이것은 심각한 이탈이 아닐 수 없다.

4절은 하나님 말씀에 대한 공격이다. 여기서 뱀은 선악과를 따 먹더라도 결코 죽지 않을 것이라는 자신의 주장을 강하게 피력하였다. 이는 1절처럼 동조를 유도하는 것이 아니라 자기주장을 주입시키는 어법이다. 5절에서 그는 사람의 심리적 약점을 파고들었다. (Hamilton 189) 5절의 요데에 토브 봐라아(= 선과 악을 앎)' 란 구절은 그 앞에 나오는 엘로힘과 관련하여 두 가지 방향으로 해석될 수 있다.

i) 동격: 선과 악을 아는 신들과 같이 된다.

ii) 서술형: 신들과 같이 되고 선과 악을 알게 된다.

앞엣것의 강조점은 신들과 같은 존재이고 뒤엣것의 강조점은 선악을 안다는 데 있다. (von Rad 62-3) 여기서 안다는 말은 '능력 힘'을 의미하기도 한다. 진정 '아는 것이 힘'일까? 사람들은 동서고금을 막론하고 그렇다고 대답하였다. 여기서 우리는 그 말과 '아는 것이 병'이란 말의 뜻을 다시 한 번 곱씹어 볼 필요가 있다. 선과 악에 대한 앎은 '장려하다 치유하다'는 뜻과 '가로막다, 해를 끼치다'는 이중적인 역할을 아는 것이다.

뱀은 2:17을 교묘하게 변형시켰다. 여기서 엘로힘을 어떻게 옮겨야 할까? 개역개정과 몇몇 성경은 '하나님(과 같이)'이라고 옮겼다. 히브리성경에는 이와 함께 쓰인 요데에(야다 동사의 칼 분사 연계형 복수)가 복수이므로 이것도 그렇게 해석해야 한다. 칠십인역은 이를 다른 곳과는 달리 복수형(= 신들; KJV gods)으로 옮겼다.

> 그러나 선과 악의 지식나무로부터는 먹지 말아야 한다. 그것들로부터 먹는 날에는 정녕 죽을 것이기 때문이다. (2:17 직역)

> 오히려 하나님이 아시기 때문이다. 곧 너희가 그것 중에서 먹는 날에는 너희 눈이 열린다는 것을, 그리고 너희가 신들처럼 되고 선과 악을 알게 된다는 것을.(3:5 직역)

창 3:3에서 여자가 '동산 한가운데 있는 나무'라 한 것을 뱀은 '좋고 나쁨을 알게 하는 나무'로 불렀다. 그는 마치 하나님께서 사람이 똑똑해지는 것을 두려워하시는 듯이 나쁘게 표현하였다. 그의 유혹은 5절까지이다. 이제 뱀은 사라지고 사람만 남았다. 사람은 그의 말에 따를 것인가, 하나님 말씀에 따를 것인가의 기로에 섰다. 비록 뱀이 그 단서를 제공하였더라도 거기에 휩쓸리냐 마느냐를 결정하는 것은 인간 자신이라는 말이다. 이제 그들은 하나님 말씀에 순종하느냐, 하나님과 뱀 사이에 곧 중립적인 태도로 그 말씀에 대해 평가하고 판단을 내리느냐의 기로에 섰다.

오늘날 우리 주변에도 유혹이나 시험에 빠지도록 자극하는 것들(사람들)이 널려 있다. 어느 때에나 어느 곳에나… 그러므로 문제의 핵심은 우리 자신이 어떤 선택을 하느냐에 달려 있다. 아무리 자기 주변에 시험거리가 많더라도 하나님만을 바라보며 나아가면, 그것들은 있으나 마나한 것이 된다. 반대로 우리 눈이 그것을 집중하거나 우리 마음 거기에 가치를 두게 되면 여지없이 그리로 빠져드는 것이다.

> 사람이 감당할 시험 밖에는 너희가 당한 것이 없나니 오직 하나님은 미쁘사 너

희가 감당하지 못할 시험 당함을 허락하지 아니하시고 시험 당할 즈음에 또한 피할 길을 내사 너희로 능히 감당하게 하시느니라(고전 10:13)

6절은 뱀의 시험에 인간이 어떻게 반응하였는가를 알려주었다.

그리고 여호와 하나님이 땅에 자라게 하셨다, 보기에 매혹적이고 먹기에 탐스러운 모든 나무를…(창 2:9 직역)

그리고 그 여자가 보았다. 그 나무가 먹기에 참 좋은 것을, 그리고 눈에 진실로 탐스러운 것을. 그리고 그 나무가 지혜롭게 할만하다는 것을 …(창 3:6 직역)

창3:6a에 '지혜롭게 할만하다'라는 구절이 추가되었다. 보기에 아름답고 먹음직스러운 것은 그 자체로 나쁜 것도 좋은 것도 아니다. 그러나 '지혜롭게 할 만하다'는 것은 그들이 이미 뱀이 던진 말(2:7 너희가 신들처럼 되고 선과 악을 알게 될 것을)에 혹하였다는 뜻이다. 6b절은 마음이 넘어간 결과를 보여주었다.

16 이는 세상에 있는 모든 것이 육신의 정욕과 안목의 정욕과 이생의 자랑이니 다 아버지께로부터 온 것이 아니요 세상으로부터 온 것이라 17 이 세상도, 그 정욕도 지나가되 오직 하나님의 뜻을 행하는 자는 영원히 거하느니라 (요일 2:16-17)

조선 후기 학자인 설수(雪岫) 이희경(1745~1805)은 '세상의 사물이 귀하다 해서 지나치게 좋아해서도 아니 된다. 그것이 하찮다고 지나치게 내버려두어도 아니 된다.'(천하지물 귀불가편애 천불가편기 天下之物 貴不可偏愛 賤不可偏棄)고

했다.(《설수외사(雪岫外史)》)

결국 여성이 그 유혹에 넘어갔다. 그리고 곧바로 그녀의 행위를 남성에게 이전시켰다. (6c) 유혹당한 자가 금방 유혹하는 자로 되었다. 물론 뱀이 교묘하게 여자를 유혹한 것과는 달리 여성은 그 열매를 따 그냥 남성에게 주었을 뿐이다. 그는 그것을 아주 쉽게 받아먹었다. 이 부분은 히브리말로 '봐팃카 밋피르요 봐토오칼 봐팃텐 감-르잇샤 임마 봐요오칼' (= 그래서 그녀는 그 나무 열매 중에서 (일부를) 취하였다. 그리고 먹었다. 그리고 자기 곁에 있는 남자에게도 주었다. 그리고 그가 먹었다) 이라고 되어 있다. 유난히 발음하기가 어렵다. 동사 네 개 매 낱말마다 신경을 곤두세우고 읽어야 할 정도이다.

이 열매가 사과라는 생각이 널리 퍼져 있다. 이는 아마 malus(= 나쁜) - malum (= 사과) 라는 라틴말에서 나왔을텐데(Adam's apple) 성경의 근거는 없다. (von Rad 64; Hamilton 191)

창 3:1-5는 유혹을 받게 하는 환경이, 창 3:6-7에는 그 유혹에 스스로 무너지는 인간이 있었다. 둘이 다 같이 뱀이 던지고 떠나간 시험을 통과하지 못하였다. 남자는 뱀의 말에 '너희'로, 여자의 말에 '우리'로 말없이 등장하였다가(1-6절) '그 둘'로 그 정체를 확실하게 드러내었다.(7절)

7절은 그들이 다 유혹에 넘어감으로써 어떤 결과로 나타났는지를 보여주었다. i) 그들의 눈이 열렸다. 이는 뱀의 말대로 된 것이다.(5절 참조) 보통의 경우 눈이 밝아지는 것은 좋은 결과를 가져왔어야 한다. 역설적이게도 여기서 그것은 그들에게 부끄러움을 안겨주었다. 그들은 벌거벗은 것을 부끄러워했다.(창 2:25 참조) 맹자는 羞惡之心 義之端也 (수오지심 의지단야) 곧 부끄러움을 아는 것은 의의 단초라고 말하였다. 안타깝게도 아담과 하와는 하나님 말씀을 어긴 것에 대해 영적으로 부끄러워하는 대신에 벌거벗은 것 자체를 부끄러워하였다.

이는 ii) 그들이 선악을 아는 데 실패하였다는 뜻이다. 잘못된 일, 어긋난 것에 대해 부끄러움을 느끼는 것은 인간의 원초적인 감정이다. 이 감정으로써 사람이 정말 부끄러워할 것을 부끄러워하는가가 문제이다. 그들은 벌거벗은 자신들의 몸을 무화과 잎으로 옷을 만들어 가렸을 뿐이었다. 하나님 말씀을 어긴 것에 대한 회개도 없이. 아담과 하와는 눈으로 보이는 것에만 겨우 부끄러워하였다. 이로써 그들은 내적인 분열(균열 龜裂) 상태에 빠졌다. 그들은 부끄러운 마음을 통해 갱신과 회복에 이르지 못했던 것이다. iii) (선과 악을 아는 점에서) 그들은 신들처럼 되지도 못하였다.

8절에는 iv) 하나님으로부터 멀어지는 그들의 모습이 기록되었다. 선악과를 먹기 전이었더라면 그들은 창조주 하나님의 소리가 들릴 때 반갑게 나가 맞았을 것이다. 지금은 그 소리가 들리자마자 스스로 숨어버렸다. 하나님 말씀 대신에 뱀의 말을 선택한 결과는 이렇게 참담하였다. 하나님을 경외하는 지혜가 아니라 두려워 피하는 꾀로 바뀌고 말았다. 하나님 말씀의 권위를 인간적인 지혜로 변조시킨 결과 그들은 뱀의 말을 따르게 되었다. 어떤 사람은 이 이야기를 인간의 자율적 책임과 하나님 말씀에 순종하는 태도가 충돌한 이야기로 보기도 하였다. 본문을 근거로 그렇게 보는 것은 독자 자신의 생각을 본문에 억지로 꿰어 맞추는 것(견강부회 牽强附會)에 가깝다.

아담과 하와는 사악한 행동이나 중대한 반역을 한 적이 없었다. 그냥 바르지 못한(잘못된) 지혜를 찾았다. 얼핏 보기에 그것은 별로 큰 죄가 아닌 듯이 보일 수도 있다. 아주 작아 보이는 그것이 그들 인생 전체를 바꾸어 놓았다. 우리는 종종 경험한다, 작은 생각 하나 순간적인 깨달음 하나가 얼마나 큰 힘을 지녔는지를. 그 단초(端初) 하나가 전체를 좌우하는 것을.

아담과 하와는 하나님과 같이 되기를 원하였으나(창 3:5) 부분적으로 선악을 아는 것에서만 하나님과 같이 되었을 뿐이었다.(창 3:22) 그들은 지혜를 얻기 원하였으나(창 3:6 참조) 그들이 발견한 것은 '벌거벗었다'는 사실뿐이었다.(창 3:7, 10) 뱀이 유혹하는 음성을 귀로 들었을 때에는 장밋빛 꿈을 만들어 냈으나, 들리는 말에 순종하여 그대로 해놓고 보니 온통 잿빛만 남았다. 사도 바울은 이런 입장에서, 세상적인 눈으로 볼 때 어리석게 보일 정도로 하나님께 순종하고 어리석게 보일 정도로 십자가에 의지하는 것이, 세상에서 아주 지혜로운 것보다도 오히려 더욱 지혜롭다고 가르쳤다.(고전 1:18-25 참조)

이 이야기를 소유 및 소비지향적인 인간 심리와 사회풍조 아래 세워진 문화(문명)비판으로 볼 수도 있다. 만일 우리가 '에덴동산에 사는 아담과 하와에게 부족한 것(결핍된 것)이 무엇이었나'를 묻는다면, 마지막 남은 한 개까지 자기 손아귀에 넣으려는 인간의 소유욕이 가져오는 폐해라고 답해야 할 것이다.

창세기 2장에 나오는 아담과 하와에게는 어느 것 하나 모자라지 않는 좋은 환경이 주어졌다. 이렇게 잘나가는 것을 좋은 마음으로 두고 보지 못하는 누군가가 곁에 있었다. 뱀이 바로 그것이었다. 아담과 하와가 행복하게 사는 것에 배가 아픈 뱀은 이 에덴의 환경이 풍요롭거나 충만한 것이 아니라, 불만과 부족한 상태로 느끼도록 하와를 꼬드겼다:

> 하나님이 너희더러 이 동산에 있는 나무 열매는 하나도 따먹지 말라고 하셨다는데 그것이 정말이냐?(1절)

인간은 부족과 결핍을 느끼는 바로 그것에서 유혹과 시험에 약해지기 마련이다. 하와의 대답(창 3:2-3)에 이미 그 위기가 엿보였다. 이때부터 하와는 먹지 말라고 하는 금단의 열매, 거기에 집착하였다. 아름다운 것이 많고, 차지할 수 있는 것이 넘쳐나는 데도, 손에 넣을 수 없는 오직 한 가지 - 그것만 바라보았다. 그러니 풍요가 풍요로 받아들여지기보다는 오히려 아직 부족하다고 느껴졌다. 이런 뜻에서 풍요(충분한 소유)와 만족은 정비례하지 않는다. 뱀이 와서 너희가 지금 누리는 것이 충분한 것이 아니라 아직 부족한 게 있다고 말하였다. 자기 욕망과 섞어서 이 말을 듣고 받아들이다 보니 하나님 은혜가 은총으로 느껴지지 않고, 하나님 말씀이 말씀답게 들리지 않았을 뿐이다.

'불행한 사람은 갖지 못한 것을 사모하고 행복한 사람은 갖고 있는 것을 사랑한다.'는 말이 있다.(하워드 가드너) 사람은 자기 욕망이 앞설 때 하나님의 말씀이 들리지도 않고 기억나지도 않는다. 이런 뜻에서 옆에서 누가 뭐라고 했느냐 보다는, 어느 소리를 자기 것으로 받아들이느냐가 더 중요하다.

에덴동산에는 선악을 알게 하는 나무가 있었다. 이것은 하나님의 영역이요, 하나님의 지혜요, 하나님의 세계에 속하였다. 전적으로. 우리 인간은 피조물이다. 피조물 된 위치에서 사람은 할 수 있는 일과 할 수 없는 일이 있다. 뿐만 아니라 사람에게는 할 능력이 모자라도 해야만 할 일이 있는가 하면, 할 수 있는 능력이 넘쳐나도 하지 말아야 할 일이 있는 것이다. 이것을 잘 분별할 때, 행복으로 가는 길이 열린다.

오늘의 적용

소유는 행복을 가져다주는가?

"내가 집이 가난해서 말이 없으므로 혹 빌려서 타는데, 여위고 둔하여 걸음이 느린 말이면 비록 급한 일이 있어도 감히 채찍질을 가하지 못하고 조심조심하여 곧 넘어질 것같이 여기다가 개울이나 구렁을 만나면 내려서 걸어가므로 후회하였으나 발이 높고 귀가 날카로운 준마로서 잘 달리는 말에 올라타면 의기양양하게 마음대로 채찍질하여 고삐를 놓으면 언덕과 골짜기가 평지처럼 보이니 심히 장쾌하였다. 그러나 어떤 때에는 위태로워서 떨어지는 근심을 면치 못하였다.

아! 사람의 마음이 옮겨지고 바뀌는 것이 이와 같을까? 남의 물건을 빌려서 하루아침 소용에 대비하는 것도 이와 같거든, 하물며 참으로 자기가 가지고 있는 것이랴.

그러나 사람이 가지고 있는 것이 어느 것이나 빌리지 아니한 것이 없다. 임금은 백성으로부터 힘을 빌려서 높고 부귀한 자리를 가졌고 신하는 임금으로부터 권세를 빌려 은총과 귀함을 누리며 아들은 아비로부터, 지어미는 남편으로부터, 비복(婢僕)은 상전으로부터 힘과 권세를 빌려서 가지고 있다.

그 빌린 바가 또한 깊고 많아서 대부분은 자기 소유로 하고 끝내 반성할 줄 모르고 있으니 어찌 미혹(迷惑)한 일이 아니겠는가?

그러다가도 혹 잠깐 사이에 그 빌린 것이 도로 돌아가게 되면, 만방(萬邦)의 위에 있던 임금도 짝 잃은 지아비가 되고, 백승(百乘)을 가졌던 집도 외로운 신하가 되니, 하물며 그보다 더 미약한 자야 말할 것이 있겠는가? … ”

– 이곡(李穀, 1298~1351), 『가정집(稼亭集)』 제7권「차마설(借馬說)」중에서

35

인간에게 주어진 첫 물음

(창 3:8-10)

개역개정	직역
8 그들이 그 날 바람이 불 때 동산에 거니시는 여호와 하나님의 소리를 듣고 아담과 그의 아내가 여호와 하나님의 낯을 피하여 동산 나무 사이에 숨은지라	8 그리고 그들은 여호와 하나님의 소리를 들었다, 그 날 바람이 부는 때 정원에서 거니시는. 그리고 그 남자와 여자는 여호와 하나님의 얼굴로부터 스스로 숨어버렸다.
9 여호와 하나님이 아담을 부르시며 그에게 이르시되 네가 어디 있느냐	9 그러자 여호와 하나님께서 그 사람을 부르셨다. 그리고 그에게 말씀하셨다. "너 어디에?"
10 이르되 내가 동산에서 하나님의 소리를 듣고 내가 벗었으므로 두려워하여 숨었나이다	10 그리고 그가 말하였다. "주님의 소리를 내가 들었나이다, 이 정원에서. 그리고 내가 이래서, 곧 벌거벗어서 두려웠나이다. 그래서 내 스스로 숨었나이다."

이것은 아담과 하와가 하나님 말씀을 거역한 뒤 처음으로 만나는 이야기이다.

아담과 하와는 하나님께서 홀로 동산을 거니시는 소리를 들었다. 신선한 바람이 부는 날이었다. 이것은 가다 다니다는 동사의 히트파엘 분사형으로

아담과 하와 인장(? 아카드지방에서 출토됨, 2300-2200 BC)
Keel & Uehlinger, Altorientalische Miniaturkunst, Göttingen, V&R, 1996, 162쪽

묘사되었다. 이는 하나님 스스로 선택하셔서 늘 되풀이 그렇게 하셨다는 뜻이다. '날'이란 말에 정관사가 붙어 있는 것으로 보아 그들이 선악과를 따먹은 바로 그날일 것이다. 하나님은 타락한 인간과도 만나셨다. 그의 거역과 타락을 이유로 만남 그 자체를 거부하지 않으셨다.

하나님께서 동산을 직접 거니셨다는 이 표현은 흔히 말하는 신인동형론(Anthropomorphism)의 근거가 되기도 한다. 이것은 첫째로 인간에게 있는 속성 행동 혹은 감정 등이 하나님에게도 있다는 것이다. 기독교는 성경에 나오는 이것을 유비, 상징, 은유 등으로 받아들였다. 둘째로 '인간의 형상으로 신성을 표현하는 것'이다. 이를테면 이집트인들은 신들을 인간의 형상으로 뿐만 아니라 동물의 형상으로 또는 이 둘을 결합한 형상으로 표현하였다. 이와 약간 구별되는 것으로 안드로포파티즘(anthropopathism)이 있다. 이는 인간 고유의 '감정들' 곧 기쁨 즐거움, 슬픔 등을 신에게 이입시키는 것이다. 성경에는 이 두 가지가 모두 쓰였다. 그 빈도는 아주 낮다.

물론 우리는 성경에 표현된 이런 것들을 인간이 지닌 한정된 능력과 동일하게 적용해서는 곤란하다. 이것들은 하나님의 본성과 위엄에 적합한 방식으로 해석되어야 한다는 말이다. 예를 들면 하나님의 눈은 하나님의 아심과 배려심 많고 세심한 돌보심을, 팔은 그분의 권능과 강함을, 귀는 인간의 소리를 그분께서 주의 깊게 공감하며 들으신다는 뜻으로 보아야 한다.

인간의 감정 표현들이 하나님에게 적용될 때에도 이와 같다. 그것은 인간이 보여주는 변화무쌍한 감정적 변화 내지 요동과 같은 것이 아니다. 그것은 하나님의 경륜과 섭리 속에서 인간을 사랑하시는 하나님의 모습을 실감나게 표현하는 것이다. 이를테면 하나님께서 마음을 돌리셨다는 것은 어떤 일이 하나님의 거룩한 구원의지에 따라 지금까지와 다른 방향으로 전개된다는 뜻이다.

아담과 하와는 하나님께서 동산을 거니시는뒴소리를 들었다. 그 소리가 무엇을 가리키는가? 발자국 소리인지, 그들을 부르시는 음성인지, 하나님께서 임재하실 때 동반하는 (우레)소리인지 분명하지 않다. 어쨌거나 두려운 마음으로 하나님께서 어찌 나오실까 예의주시하던 그들은 그 소리를 듣자마자 다음과 같이 반응했다. '봐잇트카베 하아담 뷔이쉬토 밋프네 야웨 엘로힘'(8bα 직역 = 그 남자와 여자는 여호와 하나님의 얼굴로부터 스스로 숨어버렸다) 친밀감이 완전히 사라졌다. 그분 앞에 나설 자신도 없었다. 이렇게 그들은 어리석게도 관계단절을 시도했다. 물론 그들도 알았으리라, 이런 시도가 부질없다는 것을.

아담과 하와는 하나님을 피해 숨어버렸다. 이때부터 인간의 본성 중에 하나는 숨김이요 숨음이 되었다. 현대인은 숨는 데 명수다. 숨는 이유는 부끄러운 짓을 했기 때문이다. 이럴 때 숨는 것은 그런 행동을 고치거나 바로잡는 대신에 부인 또는 은폐하려는 태도이다. 더 나아가 그런 행동으로 자신이 얻어냈다고 여기는 혜택을 그대로 자기 것으로 소유하면서도 마치 아무렇지도 않은 것처럼 마치 정당한 수익인 양 포장하려는 것이다.

'네가 어디 있느냐?' 이것은 하나님께서 사람에게 던지신 첫 번째 물음이다. 이것을 강조하느라 히브리 성경은 '부르다'와 '말씀하다'라는 동사를 연거푸 사용했다.(9절 봐이크라 야웨 엘로힘 엘-하아담 봐요메르 로 아엑카 = 그러자 여호와 하나님께서 그 사람을 부르셨다. 그리고 그에게 말씀하셨다. '너 어디에?')

'네가 어디 있느냐'는 이 물음은 그가 머무는 장소(Location)에 관한 것이 아니다. 그보다는 말씀에 대한 그의 태도(Attitude)를 묻는 것이요 그의 현재 상태(State)를 묻는 것이다.

하나님께서 그가 어디 있는지 모를 리가 만무하다. 이것은 아담의 현실을 몰라서 묻는 물음이 아니다. 오히려 아담이 자기 스스로 자신을 돌아보게 하려는 물음이다. 그리하여 자기 스스로 죄를 고백하며 하나님께 나아와 무릎 꿇기를 기대하시는 물음인 것이다. 이것은 우리 인생이 스스로 자신의 현재 위치를 알라는 물음인 동시에 그릇된 자리에 있음을 고백하라는 물음이요, 거기서 벗어나 하나님께 나아오라는 부름이다.

하나님은 우리를 부르시는 분이다. 우리 이름은 물론 우리 몸과 마음과 우리 영혼을 부르신다. 그분은 우리를 부르시며 우리에게 물으신다. '네가 어디 있느냐?' 이것은 하나님께서 인생에게 던지신 첫 번째 물음이다. 그렇다고 해서 한 번의 물음과 한 법의 대답으로 끝날 것이 아니다. 우리가 우리 자신의 삶의 순간 순간 마다, 삶의 자리 자리 마다, 그리고 삶의 단계 단계 마다 끊임없이 묻고 대답해야 할 영원한 물음이다.

찬송가 529장이다.

1 온유한 주님의 음성 네 귀에 속삭이네

네 마음 문을 두드리니 곧 주님을 영접하라

후렴) 피하지 말라 피하지 말라

우리가 곁길로 피해도 맘속에 오시리

심판 날 당할 때 주님을 너 맞을 준비해

맘속에 주님을 영접하라 주 영접하라

2 사랑의 주 예수 친히 이 땅에 내려오사

문밖에 서서 기다리니 참 놀라운 사랑이라

3.주님이 부르는 음성 널 받아 주시나니

회개한 네게 임하시어 끝까지 널 도우시네

4.주님의 은혜를 받고 너 주를 영접하라

마음 문 활짝 열어 놓고 너 주님을 영접하라

36
서로 돕는 관계가 어디로?

(창 3:11–13)

개역개정	직역
11 이르시되 누가 너의 벗었음을 네게 알렸느냐 내가 네게 먹지 말라 명한 그 나무 열매를 네가 먹었느냐	11 이에 그분이 말씀하셨다. "누가 네게 알게 하였느냐? 네가 이런 자 곧 벌거벗은 자임을. 그 나무로부터 곧 내가 네게 먹지 말라고 명령한 그것으로부터 먹었느냐?"
12 아담이 이르되 하나님이 주셔서 나와 함께 있게 하신 여자 그가 그 나무 열매를 내게 주므로 내가 먹었나이다	12 그러자 그 사람이 말하였다. "주님이 나와 함께 있으라고 주신 그 여성, 그녀가 그 나무로터 (열매를) 내게 주었나이다. 그리고 내가 먹었나이다."
13 여호와 하나님이 여자에게 이르시되 네가 어찌하여 이렇게 하였느냐 여자가 이르되 뱀이 나를 꾀므로 내가 먹었나이다	13 그리고 여호와 하나님께서 그 여성에게 말씀하셨다. "네가 한 이것이 어찌 된 것이냐?" 그 여성이 말하였다. "뱀 그것이 저를 속였나이다. 그리고 내가 먹었나이다."

이것은 유혹에 넘어간 아담과 하와에게 주시는 하나님의 말씀이다. 그 유혹 앞에 아담과 하와가 무너진 후, 7절에는 하나님을 대하는 인간의 모습

이, 8-24절에는 그들을 대하는 하나님 모습이 나와 있다. 선악과를 따먹은 사람들은 세 가지 모습을 보여 주었다. i) 부끄러워함(7절) ii) 속임수(8-11절) iii) 책임 전가(12-13절) 본문에서 보듯이 그들은 선악과를 먹은 행위에 들어 있는 자신의 책임을 회피하였다. 그것을 다른 이에게 떠넘겼다.

에덴동산에서 일어난 일은 인간 사이에 파트너십이 사라질 때 생겨날 일을 보여주었다. 곧 뱀과 하와가 대화를 나눌 때 아담은 어디에 있었는가? 창 3:1에 뱀이 "하나님이 너희더러 이 동산에 있는 나무 열매는 하나도 따먹지 말라고 하셨다는데 그것이 정말이냐"며 접근할 때, '너희'라는 복수를 쓰는 걸로 봐서는 분명히 둘이 함께 있었다. 그 뱀과 이야기하는 하와는 아담이 자기 동반자요, 자기 곁에 있는 사람임을 전혀 의식하지 않았다.

아담도 마찬가지였다. 뱀과 하와가 대화를 나눌 때, 아담은 곁에 있으면서도 전혀 모른 체 하였다. 뱀에게 넘어 간 하와가 선악과를 먹을 때에도 마찬가지였다. 누가 먼저 이것을 따 먹고, 누가 나중에 먹었느냐는 문제의 핵심이 아니다. 시험(유혹)이 찾아왔다는 사실도 문제의 관건이 아니다. 그보다는 하나님께서 이 둘을 서로 돕는 동반자로 창조하셨는데, 뱀의 유혹 앞에서 그들이 서로에게 동반자가 되지 못한 것에서부터 문제가 불거졌다. 이런 상태에서 제각기 유혹에 넘어갔고, 그 책임을 상대방과 하나님께 돌렸다.

그들은 서로 가까이 있으면서도 각자 한 명씩 무너졌다. "너는 너고, 나는 나다"는 식으로 서로에게 무관심하게 행동하는 사이에 유혹과 시험을 이길 힘이 그들에게서 빠져나가 버렸다. 그들이 남보다 더 연약해서 무너진 것이 아니다. 서로를 향한 무시, 서로를 향한 무관심이 그들의 능력을 빼앗아버렸다. 그 결과 뱀의 유혹 앞에 함께 무너지고 말았다. 그러면서도 그들은 자신들이 무너진 이유를 하나님께 전가하거나 뱀에게로 돌렸다.

뱀은 분명 아담과 하와에게 이야기를 건넸다: ‘먹지 말라(1절, 3절), 죽을까 하노라(3절), 결코 죽지 아니하리라(4절)’는 말의 주어는 항상 복수형이다. 이는 아담과 하와 두 사람을 다 가리키는 말이다. 이런 뜻에서 3:6b에 대한 번역(자기와 함께 있는 남편에게도 주매)은 매우 적절하였다. 그러므로 이 이야기에서 그 책임이 누구에게 더 있느냐, 그게 남성이냐 여성이냐를 따지는 것은 아무런 의미가 없다.

교회는 오랫동안 타락과 에덴 상실에 관련하여 여성의 기질이나 책임을 강조하는 쪽으로 이 사건을 해석해 왔다. 예를 들어 폰 라트는 남성보다는 여성이 점성술이 제안하는 모호한 것에 이끌리기 쉽다고 말하였다.(von Rad 64) 그런가 하면 여성 신학자인 트리블은 남성보다는 여성에게 도전적 기질이 더 강하다고 보았다. 외경이나 성경에 위와 같은 생각을 하게 할 근거를 제공하는 부분이 있다:

> 죄는 여자에게서 시작되고 여자 때문에 우리 모두가 죽는다(집회서 25:24)

> 아담이 속은 것이 아니고 여자가 속아 죄에 빠졌음이라(딤전 2:14)

사도 바울은 여기서 유혹에 넘어간 순서를 이야기하고 있을 뿐이다. 무슨 이유로 뱀이 하와에게 먼저 접근하였는지를 밝히지는 않았다. 그러므로 유혹과 타락 이야기에서 폰 라트나 트리블처럼 그 책임을 남성 혹은 여성 중 어느 한쪽에 더 지우는 것은 성경의 기본적인 가르침을 무시하는 것이다. 여성 혹은 남성의 기질이나 천성 가운데 어느 부분을 강조하거나 눈감으며 위와 같이 설명하는 태도는 양쪽 다 하나님의 목적에서 벗어난 것이다.

예수님은 유혹(광야에서)과 시험(겟세마네 동산에서)을 당할 때 전적으로 혼자 계셨다. 곁에서 예수님을 도와줄 사람이 아무도 없었다. 그런데도 영적으로는 그분 혼자가 아니었다. 예수님은 그 광야에 영적으로 하나님과 함께 있었다. 하나님 말씀을 온전히 의지하였다. 그래서 사탄의 유혹을 이겨내었다. "하나님이 나와 함께 계시다"는 믿음, 곧 임마누엘 신앙은 우리에게도 큰 힘이 된다. 우리는 하나님의 말씀, 그리고 그에 대한 순종이 유혹과 시험을 겪는 사람에게 얼마나 강력한 무기인지를 시험을 이겨내신 예수님을 바라보며 알아차릴 수 있다.

오늘의 적용

아담과 하와는 책임전가의 원조이다. 이런 모습은 정도차이는 있을지언정 누구에게나 다 있을만큼 피조물의 연약한 본성에 속하는 것이다. 이런 점에서 우리는 그들과 어느 만큼 가까이 있는가?

어떤 잘못된 결과가 나왔을 때 나는 식구나 동료에게 책임을 미루는 사람인가, 아니면 내 몫의 책임을 스스로 걸머지는 사람인가?

일이 잘될 때에도 잘 되지 않을 때에도 사람 특히 가족은 서로 돕는 배필이다. 영어로 아내를 무엇이라 하는가? Wife다. Wife(아내)가 돕는 배필의 역할을 제대로 하면 남편에게 Life(삶)가 된다. 아내가 돕는 배필다운 역할을 엉뚱하게 하면 Knife(칼)가 된다. 우리말로 아내는 무슨 뜻인가? 안에 있는 해, 곧 태양이다. 돕는 배필이라는 말 속에는 참으로 놀라운 은총과 진리가 담겨 있다.

37

적대관계가 만들어지다

(창 3:14–15)

개역개정	직역
14 여호와 하나님이 뱀에게 이르시되 네가 이렇게 하였으니 네가 모든 가축과 들의 모든 짐승보다 더욱 저주를 받아 배로 다니고 살아 있는 동안 흙을 먹을지니라	14 그리고 여호와 하나님이 뱀에게 말씀하셨다. "너는 이런 자 곧 그런 짓을 한 자이다. 너는 저주를 받으리라, 모든 집짐승과 들짐승 중에서. 너는 배로 기어 다닐 것이다. 그리고 먼지를 먹으리라, 네가 살아 있는 동안.
15 내가 너로 여자와 원수가 되게 하고 네 후손도 여자의 후손과 원수가 되게 하리니 여자의 후손은 네 머리를 상하게 할 것이요 너는 그의 발꿈치를 상하게 할 것이니라 하시고	15 그리고 나는 이런 자 곧 나는 적개심을 놓는 자이다, 너 사이에 그리고 그 여성 사이에, 그리고 너의 자녀와 그녀의 자녀들 사이에. 그가 네 머리를 밟을 것이요 너는 그의 발뒤꿈치를 밟을 것이다.

이 문단은 사람과 뱀의 관계, 남편과 아내의 관계 그리고 인간의 노동에 관한 말씀이다. 하나님은 죄를 지적한 순서와 역순으로 벌을 내리셨다. 남성의 죄(9-11절) 여성의 죄(12절) 뱀의 죄(13절)를 말씀하신데 이어 뱀에게 내릴 벌(14-15) 여성에게 내릴 벌(16) 그리고 남성이 받을 벌을 언급하신 것이다.(17-19)

14절에 나오는 전치사 민(min)은 개역개정처럼 '… 보다 더욱' 이란 뜻, 곧 비교급으로 해석할 수도 있다. 여기서는 그보다 '…으로부터, … 중에서' 라는 뜻, 곧 분리의 의미로 볼 수도 있다.(공개, 표준, ELB) 뒤엣것처럼 해석하는 이유는 하나님의 벌이 동물 전체에게 향한 것이 아니라 뱀에게만 해당된다는 사실을 분명히 하기 위해서이다.

뱀에게 내린 벌은 그의 생활양식과 더불어 여성 및 그 후손과의 관계 등 두 부류이다.

뱀에게 내린 저주는 다른 동물과 다른 뱀만의 특징을 드러나게 한다. 그 내용은 세 가지이다.(Mathews 244) i) 땅바닥을 배로 기어 다닌다. ii) 그는 평생 동안 흙(먼지)을 먹고 살아야 한다. iii) 여성의 후손들과 영원히 적대관계로 있어야 한다.

14절의 특징은 '모두'를 가리키는 말(kol)이 세 차례나 쓰인 것이다. 모든 가축, 모든 들짐승, 네가 살아있는 모든 날. 이는 뱀에게 내리는 형벌이 매우 엄중하다는 사실을 강조하는 표현이다. 뱀은 먼지가 가득한 바닥을 기어 다니며 혀를 날름날름거리므로 마치 그것을 핥아먹는 듯이 보인다.(사 65:25; 미 7:17) 하와에게 과일을 먹도록 시킨 그가 이제 흙을 먹는다. 실제로 뱀이 먼지(흙)를 먹고 사는 것은 아니다. 이런 표현은 다만 천하고 더러운 모습을 상징한

뱀을 제압하는 바알신

다.(Calvin 167) 아마 이것은 뱀이 다른 고등 동물들과 달리 다리로 걷는 대신 배로 바닥을 기는 모습이 어디서 왔느냐를 설명하려는 뜻이리라.(von Rad 65; Westermann 259) 나중에 땅에 기어 다니는 모든 짐승은 부정한 것으로 간주되었다.(레 11:41-44) 뱀은 그런 것의 대명사로 손꼽힌다.

창 1:29-30에서 은혜롭게 허용되었던 '먹음'이 이제는 형벌이 되었다. 그는 본디 지혜로웠는데(아룸 창 3:1) 그것이 저주를 받는(아루르 창 3:14) 도화선이 되었다. 성경은 두음법(alliteration)을 사용하며 이 사실을 한껏 강조했다. 이로써 한때 가장 지혜로웠던 동물이 이제 가장 외롭고 가장 야릇한 꼴로 살아가게 되었다.(Hamilton, Genesis 196) 그리고 인간과 평생원수가 되었다.

여기서 뱀은 그냥 동물이 아니다. 그것은 곳곳에서 인간을 엿보며 노리는 그리고 인간과 생사를 걸고 투쟁하는 악을 상징하였다. H. 프라이는 말하였다: '그 여성이 한번 그 어둠의 세력에게 문을 열어 주었다. 이제 그 벌로 그것은 항상 열려 있게 되었다. 그리고 인간은 그 세력의 공격, 곧 그가 이미 알다시피 자신을 아주 비참하게 만드는 것에 매일 노출되어 있다.'(Das Buch der Anfänge, 1935. von Rad 67에서 인용)

15절은 창세기 3장을 이해하는 열쇠들 중에 하나이다. 어떤 이들은 이 말씀에서 메시야적 이미지를 찾는다. 또 다른 이들은 이 본문을 단지 뱀과 사람 사이에 형성된 적대관계의 근원을 설명하는 이야기(etiology)로만 받아들인다.

15절 앞부분을 직역하면 이렇다: '그리고 나는 이런 자이다. 곧 나는 적개심을 너와 그 여자 사이에, 네 후손과 그 여자 자녀들 사이에 놓는(자리 잡게 하는) 자라.' 히브리 성경은 이 적개심(적대감)을 강조하려고 이 부분을 하나님의 활동(동작)이 아니라 창조주 하나님의 속성(성격)을 나타내는 명사복합 문장으로 기록하였다. 교부 이레네우스(Irenäus von Lyon, 135-202) 이래 사람들은 이것을 가리켜 첫 번째 복음(die erste frohe Botschaft, das Protoevangelium) 이라고 불렀다.[1)] (참조: 뱀을 밟고 있는 성모 마리아상)

하나님은 14절에서 뱀이 받을 처벌을 말씀하신 데 이어 15절에서 자신이 하실 일을 말씀하셨다. 이에 따르면 하나님은 각 사람 속에 있는 사탄 같은 모습을 자기 스스로 미워할 마음을 심어두셨다. 우리의 악한 모습을 기도와 말씀에 힘입어 스스로 제거하고픈 마음이 생겨나도록 하나님이 배려해 주셨다. 뱀은 항상 우리 행복을 가로막으려한다. 그렇더라도 하나님을 신뢰하는 사람에게는 그 사탄의 능력을 이길 마음이 저절로 우러나고, 그 결과 사탄과 대결할 능력도 주어진다.

창세기 3:15에는 '상하게 하다, 짓밟다, 으스러뜨리다'로 번역되는 말(슈프)이 두 번 쓰였다.(슈프 로쉬 = 머리를 밟다) 성경 번역들 중에는 두 번 쓰인 동사 슈프를 같은 뜻으로 옮긴 것도 있다.(strike. AV RSV NAB NEB, Speiser 등) 어떤 성경은 앞의 것을 crush(= 짓밟다. 발로 밟아 으깨다)로 뒤의 것을 strike at(= 치다, 공격하다)으로 옮겼다.(NIV JB) 칠십인역도 이 둘을 다 tērēō(= 감시하다 경계하다 엎드려 기다리다) 로 옮겼다. 아랍어 샤파는 감사하다 지켜보다 관찰하다는 뜻이다. 라틴어 번역인 불가타는 여성과 그 후손이 취하는 행동을 contereo(= 짓밟다)로, 뱀과 그 후손이 할 것을 calcaneo(= 엎드려 기다리다)라고 각각 번역하였다. 여기에서 나온 파생어 사아프는 문다는 뜻이다. 이것들은 항상 부정적인 의미를 담고 있다.

---

1) Irenäus, Adversus Hereses, Buch III Kap. 23, 7. 21 bzw. V Kap. 21, 1.22. Old Testament scholar Derek Kidner describes the Protevangelium as "the first glimmer of the gospel."[Derek Kidner, Genesis: An Introduction and Commentary, (IVP, 1967), 70] Several of the early Church fathers, such as Justin Martyr (160 AD) and Irenaeus (180 AD) regarded this verse "as the Protoevangelium, the first messianic prophecy in the Old Testament." [Gordon J. Wenham, WBC: Genesis 1–15, (Thomas Nelson, 1987), 80–81쪽]. 이에 반대하는 입장은 von Rad, 66; C. Westermann, Genesis 1–11, 354; V. Hamilton, Genesis I, 197 참조.

동사 슈프는 필시 아카드어 샤프(발로 짓밟다)에서 유래했을 것이다. 이 말은 여기 말고 욥기 9:17(그가 폭풍으로 나를 치시고 까닭 없이 내 상처를 깊게 하시며 …)과 시편 139:11(내가 혹시 말하기를 흑암이 반드시 나를 덮고 나를 두른 빛은 밤이 되리라 할지라도…)에만 나왔다.

해밀턴은 이것을 '기다리다'로 옮겼다. "그는 네 머리를 기다리며 있으리라. 그리고 너는 그의 발꿈치를 기다리고 있으리라."(Genesis 198) 위폴(W. Wifall)은 "그는 네 머리를 짓밟으리라. 그리고 너는 그의 발꿈치에 붙잡으리라"(CBQ 36[1974] 364)라고 옮겼다.

여기서 말하는 머리는 신체 기관들 중에 하나가 아니라 그 개체 전부를 의미하는 대표단수이다. 여기 나오는 머리와 발꿈치의 차이를 너무 크게 받아들이는 것은 곤란하다. 이는 다칠 경우에 생기는 치명적인 정도의 차이를 말하는 것이 아니다. 사람과 뱀에 대한 차이점에 강조를 두는 사람들은 머리와 발뒤꿈치뿐만 아니라, 지시대명사 그것(it)과 인칭대명사 너(you)의 차이에서도 그것을 보았다.(Hamilton, Genesis 197) 성경은 뱀에게는 앞엣것을 사람에게는 뒤엣것을 썼다.

오늘의 적용

인간은 관계의 동물이다. 인간이라는 말(人間)이 사람은 '…와 … 사이에 있다'는 뜻이다. 한 사람은 누군가의 자녀인 동시에 누군가의 부모요 형제요 자매이다. 더 나아가 누군가의 선배이자 후배이며 이웃이고 동료이다. 누군가의 연인이며 누군가의 적대자 또는 경쟁자이다. 이렇게 한 사람과 얽혀있는 관계가 다양하다. 그런 관계없이 사는 사람은 하나도 없다.

주역에 비(否)괘가 있다. 비는 꽉 막혔다는 뜻이다. 하늘은 하늘대로 땅은 땅대로 강해서 서로 가는 길이 다르며 자기 주장이 강해 상호 소통하지 않는다. 비괘의 괘사(卦辭)에 비지비인 불리(否之匪人 不利君子 貞 大往小來)라 했다. 비는 사람이 취할 태도가 아니다. 그것은 군자가 올바름을 펴기에 이롭지 않다. 물론 무조건 어울리고 교통하는 것만이 최선은 아니다. 자칫하면 큰 것을 보내고 작은 것을 불러들일 수가 있다. 시인 서정윤의 시 "홀로서기"의 한 구절이다. '떠나는 사람을 잡을 수 없고 떠날 사람을 붙잡는 것만큼 자신이 초라할 수 없다. 떠날 사람은 보내야 한다. 하늘이 무너지는 아픔일지라도.'

왕신자(王申子)는 말했다. (인여천지병립위삼 이소이유지삼극자 인야 인지소이위인자 진인도이기(人與天地並立爲三 而所以維持三極者 人也 人之所以爲人者 盡人道而已) 곧 인간이 자신과 맺고 있는 관계의 질서 속에 제 할 도리를 다하는 것이 곧 인간의 인간다움이라는 뜻이다.

누군가와 또는 무엇인가와 적대관계가 없는 사람은 하나도 없을 것이다. 그렇다면 적대관계 그 자체보다는 그 내용이 무엇이냐가 중요하다. 나(우리)는 진리와 적처럼 지내는가, 비진리와 적으로 살고 있는가? 그 둘 중에 어느 쪽에 무게 중심이 실려 있는가?

사람의 발(뒤꿈치)을 무는 뱀 – Tell Asmar (Isin Larsa Period)

38
단 한 번도 너무 많다

(창 3:16)

개역개정	직역
16 또 여자에게 이르시되 내가 네게 임신하는 고통을 크게 더하리니 네가 수고하고 자식을 낳을 것이며 너는 남편을 원하고 남편은 너를 다스릴 것이니라 하시고	16 그 여성에게 그가 말씀하셨다. "내가 네 임신 중의 수고를 많게 하고 더 많게 하리라. 그리고 너는 고통 중에 자녀를 낳을 것이라. 그리고 네 남편을 네가 갈망하고 그는 너를 다스리리라."

이것은 유혹에 넘어가 타락한 사람과 유혹한 자에게 주시는 하나님 말씀이다. 하나라는 숫자는 참 묘하다. 어떤 때 하나는 아주 작고 미미하게 보인다. 있으나 마나처럼 여겨진다. 또 어떤 때 하나는 엄청나게 크고 중요해 보인다. 이럴 때 하나는 마치 전체(전부 다)인 것처럼 여겨지는 것이다.

아담과 하와의 경우 그 한 번은 그들의 인생 전체를 좌우할 뿐만 아니라, 인류 전체의 운명에 커다란 영향을 끼치는 매우 중대한 사건이었다. 그 한 번으로 말미암아 인류의 타락이 시작되었기 때문이다. 창 3:16-19는 타락한 인류에게 주시는 하나님의 말씀이다.

16절에 따르면 여성과 남성은 저주당하지 않았다. 여기서는 다만 심각한 괴로움과 갈등관계를 말하고 있을 뿐이다. 여성은 i) 임신의 수고와 분만의 고통 ii) 남성을 향한 깊은 그리움과 남성만으로는 채울 수 없는 안정과 만족(룻 1:9 참조) iii) 남성을 소유하고 지배하려는 야심 등에 끌리게 되었다. 뒤

셔(Vischer)는 이에 대해 "부자유스러운 충동의 물결 속에서 그리고 창조활동에 직접 관여하면서; 고통 가운데서 신음하며, 슬픔에 잠기며, 낮아지고 과중한 부담에 짓눌리고, 수척해지고 눈물로 지새며 …" (Christuszeugnis 80; von Rad 66에서 재인용) 라고 말했다.

임신은 본디 하나님께서 인간에게 주신 커다란 복이었다.(창 1:28) 에덴동산의 사건을 겪으면서도 인간에게 주어진 이 복은 조금도 변하지 않았다. 다만 인간이 타락한 결과로 거기에 고통이 뒤따르게 된 것이다. 하나님은 "내가 네 임신 중의 수고를 많게 하고 더 많게 하리라."(16a 직역)고 말씀하셨다. 개역개정이 '임신하는 고통'이라고 옮긴 부분은 아마 '임신한 상태에서 겪는 불편 또는 고통'이리라.

고통이란 말(얏사베트)은 동사 아챠브에서 왔다. 이 말은 아파하다 슬퍼하다는 뜻 말고도 만들다 형성하다는 뜻이 있다. 이는 참 심오하다. 사람은 고통을 겪으면서 그 과정에서 무엇인가를 형성한다는(만들어낸다는) 것이다. 고통 속에서 긍정적이고 건설적인 것이 만들어진다면 고통은 신비하게 숨겨진 은혜다. 사실 여성은 어머니가 되는 기쁨과 출산의 아픔을 동시에 지니고 있다.

여성에게 주시는 두 번째 말씀은 결혼(부부관계)에 관한 것이다. "그리고 네 남편을 네가 갈망하고 그는 너를 다스리리라"(16c 직역) 갈망하다는 말(təschûqâ)은 여기서 매우 부정적인 말맛을 지녔다. 그런 뉘앙스는 다스리다는 말(māschal)과 함께 쓰이면서 더욱 증폭되었다. 트슈카는 소유(지배)하려는 욕망을 의미한다. 결혼으로 만들어지는 아내라는 위치에서 여성은 웃음과 울음을 동시에 끌어안게 되었다.

부부관계에서 남성과 여성의 위치나 지위에 관한 사람들의 생각은 변화에 변화를 거듭해 왔다. 그것은 어느 지역 어느 시대나 비슷한 과정을 거쳤다. 사도 바울은 남편은 아내를, 아내는 남편을 섬기라고 권했다.

> 22 아내들이여 자기 남편에게 복종하기를 주께 하듯 하라 23 이는 남편이 아내
> 의 머리 됨이 그리스도께서 교회의 머리 됨과 같음이니 그가 바로 몸의 구주시
> 니라 24 그러므로 교회가 그리스도에게 하듯 아내들도 범사에 자기 남편에게 복
> 종할지니라(엡 5:22-24)

> 25 남편들아 아내 사랑하기를 그리스도께서 교회를 사랑하시고 그 교회를 위하
> 여 자신을 주심 같이 하라 26 이는 곧 물로 씻어 말씀으로 깨끗하게 하사 거룩하
> 게 하시고 27 자기 앞에 영광스러운 교회로 세우사 티나 주름 잡힌 것이나 이런
> 것들이 없이 거룩하고 흠이 없게 하려 하심이라 28 이와 같이 남편들도 자기 아
> 내 사랑하기를 자기 자신과 같이 할지니 자기 아내를 사랑하는 자는 자기를 사
> 랑하는 것이라 29 누구든지 언제나 자기 육체를 미워하지 않고 오직 양육하여
> 보호하기를 그리스도께서 교회에게 함과 같이 하나니 30 우리는 그 몸의 지체임
> 이라 31 그러므로 사람이 부모를 떠나 그의 아내와 합하여 그 둘이 한 육체가 될
> 지니 32 이 비밀이 크도다 나는 그리스도와 교회에 대하여 말하노라 33 그러나
> 너희도 각각 자기의 아내 사랑하기를 자신 같이 하고 아내도 자기 남편을 존경
> 하라(엡 5:25-33)

여성에게 부인이자 어머니로서 감내해야 할 일들이 주어졌다면 남성에게는 먹고 살기 위한 노동 생활고 염려 등이 벌로 내려졌다.(17-19절) 여성의 주요 활동영역이 관계라고 한다면 남성의 활동무대는 땅(세계)이었다. 그 속에서 활동하는 그는 땀을 흘리며(힘들어 하며) 끝없는 수고를 하여야만 했다. 여기서 '수고로움으로 너는 그 땅에서 먹을 것이라'는 표현(미완료형) 속에는

아무리 땀을 흘리더라도 그것으로부터 먹을 것을 수확할 수도 있고 그러지 못할 수도 있다는 말맛을 풍긴다.

창세기 3장에 따르면 인간의 불순종으로 창조질서 곧 남과 여가 서로 도우며(섬기며?) 서로 견제하는 관계가 깨어졌다. 창세기 1-3장에 나타난 부조화(소외) 현상은 다음과 같다:

창 조		타 락
• 하나님: 피조물을 향해 축복하심 (1:28; 2:15)	⇨	• 하나님: 타락한 피조물을 심판하심(3:13-20)
• 하나님 말씀에 피조물이 순종적-창조적으로 반응(그대로 되니라)	⇨	• 하나님 말씀에 불순종(하나님 말씀보다 뱀이 하는 말에 더 귀를 기울임)
• 통합된 자아(참자아의 실현)	⇨	• 분열된 자아(거짓 자아의 발현),
• 영원한 인생	⇨	• 유한한 인생(3:19, 22)
• 사람들끼리의 조화와 협력(2:23)	⇨	• 사람들끼리의 부조화(3:12)
• 사람과 피조물(자연) 사이, 피조물의 조화	⇨	• 사람과 피조물 사이 및 피조물끼리의 부조화

사람들은 오랫동안 창 3:14-19의 내용을 저주로 읽어왔다. 과연 그럴까? 여기에는 저주라는 낱말이 두 차례 쓰였다. 그것을 꼼꼼히 읽어보면 저주는 뱀과 땅에 대한 것이지 사람을 향한 것이 아니었다. 창 4:11(가인)과 9:25(가나안)에게는 그것이 쓰였다.

하나님은 죄를 지은 인간이 받아야만 할(감당해야만 할) 새로운 현실을 말씀하시면서 적어도 '저주'라는 용어를 쓰지 않으셨다. 사람들에게 주신 말씀은 죄의 결과 필연적으로 생겨날 일과 겪어내야만 할 일에 관한 것이었다. 일찍이 하나님은 아담과 하와에게 그 나무 열매를 먹었을 때 반드시 죽으리라고 말씀하셨다.(창 2:17) 이제 하나님은 죽음 대신에 생활의 고통과 수고(잇챠본)를 말씀하셨다.(창 3:16-17) 그 고난과 수고는 사람으로 하여금 자신의 죄를 되돌아보며 하나님을 바라보게 하는 통로가 될 것이다.

39

노동은 신성하다

(창 3:17–20)

개역개정	직역
17 아담에게 이르시되 네가 네 아내의 말을 듣고 내가 네게 먹지 말라 한 나무의 열매를 먹었은즉 땅은 너로 말미암아 저주를 받고 너는 네 평생에 수고하여야 그 소산을 먹으리라	17 그리고 아담에게 그가 말씀하셨다. "너는 진정 네 아내의 말을 따랐다(들었다). 그리고 그 나무로부터 먹었다, 이는 내가 네게 명령하며 말하였던 것이다. '너는 그것으로부터 먹지 말아라.'" 그 땅이 저주를 받으리라, 너 때문에. 수고로움으로 너는 그 땅에서 먹을 것이라, 네가 사는 모든 날 동안에.
18 땅이 네게 가시덤불과 엉겅퀴를 낼 것이라 네가 먹을 것은 밭의 채소인즉	18 그리고 가시덤불과 엉겅퀴를 땅이 네게 자라게 할 것이다. 그리고 너는 먹을 것이다, 그 들판의 채소를.
19 네가 흙으로 돌아갈 때까지 얼굴에 땀을 흘려야 먹을 것을 먹으리니 네가 그것에서 취함을 입었음이라 너는 흙이니 흙으로 돌아갈 것이니라 하시니라	19 네 코들의 땀으로 너는 양식을 먹을 것이다, 네가 그 땅으로 돌아갈 때까지. 진실로 너는 그것으로부터 취하여졌느니라. 참으로 너는 이런 자 곧 흙(먼지)이다. 그러니 흙으로 네가 돌아가리라.
20 아담이 그의 아내의 이름을 하와(= 생명)라 불렀으니 그는 모든 산 자의 어머니가 됨이더라	20 그리고 그 사람이 자기 아내 이름을 하봐라고 불렀다. 왜냐하면 그녀가 살아있는 모든 자의 어머니이기 때문이었다.

이것은 선악과를 따먹은 아담에게 주시는 하나님 말씀이다. 하나님은 사람 대신에 땅을 저주하셨다. 하와에게는 어머니와 아내라는 현실이 강조되었으며 아담에게는 노동의 현실이 부각되었다. 아담에게도 고통스러운 일이 생겼다. 16절에 있는 고됨 고통 걱정 수고란 말(잇차본)이 여기도 다시 쓰였다.(창 5:29 참조) 이렇게 된 가장 큰 이유는 하나님의 말씀 대신에 하와의 말을 들은 데 있다.(창 3:17a)

너는 진정 네 아내의 말을 들었다(= 따랐다)

이것이 아담에게 주신 첫마디다. 하나님의 말씀보다 인간의 말에 더 따르는 것을 얼마나 심각한 것인지를 우리는 여기서 분명하게 깨달을 수 있다. 물론 인간에게 주어진 이 고통을 형벌로만 받아들일 필요는 없다. 이 수고와 고통을 겪는 동안에 사람은 무엇을 가까이 하고 무엇을 멀리해야 하는지를 제대로 깨달을 수 있다. 죄가 인생에 어떤 결과를 낳는지도 실제로 체험할 수 있다. 이로써 인간은 죄와 거리를 두는 법을 배운다. 더 나아가 맑고 거룩한 영혼으로 성숙하게 된다. 선과 악의 기준을 인간 자신 또는 자신의 유・불리에 두는 대신에 하나님 말씀과 뜻에 복종시키게 된다.

고난당한 것이 내게 유익이라 이로 말미암아 내가 주의 율례들을 배우게 되었나이다(시 119:71)

하나님은 인간을 노동하는 존재로 만드셨다.(homo faber)

하나님이 그들에게 복을 주시며 하나님이 그들에게 이르시되 생육하고 번성하여 땅에 충만하라, 땅을 정복하라, 바다의 물고기와 하늘의 새와 땅에 움직이는 모든 생물을 다스리라 하시니라(창 1:28)

여호와 하나님이 그 사람을 이끌어 에덴동산에 두어 그것을 경작하며 지키게 하시고(창 2:15)

이는 노동이 인간에게 그만큼 중요한 뜻이다. 사실 인간의 노동은 하나님의 창조활동에서 출발한다. 하나님은 태초에 일하셨다.(창 1:1-2:25) 그분은 지금도 계속 일하고 계신다.

예수께서 그들에게 이르시되 내 아버지께서 이제까지 일하시니 나도 일한다 하시매(요 5:17)

10 우리가 너희와 함께 있을 때에도 너희에게 명하기를 누구든지 일하기 싫어하거든 먹지도 말게 하라 하였더니 … 12 … 주 예수 그리스도 안에서 권하기를 조용히 일하여 자기 양식을 먹으라 하노라(살후 3:10)

노동 그 자체는 결코 저주가 아니다. 오히려 그 반대이다. 노동은 그 자체로 창조질서에 속하는 신성한 것이다. 그것은 하나님께서 창조 때부터 인간에게 주신 선물이다.(창 2:15 참조) 17-19절에도 이런 사실이 잘 드러나 있다. 다만 타락한 인간에게는 노동의 그런 성격마저 변질되었을 뿐이다. 이것이 조화와 상생의 에덴동산 안과 부조화와 단절 및 소외로 특징되는 에덴동산 밖의 차이였다.

가시덤불이나 엉겅퀴는 생명력이 아주 질긴 식물이다. 이것이 번식하기 시작하면 다른 식물들은 기를 펴지 못하거나 죽어버린다. 그러므로 수확을 기대하고 농사짓는 사람은 부지런히(수고로이) 그것을 뽑아내야 하는 것이다.(18절) 물론 임신과 출산 그리고 노동이 창조질서요 하나님이 보시기에 좋았더라 하신 영역에 속한 것처럼 가시덤불과 엉겅퀴도 하나님 보시기에 좋았던 피조물이었다. 가시덤불과 엉겅퀴는 문자 그대로 식물을 가리키는 동시에 인생의 장애물 고난 시련을 상징하곤 한다. 이런 식물은 생명력이 매우 강하다. 다른 작물이 제대로 자라지 않는 곳에서도 무성하게 뿌리를 뻗고 가지를 펼쳐 나간다. 이것에 부정적인 이미지가 덧씌워진 것은 전적으로 인간의 타락에서 기인한 것이었다. 인간의 타락이 결국 인간과 자연의 관계마저도 부조화 상태로 이끌었던 것이다.

하나님은 사람이 얼굴(아핌 'appīm = 코들, 코 주위)의 땀으로 양식을 먹으리라 하셨다.(19절) 이것은 일하느라 콧잔등에 땀이 송골송골 맺힌 것을 가리킬 수도 있고, 일하느라 숨결이 거칠어지는 것을 의미할 수도 있다.

19b는 사람을 땅으로 되돌아가는 존재로 묘사하였다. 그렇다면 죽음은 형벌인가? 물론 아니다. 그것은 창조질서이다. 창세기 2:9에 이미 그런 사실이 암시되어 있다. 17-20절의 강조점은 인간의 수고와 곤궁이 땅으로 되돌아가는 그날까지 계속되리라는 데 있다.(17d: 네가 살아 있는 모든 날 동안에) 오히려 하나님께서 창 2:17에서 주신 무서운 형벌(죽음)을 문자 그대로 실행하시지 않았다는 데 성경의 핵심이 있다.(von Rad 68)

20절은 인간이 현실생활에서 실제로 겪는 부조화와 두려움과 죽음의 문제를 해명하였다. 16-19에 언급된 여러 가지 형벌에도 불구하고 하나님은 인간의 생명이 끊어지지 아니하고 대대로 보존되게 하셨다. 이로써 하나님으로부터 온 생명은 근본적으로 상실(소멸)되지 않게 되었다. 어머니(여성)를 통해 생명은 각 개인의 죽음을 넘어서 계속 이어지는 것이다, 비록 그것이 세상의 현실 속에서 다양하게 위협 당하기는 하더라도. 이렇게 여성의 비중이 한껏 높아져서 그런지 이제까지 '그 여성'이라 불렸던 사람이 '하와'(= 생명)라는 이름을 얻었다.(칠십인역은 이를 강조하느라 하와라는 고유명사 대신에 조애 = 생명이란 말로 번역했다)

인간은 노동을 통해 양식을 얻는다.(17, 19절) 이것은 충분히 납득할 만한 이유 없이 다른 사람에게 누를 끼치며 먹고 살지 말라는 뜻이다. 생계를 해결하는 것에서 남에게 빌붙어 무임승차하지 말하는 뜻이다. 그것이 생겨나게 하는데 손가락 하나 까딱하지 않았으면서도 아담과 아와는 하나님께서 만들어놓으신 것 더구나 먹지 말라고 엄히 말씀하신 것에 손을 대었다.

하나님은 타락한 아담에게도 노동을 계속할 수 있게 하셨다.

네가 흙으로 돌아갈 때까지 얼굴에 땀을 흘려야 먹을 것을 먹으리니(창 3:19)

'네 코들(얼굴)의 땀'은 그림언어다. 사람이 일할 때 코에 땀에 송글송글 맺히다가 흘러내리는 장면을 나타내는 표현이다. 코가 복수형으로 쓰인 것은 두 가지로 해석될 수 있다. ii) 아마 땀이 많이 흐르는 것을 강조하는 것이리라. ii) 코가 사람의 얼굴 전체를 대표하는 것이리라. 코는 얼굴 중앙에 있다. 이런 뜻에서 개역개정은 이를 '얼굴'이라 의역했다.

우리는 무슨 생각으로 노동 현장에서 일하는가? 자아를 실현하고 하나님 목적을 완성하려는 마음이 큰가? 아니면 생계수단 또는 더 많이 벌어 더 부자가 되려는 생각이 더 큰가? 노동하는 사람의 가치와 노동의 가치가 온전히 존중되는 곳에서의 일은 우리 웃으며 인생을 살게 될 것이다. 만일 우리의 마음이 후자 쪽으로 쏠리면 쏠릴수록 우리 얼굴에 흐르는 땀은 고통과 수고로움의 모습으로 우리 마음에 아로새겨질 것이다.

3 해 아래에서 수고하는 모든 수고가 사람에게 무엇이 유익한가 4 한 세대는 가
고 한 세대는 오되 땅은 영원히 있도다(전 1:3-4)

10 무엇이든지 내 눈이 원하는 것을 내가 금하지 아니하며 무엇이든지 내 마음
이 즐거워하는 것을 내가 막지 아니하였으니 이는 나의 모든 수고를 내 마음이
기뻐하였음이라 이것이 나의 모든 수고로 말미암아 얻은 몫이로다 11 그 후에
내가 생각해 본즉 내 손으로 한 모든 일과 내가 수고한 모든 것이 다 헛되어 바
람을 잡는 것이며 해 아래에서 무익한 것이로다(전 2:10-11)

노동하며 사는 것이 피조물인 인간에게 주어진 특권이다. 다만 타락한 이후에 인간은 노동의 소외를 경험하며 살게 되었을 뿐이다. 얼굴에 땀이 흐를 때, 노동으로 숨이 가빠질 때 우리는 노동을 축복하신 하나님을 의식해야 하리라. 거친 노동현장에서 우리는 자신이 지은 죄악이 우리 인생을 얼마나 무겁게 만드는지를 가늠하게 될 것이다. 그리고 죄짐을 벗겨주실 예수님, 죄짐 맡은 우리 구주를 바라보며 기도드릴 것이다.

오늘의 적용

오늘날 땅을 가느라 얼굴에 땀을 흘리면서 밥을 먹는 사람은 몇이나 될까? 우리나라 농촌인구가 2018년 4월 현재 51,790,131 명이다. 그 중에 실제로 농사일하는 사람들은 그 반이 될지 잘 모르겠다. 그 가운데 농사를 지을 수 없는 연세 많은 할아버지 할머니들과 장애인들과 어린아이들도 들

어 있다. 그렇다면 결국 300백만 명도 되지 않는 농사꾼이 오 천만 국민을 먹여 살리는 셈이다. 농사꾼 한 사람이 20명도 훌쩍 넘는 사람이 먹을 양식을 마련하려고 얼굴에 땀을 흘린다. 그 숫자로 인구 오천만의 먹을거리를 대기에는 턱없이 부족하다. 따라서 농산물의 수입은 피할 수 없는 현실이다.

다른 한편 농부들은 비료와 농약으로 그 힘이 약해질 대로 약해진 논바닥을 부둥켜안고, 온갖 벌레들과 싸우면서, 좋지 못한 날씨에 맘 조리면서, 한해 농사를 또 힘들여 짓는다. 그들은 그래봤자 생산비에도 못 미치는 값에 팔리는 것을 뻔히 안다. 그러면서도 얼굴뿐만 아니라 온몸과 마음을 땀으로 적시면서 밥을 만들어 내고 있다. 어촌의 경우에도 같다.

만일 이 땅에 갈기 힘든 땅을 가느라, 거친 풍랑을 헤치며 그물을 던지느라 땀 흘리는 이 적은 수의 사람이 없다면 아무리 다른 일 하느라 땀을 많이 흘려도 밥을 먹을 수가 없다. 농사일이나 어업이 아니더라도 일을 하느라 얼굴에 땀을 내는 사람과 그 가족도 밥 먹을 자격이 충분히 있다.

40
두려움을 딛고 일어서기

(창 3:21)

개역개정	직역
21 여호와 하나님이 아담과 그의 아내를 위하여 가죽옷을 지어 입히시니라	21 그리고 여호와 하나님이 만드셨다, 그 삶과 그의 아내를 위하여 가죽옷을. 그리고 그들에게 입히셨다.

이것은 거역하고 죄를 지은 아담과 하와에게 하나님께서 가죽옷을 지어 주며 배려하시는 이야기이다. 선악과를 먹은 다음에 아담과 하와가 받은 벌은 하나님이 본디 하셨던 말씀의 그것보다(창 2:17) 한결 가벼운 것이었다. 하나님은 자신의 말씀대로 하지 않으실 정도로 인간을 사랑하셨다. 그들이 받은 벌은 죽음이 아니라 추방이었다.

아담과 그 아내는 혹시 자기들이 최악의 처지에 놓였다고 여겼을지도 모른다. 그러나 성경 말씀으로 보거나 현실로 보거나 분명 그렇지 않다. 사람은 때때로 자신의 처지를 최악이라고, 앞이 캄캄절벽이라 죽음이 지금보다 낫다고 푸념하곤 한다. 영국의 문호 셰익스피어는 '로미오와 쥴리엣' 3장 3막에서 자기연민에 빠지는 인간의 연약한 모습을 예리하게 지적하였다:

> 허어, 추방이라니! 차라리 온정을 베푸시려면 '죽음'이라고 말씀하실 것이지.
>
> 사실 쫓겨나는 것이 죽는 것보다 더 두려운 일이야.

세상 밖은 연옥과 고문과 지옥뿐이야.

나더러 나가라니, 그럼 세상 밖으로 쫓아내겠다는 말이군.

차라리 죽으라고 할 것이지, 추방이라니.

혹시 죽음을 추방이라고 잘못 말한 것이겠지.

'죽음'과 '추방' 어느 쪽이 더 무거운 형벌인가? 여기에 대답할 필요조차 없다. 그렇지만 사람은 종종 자신이 지금 가장 나쁜 처지에 있다며 탄식한다. 하나님도, 주변 사람도 그의 처지와 형편을 보며 "아직은 최악이 아니다. 비록 힘들고 어렵지만 거기서 최선의 것을 선택하는 지혜를 가져라. '내가 가는 길을 그가 아시나니 그가 나를 단련하신 후에는 내가 정금같이 되어 나아오리라'(욥 23:10)는 믿음을 지켜라. 그러면 길이신 주님께서 반드시 길을 만들어주시고, 문이신 주님께서 문을 열어주실 것이라"고 권한다. 그런데 정작 당사자는 자신의 현재 상황이 죽음보다 못한 최악이라고 받아들이며 무너지곤 하는 것이다.

두려움이란 말이 성경에서 가장 먼저 나오는 부분은 창세기 3장 10절이다. 아담과 하와는 하나님께서 먹지 말라고 하신 말씀을 어기고 선악과를 따먹었다. 그 후에 하나님께서 그들을 찾아오시자 숲속으로 숨어버렸다. 하나님께서 "아담아 네가 어디 있느냐"라고 부르시자, 아담은 "내가 벗었음으로 두려워하여 숨었나이다"라고 대답하며 하나님께로 나아왔다. 여기에 두려움이라는 단어가 처음으로 나왔다. 그리고 이 두려움이란 단어가 성경에 마지막으로 기록된 것은 요한계시록 21장 8절이다:

그러나 두려워하는 자들과 믿지 아니하는 자들과 흉악한 자들과 살인자들과 음행하는 자들과 점술가들과 우상 숭배자들과 거짓말하는 모든 자들은 불과 유황으로 타는 못에 던져지리니 이것이 둘째 사망이라.

그러면 아담이 느꼈던 두려움은 어떤 두려움일까? 그것은 하나님께 불순종한 두려움이었다. 이는 하나님 말씀을 어기고 하나님께 죄를 지음으로 두려움이 생겨났다. 그렇다면 요한계시록에 나오는 두려움은 어떤 두려움일까? 이것 역시 하나님께 불순종하고 하나님께 죄를 지은 데에서 오는 두려움이었다. 타락한 인간에게 두 가지 감정이 찾아왔다: 두려움과 수치심.(부끄러워하는 마음)

이에 그들의 눈이 밝아져 자기들이 벗은 줄을 알고 무화과나무 잎을 엮어 치마로 삼았더라(창 3:7)

하나님 명령을 어기고 선악과를 따먹은 인간은 자기들이 벌거벗었음을 깨달았다. 그리고 이 깨달음은 부끄러운 마음으로 두려워하는 마음으로 이어졌다:

내가 동산에서 하나님의 소리를 듣고 내가 벗었으므로 두려워하여 숨었나이다(창 3:10).

그래서 그 부끄러움을 가리려고 무화과 나뭇잎으로 옷을 만들어 입었다. 이렇게 해서 겉으로는 부끄러움을 감추었으나, 마음속의 수치심은 그대로 남아 있었다. 이 수치심은 두려움을 갖게 하였다. 수치심과 두려움은 새로 생겨난 현실에 반응할 때 지나치게(병적으로) 자기를 방어하는 모습으로 나타났다:

하나님이 주셔서 나와 함께 있게 하신 여자 그가 그 나무 열매를 내게 주므로 내가 먹었나이다(창 3:12).

이 두려운 마음과 부끄러운 감정을 모면하려고 아담이 하는 이 자기방어적인 대답은 또 다른 문제를 발생시켰다. 곧 비정상적인 자기 방어가 뜻하지 않게 이제까지 그가 맺고 있는 관계를 약화시키는 결과로 나타났다. 자기방어가 책임회피 내지 책임전가로 이어지면서 하나님께서 주신 은총의 선물이 오히려 타락의 원인을 제공하는 빌미가 되었다. 아담은 돕는 배필인 하와를 원망하면서 자기가 타락한 원인이 그녀에게 있는 것처럼 말하였다. 하와는 자신이 타락한 이유가 마치 뱀에게 있는 것처럼 책임을 전가하였다. 그들은 하나님을 탓하고 돕는 배필을 탓하며 뱀을 탓함으로써 자신이 스스로 감당해야 할 책임을 모면하려 하였다. 영적으로 하나님과 맺은 관계가 흔들렸으며 이웃과의 맺은 관계도 멀어지게 되었던 것이다.

아담과 하와가 이 수치심과 두려운 감정을 감추느라 무화과나무로 옷을 해 입었듯이, 우리 시대에도 이런 속마음을 회피하는 방식으로 숨기는 방법이 많이 있다. 우리가 사는 세상에 이런 모습은 흔하디흔한 것이다:

i) 우상숭배

ii) 인간 의존: 사람에게는 사람을 두려워하면서도 동시에 사람을 통해서 불안과 두려움을 해결하려는 두동진 모습이 있다. 두려움과 수치심을 이겨낼 마땅한 길, 다른 방법을 찾지 못한 것이다. 이런 사람들에게 하나님은 이렇게 말씀하셨다. "너희를 위로하는 자는 나 곧 나이니라 너는 어떠한 자이기에 죽을 사람을 두려워하며 풀 같이 될 사람의 아들을 두려워하느냐 하늘을 펴고 땅의 기초를 정하고 너를 지은 자 여호와를 어찌하여 잊어버렸느냐"(사 51:12-13a).

iii) 술이나 마약이나 게임 또는 도박 의존

iv) 폭력 사용: 다른 사람에게 언어 또는 주먹이나 무기를 사용하는 폭력은 아주 간단하고 쉬운 대응방법이다. 의식적으로 그것을 내려놓고 비폭력적인 방법으로 대처하는 것이 가장 큰 용기이고, 가장 큰 지혜라는 사실은 두말할 필요도 없다. 비록 비폭력과 평화와 화해에 이르는 길이 멀고 험난하더라도 하나님께서 인도하실 것을 믿고 '좁은 길 좁은 문'으로 향하는 심정으로 나아가는 것이 믿음이다.

이런 것들이 결코 우리 속마음을 달래지 못한다. 삼척동자도 그것을 다 안다. 다만 알면서도 벗어나지 못할 정도로 마음이 허하고 갈피를 잡지 못하는 것이다.

잃어버린 낙원은 슬퍼할 일만은 아니다. '너 때문에 내 인생 망가졌다고, 너 때문에 우리 가정 이렇게 되었다'며 원망하고 불평만 할 일이 아니다. '청춘을 돌려다오'라고 소리쳐 봐야 부질없다. 그보다는 오히려 지금 우리가 처한 처지, 우리 가정, 이 주어진 현실 속에 낙원을 회복시키는 길, 낙원을 만들어 나가는 길이 열려 있다. 그리스도 믿는 우리는 오늘 우리 인생을 복락원으로 만들며 사는 사람이 되어야 하고, 내일은 하나님 나라에 사는 사람이 되어야 하리라.

가만히 생각해 보면 걱정과 두려움이 반드시 나쁜 것만은 아니다. 우리가 걱정한다는 말은, 다시 말해 무엇인가를 뜨겁게 바라고 있으며, 전심전력(全心全力)해서 몰두한다는 뜻이다. 우리가 이루고 싶은 일 중에 걱정이 없이 되는 일은 하나도 없다. 큰 것이든 작은 것이든 이루려는 마음이 들어있는 일에는 반드시 걱정도 뒤따른다. 중요하다고 생각되는 일치고 걱정 없이 저절로 되는 일은 하나도 없다. 이런 뜻에서 걱정이란 말에는 나쁜 의미만 이 아니라 긍정적인 뜻도 들어 있다. 두려움, 걱정은 항상 우리 곁에 있다. 그리고 그 두려움과 걱정은 우리의 인생길을 도와주는 아주 친절하고 좋은 친구일 수도 있다. 우선 걱정은 목표를 향해 나아가는 우리 발걸음을 해이하지 않게 만든다. 걱정은 우리가 반드시 이루어야 할 일에 바람직한 동기와 자극을 준다. 이렇게 걱정은 우리에게 유익을 끼친다.

예수님은 무슨 이유로 우리에게 걱정하지 말라고 하셨을까? 마태복음 6장에 있는 걱정거리의 목록을 자세히 살펴보면 그 이유를 저절로 알 수 있다. 무엇을 먹을까, 무엇을 입을까, 어떻게 화장을 해야 사람들에게 좋게 보일까 같은 것들 곧 예수님은 세상일에 대한 걱정, 세상에 사로잡힌 걱정, 세상풍조에 빠져 들어가는 걱정을 하지 말라는 것이다. 우리가 우리 직업, 학업, 그리고 내적 외적 생활에 몰두하면 몰두할수록 근심과 걱정도 더 많아지기 마련이다. 이런 것에 열심히 임함으로써 두려운 감정이나 걱정 근심도 자연스럽게 우리 곁에 있게 된다. 이런 것들이 있다는 것은 우리가 살아 있다는 증거요, 무엇인가에 집중하고 있다는 좋은 신호일 수 있다.

이 과정에서 틈만 나면 고개를 쳐드는 우리 내면의 어두운 그림자를 어떻게 하느냐가 문제이다. 우리의 기를 꺾어놓으려는 열등의식이나, 자만하게 만드는 우월감, 그리고 마음 속 깊은 곳에 자리 잡은 '마음의 쓴뿌리, 과거의 상처'를 긍정적으로 다루어야 하는 과제를 우리는 안고 있다. 이런 것들이 우리가 지닌 근심 걱정과 맞물려 돌아가면, 자칫 우리의 노력과 우리의 마음에 커다란 장애를 불러놀 수 있다. 하나님께서도 걱정이 지닌 두 얼굴, 두 측면을 이렇게 말씀하셨다:

9 내가 지금 기뻐함은 너희로 근심하게 한 까닭이 아니요 도리어 너희가 근심함

으로 회개함에 이른 까닭이라 너희가 하나님의 뜻대로 근심하게 된 것은 우리에게서 아무 해도 받지 않게 하려 함이라 10 하나님의 뜻대로 하는 근심은 후회할 것이 없는 구원에 이르게 하는 회개를 이루는 것이요 세상 근심은 사망을 이루는 것이니라(고후 7:9-10)

여기서 하나님은 걱정이 지닌 영적인 측면을 말씀하셨다. 영적으로 하는 두려움과 걱정은 이렇게 우리에게 믿음을 되찾아 주고 인생의 목적과 목표를 향해 가는 우리 발걸음을 흐트러지지 않게 도와준다. 하나님의 뜻을 따라 내적인 생활 영적인 생활에 깊이 관심을 갖다보면 주님께서 주시는 구원의 햇살이 우리 속에 비추인다. 하나님께서 말씀하셨다:

6 아무 것도 염려하지 말고 다만 모든 일에 기도와 간구로, 너희 구할 것을 감사함으로 하나님께 아뢰라 7 그리하면 모든 지각에 뛰어난 하나님의 평강이 그리스도 예수 안에서 너희 마음과 생각을 지키시리라(빌 4:6-7).

사람에게는 시험에 떨어지거나 실업을 당하거나, 목표가 달성되지 않아서 마음이 무겁고 용기를 잃을 때가 있다. 그럴 때에도 하나님의 목적과 계획을 신뢰하면 더 나은 실력을 쌓을 기회가 되고 더 나은 기회를 잡을 능력이 주어진다. 질병에 걸려도 하나님을 신뢰하며 영원한 하나님 나라를 바라보면 두려움이 없어진다. 임마누엘 하나님을 신뢰하면 고난과 시련이 장애물만은 아니다. 그것은 얼마든지 디딤돌로 변화된다. 앞길을 가로막는 사람이 있어도 하나님과 하나님 목적을 신뢰하며 기도드리면 그 사람 덕분에 더 신중하고 착실하게 미래를 준비하는 기회가 된다.

여호와는 나의 힘이요 노래시며 나의 구원이시로다 그는 나의 하나님이시니 내가 그를 찬송할 것이요 내 아버지의 하나님이시니 내가 그를 높이리로다 여호와는 용사시니 여호와는 그의 이름이시로다(출 15:2-3)

이집트 군대와 홍해에 앞뒤로 길이 막혀 절망하던 이스라엘이 이 세상 그 누구도 이겨낼 수 없는 막강한 세상의 힘을 하나님 도움으로 이겨냈다. 이는 이스라엘 민족이 아무도 건널 수 없으라고 생각하였던 홍해바다를 단 한 사람도 다치지 않고 무사히 건너고 난 다음에 기뻐하며 목이 터져라 부른 노래였다. '여호와는 나의 힘이시며 노래시며 구원이시로다.'

하나님을 믿고 따르는 사람은 그가 지금 어떤 환경에 짓눌려 있을지라도, 그 어떤 목마름을 안고 있을지라도 결국 '여호와는 나의 힘이요 노래요 구원이시라'고 외칠 수 있도록 하나님께서 도우신다. 인생을 사는 우리에게 무엇이 힘이 될까?

무엇이 우리를 당당하게 만들고, 마음을 평안하게 하고, 미래를 든든하게 할까? 주변 사람일까? 돈일까? 지위일까? 자식이나 건강일까? 세상이 의지하는 이 모든 것은 언젠가는 사라지고 만다. 그 사라지고 말 것을 의지하려 하면 할수록 실망하고, 마음과 몸을 다치게 되는 것이다. 영원하신 하나님, 만물을 창조하신 하나님을 믿고 의지하는 사람은 다르다. '하나님이 나의 힘이요 나의 구원이며 내 노래'라고 굳건한 믿음으로 노래 부르는 사람은 구원의 우물에서 날마다 구원의 물을 길어 올리며 마음 든든한 인생을 살아가는 것이다. 하나님께서 이런 길을 예비해 놓으셨다. 그 시작이 가죽옷이다.

여호와 하나님이 아담과 그의 아내를 위하여 가죽옷을 지어 입히시니라(창 3:21)

2:25에는 벌거벗고 사는 모습이 3:7에는 나뭇잎으로 몸을 가리는 모습이 나왔다. 21절에는 죄를 지은 인간을 향한 하나님의 따뜻한 배려가 '가죽옷'이라는 은총으로 표현되었다. 뱀에게는 이런 은총이 주어지지 않았다. 하나님은 아담과 하와에게는 벌을 내리면서도 그들의 살갗이 거친 땅에서 피부가 상하지 않도록 보호받게 하셨다. 그리고 다시 시작할 힘과 기회를 주셨다. 여기서 창조주(Schöpfer) 여호와는 인생을 보전하시는 분으로(Erhalter) 나타나셨다. 이에 대해 본회퍼(D. Bonhoeffer)는 말하였다. '그분은 인간을 타락한 그 모습 그대로 받아주셨다. 그분은 그들을 그냥 벌거숭이인 채로 놓아두지 않으셨다. 그보다는 그들을 가려주셨다. 하나님의 활동이 인간과 보조를 맞추어 진행되었던 것이다.'(Schöpfung und Fall 82)

선악과를 따 먹고 타락한 인간은 자신이 벌거숭이임을 새롭게 발견하였다. 이전에는 그것이 하나도 부끄럽지 않았다. 이제 그들은 적나라하게 드러나는 자신의 모습에 크게 당황하였다. 여기서 벌거벗었다는 말은 i) 문자 그대로 옷을 입지 않은 것이다. 여기서는 그보다는 ii) 자기 속에 깊이 감추어진 욕심의 파괴적인 속성이 타인에게 드러났다는 뜻이었다.

옷을 입었거나 입지 않은 것 자체가 부끄러움의 대상이라기보다는 i) 그것을 대하는 마음가짐(태도)이 부정적으로 바뀐 것이요 ii) 숨기고 싶은 이기심 또는 도를 넘는 소유욕이 드러나자 너무나 당황한 나머지 그들은 나뭇잎으로 옷을 지어 입었다는 뜻이다. 사람은 보통 자신에게 그런 것이 있다는 사실조차 인정하고 싶지 않을 것이다. 자신이 고상하고 품위 있는 사람이란 사실이 이를 통해 여지없이 깨어지니까.

그런 그들을 찾아오신 하나님은 그들에게 가죽옷을 만드셨다. 그리고 그들에게 입혀주셨다. 이는 죄는 미워하되 사람을 미워하지 않으시는 하나님의 은총을 보여주는 것이다.

오늘의 적용

우리 생각과 판단 그리고 결행(決行)을 이끌어가는 것은 무엇인가? 불안이나 두려움인가? 비전과 꿈인가? 신앙 안에서 깨달은 인생의 목적인가? 이런 저런 풍파와 걱정거리가 많은 세상에 사는 우리에게 하나님 말씀 하나님 은혜는 어떤 비중을 갖고 있는가?

> 18 생각하건대 현재의 고난은 장차 우리에게 나타날 영광과 비교할 수 없
> 도다 19 피조물이 고대하는 바는 하나님의 아들들이 나타나는 것이니 … 21
> 그 바라는 것은 피조물도 썩어짐의 종노릇 한 데서 해방되어 하나님의 자
> 녀들의 영광의 자유에 이르는 것이니라 22 피조물이 다 이제까지 함께 탄
> 식하며 함께 고통을 겪고 있는 것을 우리가 아느니라 23 그뿐 아니라 또한
> 우리 곧 성령의 처음 익은 열매를 받은 우리까지도 속으로 탄식하여 양자
> 될 것 곧 우리 몸의 속량을 기다리느니라(롬 8:18-23)

비록 우리를 두렵고 떨리게 하는 일들이 많은 세상에 살더라도 하나님 은혜에 이끌려 살기를 다짐하고 또 다짐하자.

41

누가 지키는가, 에덴을?

(창 3:22–24)

개역개정	직역
22 여호와 하나님이 이르시되 보라 이 사람이 선악을 아는 일에 우리 중 하나 같이 되었으니 그가 그의 손을 들어 생명나무 열매도 따먹고 영생할까 하노라 하시고	22 그리고 여호와 하나님이 말씀하셨다. "보라, 그 사람이 우리 가운데 하나와 같이 되었도다, 선과 악에 대한 지식에서. 자 이제 그는 자기 손을 뻗을 뿐만 아니라 생명나무로부터도 (열매를) 취하여 먹을 것이다. 이제 그는 오래도록 있으리라."
23 여호와 하나님이 에덴 동산에서 그를 내보내어 그의 근원이 된 땅을 갈게 하시니라	23 그래서 여호와 하나님은 그를 에덴동산에서 내보내셨다. 이는 섬기게 하기 위함이었다. 그 땅, 곧 그 자신이 취하여졌던 그곳으로부터.
24 이같이 하나님이 그 사람을 쫓아내시고 에덴 동산 동쪽에 그룹들과 두루 도는 불 칼을 두어 생명 나무의 길을 지키게 하시니라	24 그리고 그는 그 사람을 내쫓으셨다. 그리고 에덴동산의 동쪽부터 있게 하셨다, 그 거룹들과 스스로 빙빙 도는 그 칼의 불꽃을. 이는 지키기 위함이었다, 생명나무로 가는 길을.

이것은 하나님을 떠난 인간이 에덴동산에서 쫓겨나 다시는 다가 갈 수

없게 되었다는 이야기이다. 여기에 쓰인 '동쪽 에덴동산 지키다 생명나무' 등의 낱말은 창 2:7-17에도 나왔던 용어이다. 창세기 3:1-7은 인간의 불순종(타락) 3:8-13은 불순종한 인간이 여호와 하나님을 만남 3:14-19은 징벌 선언 그리고 3:20-24는 징벌이 시행되는 것을 기록하였다.

창세기 3장은 네 부분으로 짜여 있다. i) 불순종의 죄를 지음(1-13절 특히 6절) ii) 그에 대한 대가를 알려주시는 하나님의 말씀(14-19절) iii) 은총(20-21절) iv) 징벌과 심판(22-24절) 이 네 가지 형식은 앞으로 전개될 가인-아벨 이야기, 하나님의 아들들과 사람의 딸들이 결혼하는 이야기, 노아시대의 대홍수 이야기, 바벨탑을 쌓는 이야기 등에도 똑같이 적용된다.

22절은 하나님께서 내리신 판단을 보여준다. 이것은 '보라'는 어조사(헨) 곧 주의를 한껏 환기시키는 말로 시작된다. 그 뒤에 이어 나오는 내용을 보면 왜 '보라'는 낱말이 맨 앞에 쓰였는지 이해가 간다. 그 내용은 사람들의 주목을 끌기에 충분했다. 여기에는 인간이 에덴동산에서 행복하게 살기를 바라셨던 기대가 무너진 것에 안타까워하시는 하나님의 심경이 들어 있다. 22절 중간에서도 하나님은 다시 한 번 주의를 환기시키셨다.(브앗타 = 자 이제…) 이에 우리는 실낙원(失樂園)이 복낙원(福樂園)으로 될 희망을 발견한다.

> 1 또 그가 수정 같이 맑은 생명수의 강을 내게 보이니 하나님과 및 어린 양의 보좌로부터 나와서 2 길 가운데로 흐르더라 강 좌우에 생명나무가 있어 열두 가지 열매를 맺되 달마다 그 열매를 맺고 그 나무 잎사귀들은 만국을 치료하기 위하여 있더라(계 22:1-2)

물론 그리로 가는 길은 시간이 지난다고 해서 저절로 열리는 것은 결코 아니었다. 때가 차서 길이요 진리요 생명이신 예수님이 오실 때에서야 비로소 가능하다. 십자가에 죽으셨다가 부활하신 예수님은 길을 잃은 인생에게 길이 되어 주셨다. 진리를 망각한 인간에게 무엇이 진리인지를 보여주셨다. 그리고 생명을 잃어버릴 수밖에 없는 가련한 인생을 구원하셨다.

22c의 '영생할까 하노라'(봐카이 르올람)에서 영생이라 옮겨진 말은 그리스인이 생각하는 영혼의 불사(불멸 不死[不滅] Unsterblichkeitsgedanken)를 의미하지 않는다. 그것은 무제한하며 끝이 없다는 뜻이 아니다. 오히려 그것은 죽음의 경계를 넘어서서 계속 생존한다는 의미이다.(Westermann 371)

23절에는 22절(샬라흐 = [손을] 뻗어)에 쓰였던 낱말이 '내보내다'란 의미로 다시 쓰였다. 이는 인간이 에덴동산에서 추방당한 것을 부드럽게 표현한 것이다. 그렇다면 하나님께서 사람을 그곳에서 내보내신 목적이 무엇일까? 창 3:23b에 그 대답이 있다. 하나님은 사람으로 하여금 '땅을 갈게 하셨다'(직역: 그 땅을 섬기게 하셨다)는 표현이 성경에 세 번째로 나왔다.(23절) 이 동사(아바드)가 전치사 르(le)와 결합하였다. 이로써 하나님이 사람을 에덴동산에

생명 나무을 지키는 거룹
들(O. Keel, Die Welt der altorientalischen Bildsymbolik und das Alte Testament 126)

서 내보내신 목적이 분명히 밝혀졌다.(창 2:5, 15 참조)

그것은 에덴동산이 아닌 땅(저주받은 땅?)을 섬기는 것이었다. 물론 그곳에서의 생활은 가시덤불과 엉겅퀴를 치우느라 콧등에 땀이 흘러야 하는 것이었다. 그렇더라도 이것은 분명 하나님의 은총이었다. 이제 인간이 하나님과 멀어졌는데도 하나님은 그들에게 창조 때에 주신 사명을 그대로 이어가게 하셨다.

23절에는 22절에 쓰였던 낱말이 또 하나 나온다. 취하다는 말(라카흐)이 그것이다. 24의 내쫓다는 말(까라쉬)은 23절의 내보내다(샬라흐)는 말보다 훨씬 더 강한 뜻을 지닌 낱말이다.

여기서 불순종(죄)에 대한 하나님의 단호한 의지가 읽혀진다. 지키다는 말(샤마르)은 창세기에서 2:15에 처음 나왔다. 이는 하나님께서 아담과 하와를 에덴동산으로 인도하신 뒤에 주신 말씀이다. 그 뜻은 하나님이 삶의 터전으로 주신 동산을 잘 보전하라는 것이었다. 3장 24절에서 여호와 하나님이 사람과 그의 아내를 에덴에서 쫓아낸 다음 생명나무에 이르는 길을 '지키도록' 에덴 동쪽에 저절로 두루 도는 불 칼을 두셨다 할 때 이 낱말이 다시 나왔다. 이것이 무엇을 가리키는지 우리는 모른다. 다만 인간이 그 가까이 접근하면 매우 위험하다는 사실을 알 수 있을 뿐이다.

지키다는 낱말이 동산에서 살게 된 사람의 이야기의 첫 부분과 마지막 부분에 나왔다. 아담과 하와는 에덴동산에서 자리를 잃었다. 그 자리에 거룹들(커룹, 커루빔)과 칼의 불꽃들을 두셨다. 아담과 하와더러 지키도록 하셨던 하나님은 이제 동산 가운데 있는 생명나무에 이르는 길을 거룹으로 하여금 불칼을 들고 지키게 하셨다. 인간의 접근을 막은 것이다. 에덴동산에서 쫓겨난 죄를 지은 인간은 창조세계를 보전하는 선한 청지기가 아니었다. 에덴의 상실은 행복의 상실일 뿐만 아니라 청지기직의 수행에 고된 노동으로 이어졌다.

그 후과는 자손만대에 이어졌다.

아! 아담이여, 당신은 무엇을 했습니까?
그대가 죄를 지었을 때
그 결과는 당신 하나로 끝나지 않고
그대의 후손인 우리에게까지 미쳤습니다.(제4에스드라서 7:118)

교회는 원죄를 설명할 근거를 창 3장에서 찾곤 하였다.(5대 강령 TULIP)[2) 성경에는 아주 자주 언급되고 연구되지만 아무도 그 뜻을 명확하게 밝히지 못하는 부분이 있다. 창세기 3장에 나오는 아담과 하와의 타락이야기도 그런 것들 가운데 하나이다. 여기에는 '죄, 타락' 이란 낱말이 단 한 번도 나오지 않지만 우리는 이 부분에 오랫동안 '원죄 또는 타락'이라는 딱지를 붙여왔다. 선과 악에 관한 지식을 얻고자 하는 인간의 노력이 구약성경의 다른 부분에서는 물론 고대 근동 어떤 문헌에서도 '원죄'로 취급된 적이 없다. 오히려 그 반대이다. 그것은 인간성 실현을 위한 선한 노력(추구)으로 받아들여졌던 것이다.

창세기 3장을 근거로 그런 교리를 만드는 것에는 무리가 있다. 물론 아주 터무니없지는 않다. 죄를 지은 사람에게 하나님께서 생명나무를 먹고 영생하는 길을 차단하셨다. 그러기에 인간 스스로는 에덴동산에 다시 들어갈 수가 없게 되었다.

2) ① 전적 타락(Total Depravity) ② 무조건적 선택(Unconditional Election) ③ 제한적 속죄(Limited Atonement) ④ 불가항력적 은혜(Irresistible Grace) ⑤ 성도의 인내(Perseverance of Saints)

앞에서 우리가 살펴본 대로 하나님은 불순종한 인간에게 벌을 내리셨다. 우리는 그것만 보면 곤란하다. 그 벌의 내용을 가만히 살펴보면 그 가운데에도 은총의 요소들이 곳곳에 숨어 있다. 이에 붸스터만은 "인간의 불순종과 그에 따른 징계에도 불구하고 창조 때 주어진 복은 본래 그 모습 그대로 남겨졌다. 그러므로 하나님으로부터 멀어진 인간도 항상 하나님께 복을 받을 인간인 것이다." 라고 말했다.

대부분의 사람들은 창세기 3장의 주제를 '인간의 타락'이라고 본다. 그보다 우리는 그 안에 숨어있는 '하나님의 은총'을 어떻게 찾아낼지를 심각하게 고려해야 하리라. 당장 눈에 띄는 것만 찾아보면 다음과 같다. i) 뱀(사탄)의 머리를 밟고 승리함; ii) 하와의 이름이 생명을 품은 자 = 살아 있는 모든 사람의 어머니)로 됨; iii) 가시덤불과 엉겅퀴와 더불어 땅을 개척하고 인생을 개척하며 살아야 하는 인간에게 가죽옷을 지어주심.

이 그림은 이태리 피렌체의 산타 마리아 가르미네 수도원 성당에 있는 산 죠반니(masaccio di San Giovanni, 1401 - 1428)의 것이다.

우리는 벌을 벌로만 심판을 심판으로만 시련과 고난을 그냥 그런 것으로만 받아들이는가? 아니면 그 와중에 숨어있는 긍정적이고 창조적인 요소를 찾아내고, 그것을 살려나가고자 하는가?

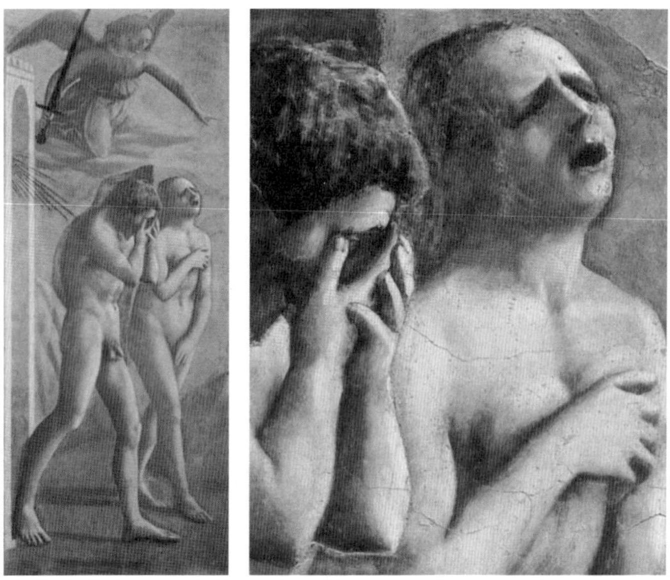

42
피조물이자 유한한 인생

(창 4:1)

개역개정	직역
1 아담이 그의 아내 하와와 동침하매 하와가 임신하여 가인을 낳고 이르되 내가 여호와로 말미암아 득남하였다 하니라	1 그리고 그 사람이 자기 아내 하와를 알았다. 그리고 임신하였고 카인을 낳았다. 그리고 말하였다. "내가 여호와와 함께 한 남자를 창조하였다."
2 그가 또 가인의 아우 아벨을 낳았는데 아벨은 양 치는 자였고 가인은 농사하는 자였더라	2 그리고 그가 또다시 그의 형제 아벨을 낳았다. 그리고 아벨은 양치는 목자가 되었다. 반면에 가인은 땅을 섬기는 자였다.

이것은 에덴동산에서 추방된 아담과 하와의 가정에서 일어난 일들이다. 아담이 그의 아내 하와를 알았다.

동침하다로 번역된 말(야다)은 본디 알다, 깨닫다, 경험하다는 뜻이다.(변화형을 포함하여 구약성경에 1119번 쓰임) 이것은 단순히 어떤 사람이나 사물 및 일에 관한 객관적인 인식이나 앎을 의미하는 말이 아니다. 그보다는 교제(만남)를 통해 상대방과 안면을 트고 관계를 맺는 일이란 뜻으로 더 많이 사용되었다.(Westermann 393) 이것은 어느 한 쪽이 다른 한 쪽을 일방적으로 또는 자기 입장에서 아는 것이 아니다. 주체와 객체의 관계 곧 우열의 관계로 누군가를 알아가는 것이 아니다. 그보다는 각자가 주체가 되면서도 서로 교감하며 친밀하게 교류한다는 뜻이다.(김창주 186)

이런 흐름에서 부부사이의 성관계를 가리키기도 했다. 이 낱말은 그런 뜻으로 창세기 4장에서 세 번 쓰였다.(1, 17, 25절)

때때로 이것은 선택하다는 의미로도 쓰였다.

> 내가 그로 그 자식과 권속에게 명하여 여호와의 도를 지켜 의와 공도를 행하게 하려고 그를 택하였나니(야다) 이는 나 여호와가 아브라함에게 대하여 말한 일을 이루려 함이니라(창 18:19)

> 내가 땅의 모든 족속 가운데 너희만을 알았나니 그러므로 내가 너희 모든 죄악을 너희에게 보응하리라 하셨나니(암 3:2)

예수님은 자신과 성도 사이의 신비한 관계를 '그가 내 안에 내가 그의 안에'라고 쌈박하게 정리하셨다.

아담과 하와는 가인이 태어났을 때 하나님이 주신 선물로 그를 받아들이며 환호했다.(창 4:1c) 하와가 올린 환호성 "내가 여호와와 함께 한 남자를 창조하였다"는 무슨 뜻일까? 카숫토는 이를 "주님께서는 첫 번째 남성을 만드셨다.(창 2:7) 나는 두 번째 남성을 만들었다"라고 풀이했다.(201) 여기에 쓰인 전치사 엣은 아마 '여호와의 도움을 받아'라는 뜻이리라.(Ruppert 190) 비록 전치사 엣으로는 그런 뜻을 곧바로 찾아내기가 어렵더라도 여기서 풍기는 말맛은 그렇다.

가인을 낳았을 때 기뻐 뛰던 그 모습이 아벨을 낳았을 때에는 좀처럼 엿보이지 않았다.(2절) 그저 아벨은 가인보다 나중에 태어났다는 사실만 전하고 있다. 기뻐하거나 반기기보다는 그냥 '아들 하나 더 낳았네' 하는 시큰둥한 태도라는 말이다. 이에 따라 어떤 이는 아벨이란 이름을 아카드말 ablu / aplu(= 아들)에서 왔다고 보기도 한다. 만일 그렇다면 혹시 이것이 고대 근동의 장남선호 또는 편애를 나타내는 것인지도 모른다. 그리고 이 이야기는 자식에 대한 편애가 낳은 비극으로 해석될 수도 있다. 장자를 중시하는 그 시대에 아벨이 둘째라서 그랬을까?

만일 아벨이란 이름의 뜻이 '허무, 사라짐'이라면 아담과 하와는 아벨을 낳은 뒤 크게 실망했다고 추측할 수 있다. 자식의 이름을 이렇게 짓는 일은 결코 평범하지 않은 것이다. 그것을 가인의 이름 뜻(= 지음, 창조, 얻음)과 비교해볼 때 더욱 더 그렇다.

구약성경에서 아벨에게는 항상 가인의 형제(동생)라는 꼬리표가 붙어 다녔다. 아벨이란 이름만 단독으로 쓰이지 않았다. 그러므로 아벨이란 이름이 나오면 나올수록 가인의 존재가 뚜렷하게 부각되었다.

사람이 누군가를 편애하는 이유는 제각각이다. 자신을 닮은 외모나 기질 때문일 수도 있다. 그 반대로 자신을 닮은 것 때문에 편애하기도 하고 배척하기도 한다. 편애를 받는 대상은 흔히 맏이나 막내이다. 성별이 기준이 되기도 하고, 아이의 능력이나 성취가 원인이기도 하다. 때로는 어떤 아이에게 문제가 많거나 병약할 때, 더 많은 주의와 관심을 필요로 하는 점이 편애의 이유일 수도 있다. 이렇듯 편애하는 사람은 자기 나름대로 합리적(정당한) 근거를 가지고 있다.

문제는 다른 데 있다. 아이들은 다른 가족들과의 관계에 자신이 어떤 취급을 받는지를 아주 민감하게 알아채는 동물적 본능을 지녔다는 점이다. 여기서 중요한 것은 부모가 아이들을 실제로 어떻게 대했느냐가 아니다. 그보다는 아이들이 그것을 어떻게 받아들이고 인지하느냐 여부가 관건이다. 부모는 전혀 편애하지 않는다고 생각하더라도 자녀가 차별을 당한다고 느끼면 그것이 곧 편애이다.

사람들 중에는 자신이 특별한 사랑을 받은 것에 감격、감사하는 등 긍정적으로 작용하는 경우도 있기는 하다. 그런 것보다는 대체로 '나만' 혹은 '나는 그 누구보다 먼저'라는 대우에 익숙해진다. 그러다보니 그와 같지 않은 상황이 벌어지면 도저히 이해를 하지 못하거나 분함을 참지 못하여 파괴적인 행동을 하거나 패배감에 압도당하곤 하는 것이다. 자기 우선 자기 우위의 상황이 아닌 곳에 유연하게 반응하지 못하는 것이다.

모두 다 그런 것은 아니더라도 부모에게 특별한 사랑을 받고 자란 사람이 오히려 더 이기적인 경향이 있다. 부모에게 그런 사랑을 받고 자란 사람들 가운데에는 자기만 아는 사람이 되어 다른 형제들보다 오히려 더 불효하는 경우도 있다. 자기가 항상 특별하게 대우받아야 한다는 의식이 그들로 하여금 평범한 대인관계를 맺거나 사회생활을 하는데 어려움을 겪게 하는 것이다.

가인도 혹시 이런 경우가 아닐까? 이런 사람은 남과 똑같은 대우를 받아도 기분이 나쁜데, 하물며 자신이 남에게 뒤지면 그는 이성을 잃곤 하는 것이다. 이런 뜻에서 편애는 피해자에게도 학대요 수혜자에게도 학대인 셈이다.

불공평하게 공평하라

철학자 스티븐 아스마는 "우리 모두에게는 편애 본능이 있다"고 했다. 우리 자신만 보아도 사실이 그렇다. 사람들과 친소관계를 형성할 때 누군가에게 더 끌릴 수 있다는 말이다. 부모 자식의 관계도 예외가 아니다.

"부모로부터 배타적이고도 각별한 사랑을 받는 것은 분명히 긍정적인 점이 있다. 가장 큰 자산이 역시 높은 자존감과 자신감이다. 아이는 편애를 통해 '난 뭐든지 할 수 있어' 하는 자신감과 할 수 있다는 의식을 갖게 된다. 엘런 베버 리비 박사는《가장 사랑 받은 아이: 편애는 어떻게 다른 가족 모두에게 평생 영향을 끼치는가》라는 책에서 "루스벨트 대통령 이후 미국의 모든 대통령은 편애를 받은 자식이었다"며 "자신이 특별히 사랑 받는다고 확신하는 아이는 자신감과 힘을 갖게 돼 세계에 긍정적인 영향을 끼칠 수 있는 자신의 능력을 믿으며 자라난다"고 했다.

이렇게 형성된 자신감에는 결코 만만치 않은 문제가 도사리고 있다. 그것은 자신이 특별하고 남들과는 다른 기준을 적용 받는다는 의식을 갖게 만든다. 이를테면 사회적인 명사들이 전혀 엉뚱하거나 도저히 용납될 수 없는 스캔들을 일으키는 경우이다. 리비 박사는 "남들에게는 안 되지만 남들과 다른 나에게는 그런 것도 괜찮다고 믿는 범법 행위나 비도덕적 행동은 편애에서 시작된다"고 했다. 그 예가 혼외정사로 망가진 '골프 황제' 타이거 우즈와 빌 클린턴 전 대통령 등이다. 성추문으로 화려한 이력을 끝낸 스트로스 칸 전 국제통화기금 총재도 그렇다. 처음에는 성공가도를 달리게 했지만 결국에는 실패로 끝나게 하는 인생관이 부모의 편애로 형성된다는 것이다.

편애는 결국 사랑 받는 아이에게도 장기적으로는 부정적 영향을 끼친다. 사랑을 독차지한 아이는 부모만큼 자신을 사랑해줄 수 있는 사람을 찾지 못하면 친밀한 관계 맺기에 어려움을 겪을 수 있다. 편애 받았다는 죄책감을 느끼고 형제와 부정적인 관계를 맺는다. 부모가 나이 들면 더 많은 돌봄과 조력을 제공해야 한다는 기대를 받게 되고 이는 스트레스로 이어지기도 한다.

개성의 구축이라는 측면에서도 편애의 대상이 되는 게 좋지만은 않다. 리비 박사는 "편애의 대상인 아이들은 부모의 사랑을 잃지 않기 위해 생의 너무 많은 부분을 써버린 나머지 자기 고유의 개성을 발전시키지 못했을 가능성이 높다"고 말한다. 반대로 "관심을 받지 못한 아이는 부모 앞에서 재롱을 피울 필요가 없었기 때문에 자신이 경험하길 원하는 것을 자유롭게 경험하고 자신이 원하는 사람이 될 가능성이 높은 반면, 미움 받은 아이는 종종 부모의 분노를 받아내야 하는 희생자이기 쉽다"고 한다." (한국일보 2016년 2월 21일 "엄마는 왜 형만 예뻐해" 편애도 학대다))

그러면 부모가 아이들에게 공평할 수 있을까? 심리학자 하워드 가드너는 "인간은 태어날 때 각자 본연의 사고 형태를 띠어 이를 고려해 아이들을 양육해야 한다"고 말한다. 곧 아이에게 주는 사랑도 각각 일대일의 관계로 특별하게 해주어야 한다는 것이다. 어떤 학자는 이것을 일러 '불공평하게 공평하라'고 표현하기도 한다. 서로 다른 아이임을 분별하여 각자에게 맞는 사랑을 채워주라는 것이다. 부모는 자신도 모르게 마음에 쏙 드는 자식에게 쏠리는 마음의 움직임을 느낄 수 있어야 하고 그때 바로 균형 잡으려는 노력이 시작되어야 한다.

43

세월이 지난 뒤

(창 4:3–5a)

개역개정	직역
3 세월이 지난 후에 가인은 땅의 소산으로 제물을 삼아 여호와께 드렸고	3 그리고 날들이 흘렀다. 그리고 가인이 그 땅의 열매를 가져왔다, 여호와를 위한 제물로.
4 아벨은 자기도 양의 첫 새끼와 그 기름으로 드렸더니 여호와께서 아벨과 그의 제물은 받으셨으나	4 그리고 아벨은 가져왔다, 그도 또한 자기 양의 첫 새끼와 그것의 살진 부분들을. 그리고 여호와께서 아벨과 그가 바친 제물에 주목하셨다.
5 가인과 그의 제물은 받지 아니하신지라	5 그러나 그분은 가인과 그의 제물에 눈길을 주지 않으셨다.

이것은 형제가 각각 여호와께 예물을 드린 것과 그 결과를 보여준다. 에덴동산이 무대였던 창세기 1-3장과 달리 이곳의 무대는 에덴의 동쪽이다. 창세기 4-11장의 무대는 온 세상이요, 등장인물은 인류이다.

이 단락에는 언제 어떻게 어떤 제사를 드렸는지 나와 있지 않다. 희생제물의 종류만 기록되었다. 농부인 가인은 땅의 소출(곡식)로, 목자인 아벨은 양을 잡아 각각 여호와께 바쳤다. 이것은 아주 자연스러운 것이다.

어떤 사람들은 이 부분에서 제물의 내용이 하나님께서 보이신 반응의 차이를 만들었다고 풀이했다. 그런 해석은 근거가 없다. 그것은 가인의 제물은 거절당했고 아벨의 그것은 받아들여졌다는 사실을 놓고 그 이유를 억지로 갖다 붙여놓은 것일 뿐이다. 성경은 그에 대해 판단할만한 근거를 하나도 제시하지 않았다. 다시 말해 이 단락의 주요 관심사는 제사 또는 제물이 아니다.

2절을 보니 가인과 아벨이 태어난 뒤 성장하여 스스로 직업을 선택할 만큼 어른이 되었다. 3절은 그들이 어떻게 살아왔는지 어떤 마음가짐으로 처신하는지를 충분히 알 수 있을 만큼 많은 세월이 지났다고 했다.

이즈음에 그들은 하나님께 예배를 드렸다. 예배를 드리며 예물을 바치는 가인에게는 자신이 태어난 이래 장성할 때까지 살아온 자신과 자신의 삶을 되돌아볼 기회가 주어졌다. 안타깝게도 그는 예배를 드리지만 거기서 주어지는 하나님 말씀의 거울에 자신을 비추어 보지 못하였고, 예배 때에 주어진 말씀을 소화시키지 못하고 말았다. 이런 뜻에서 예배와 예배에서 주어지는 하나님 말씀은 한편에서는 하나님 영광이요, 다른 한편에서는 예배자의 인생에 주어지는 하나님 은혜이다.

> 아버지께 참되게 예배하는 자들은 영과 진리로 예배할 때가 오나니 곧 이 때라 아버지께서는 자기에게 이렇게 예배하는 자들을 찾으시느니라 하나님은 영이시니 예배하는 자가 영과 진리로 예배할지니라(요 4:23-24)

옛말에 '안 되면 조상 탓'이라 했다. 또 '명필은 붓 타령을 하지 않는다'고도 했다. 하나님은 아벨의 존재여부와 관계없이 가인과 가인이 바치는 제물만 놓고 그 수용여부를 결정하셨다. 본문에는 분명하게 나타나 있지 않으나 아벨을 죽인 것으로 미루어 짐작컨대, 마치 아벨의 존재여부가 자신이 용납되느냐 않느냐를 결정짓는 주요 변수인 것처럼 받아들였던 것 같다. 다시 말해 자기 자신을 돌아보는 대신에 '너 때문에'라는 의식에 지배당한 것이다.

사람이 진정으로 사람인 이유는 자기반성을 할 줄 안다는 데 있다. 자신과 자기 주변에서 일어나는 마음에 들지 않는 일들에 대해 충분한 자기 반성 없이 남을 탓하는 것은 장차 자기 마음에 들지 않는 또 다른 현실을 잉태하는 어리석은 행위이다.

증자는 '나는 내 몸가짐을 하루 세 번 반성하노라'고 했다.(吾日三省吾身 오일삼성오신) 백록동규와 명심보감도 '어떤 일을 시행하였을 때 상대방이 그것을 받아들이지 않으면 자기 자신에게 돌이켜 그 원인을 찾아보라(行有不得 反求諸己 행유부득 반구제기])'고 했다.

사람의 마음과 눈은 사용하기에 따라 그 의미가 확연히 달라진다. 성(省)이란 어떤 사물을 철저하게 관찰하려고 눈(目)을 아주 작게(小) 뜨고 마음을 온통 기울여 주도면밀하게 살펴보는 것이다. 손(手)을 이마 위에 대고 멀리 바라보는 것(看)은 달리는 말에서 산을 바라본다(주마간산 走馬看山)는 말처럼 주어진 대상을 별다른 뜻 없이 대충 대충 살펴본다는 뜻이다.

이런 뜻에서 창 4:7-8의 말씀에 강조점을 두면, 하나님 말씀을 자신에게 적용하는 것이 얼마나 중요한 지를 깨달을 수 있다. 하나님은 가인에게 그의 예물이 열납 되지 않은 이유를 충분히 밝혀주셨다.(7절) 그런데도 가인은 그 말씀(가르침)을 받아들이지 않았다. 그뿐만 아니라 그 말씀을 자기 자신에게 적용시키지도 않았다. 그 결과 하나님 말씀을 이미 듣고서도 죄로 향하는 자신의 마음과 행위를 깨닫거나 개선하지 못하고 말았다.(8절)

창 4:1-8에는 누가 무엇을 어떻게 여호와께 드렸는가에 초점이 있지 않다. 그 보다는 사람이 하나님 앞에서 평소에 어떤 마음가짐, 어떤 자세로 생활하는가 곧 하나님을 향한 매일 매일의 신앙이 이 이야기의 핵심이다. 곧 일상생활 속에서의 경건이 중요하다는 것이다. 이런 뜻에서 히브리서 기자는 가인과 아벨의 예배와 제물에 대해 "믿음으로 아벨은 가인보다 더 나은 제사를 하나님께 드림으로 의로운 자라 하시는 증거를 얻었으니 하나님이 그 예물에 대하여 증언하심이라 그가 죽었으나 그 믿음으로써 지금도 말하느니라(히 11:4)"고 평하였다.

창 4:1-3a의 행간을 잘 살펴보면 위와 같이 판단하는 것이 결코 무리가 아니다. 곧 가인과 아벨이 태어나는 이야기가 창 2:1-2a에, 이들이 어엿하게 장성하여 직업인으로 살아가는 모습이 창 2:2b에 기록되었다. 이는 창 4:1-2a 와 2b 사이에는 많은 시간이 흘렀음을 보여준다. '세월이 지난 후에'(3a) 라는 표현도 창 2:2b의 내용과 흐름을 같이 한다. 이 긴 세월동안 이 두 사람이 하나님과 어떤 관계를 맺으며 살았는지 우리는 모른다.

가인과 아벨은 각자 자기 직업을 통해 소개될 수 있는 나이가 되었다. '세월이 지난 후에'라는 표현과 더불어 그들은 상당히 나이가 들었으며, 그 기간은 일상생활을 통해 하나님으로부터 그 사람됨과 생활을 평가받기에 충분한 세월이었다. 하나님은 단 한 번의 제물을 보고, 또는 그것을 바치는 순간의 태도(종교적으로 익숙한 태도)를 보고 그들을 향한 호불호를 결정하지 않으셨다.(창 4:4-5) 이미 긴 세월 동안 그들이 어떻게 생활하는 지를 눈여겨보셨던 하나님은 그들이 제물을 바치는 때에 즈음하여 그들에 대한 평가를 내리신 것이다.

심판을 나타내는 한자의 심(審)자도 그런 뜻이다. 번(番)은 집(宀)과 밭(사냥터) 사이에 발자국이 연이어 난 것을 본 땄다. 발자국(釆)은 본디 여러 갈래로 갈라진 짐승의 발가락(발톱 爫)이다. 여기에 밭(사냥터 田)이 합쳐진 것이다. 이에 (여러) 차례란 뜻이 되었다. 심이란 집안(宀)에 어떤 사람이나 어떤 동물이 다녀갔는지 그 자취(采)를 차례차례 차근차근(番) 살피는 것이다. 그렇게 하니 사정을 훤히 알 것이 뻔하다. 하나님은 가인과 아벨을 긴 세월동안 이렇게 살피셨기에 그들에 관해 속속들이 알고 계셨던 것이다.

인생의 시간이 흐르면서 그 사람의 상(이미지)도 형성된다. 흔히 '사람 나이 40이면 자기 얼굴에 자기가 책임을 져야한다'고 말한다. 창 4:1-3에 나타난 시간의 흐름은 그 두 사람의 인생에 어떤 영향을 미쳤는가?

오늘의 적용

세월이 흐름에 따라 사람은 누구나 나이를 먹는다. 나이를 한 살 한 살 더 먹어가는 일이 그를 노인으로 만드는가, 어른으로 만드는가? 노인이 되는 것과 어른이 되는 것 사이에는 질적인 차이가 있다. 점점 나이 들어가는 사람이 자기 자신의 마음에, 또는 다른 사람의 마음에 새겨진 이미지(인상)는 이 둘 중 어느 쪽에 더 가까울까?

나의 반석이시요 나의 구속자이신 여호와여 내 입의 말과 마음의 묵상이 주님 앞에 열납되기를 원하나이다(시 19:14)

10 우리의 연수가 칠십이요 강건하면 팔십이라도 그 연수의 자랑은 수고와 슬픔뿐이요 신속히 가니 우리가 날아가나이다 … 우리에게 우리 날 계수함을 가르치사 지혜로운 마음을 얻게 하소서(시 90:10, 12)

44

가인과 그가 바친 예물

(창 4:3–5)

개역개정	직역
3 세월이 지난 후에 가인은 땅의 소산으로 제물을 삼아 여호와께 드렸고	3 그리고 날들의 끝으로부터 이런 일이 있었다. 그리고 가인이 그 땅의 열매를 가져왔다, 여호와를 위한 제물로.
4 아벨은 자기도 양의 첫 새끼와 그 기름으로 드렸더니 여호와께서 아벨과 그의 제물은 받으셨으나	4 그리고 아벨은 가져왔다, 그도 또한 자기 양의 첫 새끼와 그것의 살진 부분들을. 그리고 여호와께서 아벨과 그가 바친 제물에 주목하셨다.
5 가인과 그의 제물은 받지 아니하신지라 가인이 몹시 분하여 안색이 변하니	5 그러나 그분은 가인과 그의 제물에 눈길을 주지 않으셨다. 그리고 가인이 몹시 불타올랐다. 그리고 자기 얼굴을 떨구었다.

이것은 나이가 제법 들어 어른이 된 가인과 아벨이 하나님께 예배드리는 이야기이다.

가인과 아벨이 하나님께 예물을 드린 이야기를 읽을 때, 우리 관심은 하나님께서 왜 가인의 제물을 열납하지 않으시고 아벨의 제물만 열납하셨는가 라는 물음에 쏠리기 쉽다. 이렇게 되면 우리 해석은 엉뚱한 데로 빠진다.

이를테면 아벨이 가인보다 더 정성껏 제물을 바쳤기 때문에 하나님이 그것을 기쁘게 받아들이셨다고 하는 것이다.(Waltke, Was Cain's Offering Rejected by God because it was not Blood Sacrifice?[WTJ 48] 363-72) 아벨이 피의 제사를 드렸기 때문에 하나님이 곡식보다 기름(고기)을 더 좋아하셨다고 하기도 한다. 이런 해석들은 모두 다 성경에 없는 내용을 끌어다 붙인 것이다.

이와 관련하여 3-5절에는 제물이란 말(민카)이 세 차례 쓰였다. 이것은 대부분 곡식을 바치는 제사를 가리킨다.(레 2:1, 2-11, 13-15) 이럴 때 '소제'(素祭)라고 한다. 그것은 여기에 이런 표현이 독특하게 쓰인 것은 가인이 바친 것이나 아벨이 바친 것이나 질적으로 다르지 않다는 뜻이다. 우선 창 4:3b-4a에 대한 번역을 비교해 보자:

NIV	개역개정	KJV
3 In the course of time Cain brought some of the fruits of the soil as an offering to the LORD.	3 (그리고) 세월이 지난 후에 가인은 땅의 소산으로 제물을 삼아 여호와께 드렸고	3 And in process of time it came to pass, that Cain brought of the fruit of the ground an offering unto the LORD.
4 But Abel brought fat portions from some of the firstborn of his flock(NIV).	4 (그리고) 아벨은 자기도 양의 첫 새끼와 그 기름으로 드렸더니 (개역개정)	4 And Abel, he also brought of the firstlings of his flock and of the fat thereof(KJV)

3절첫 첫 문장 '뵈여히 밋케츠 야밈(직역: 그리고 날들의 끝으로부터 이런 일이 있었다)'에서 밋케츠 야밈'은 '…으로부터'라는 전치사 민과 명사 '시간 시대 시

점 한계(경계) 끝'이란 말(케츠)이 합쳐진 것이다. 구약성경에 동사와 명사로 81번 나오는 카차츠 / 케츠는 대체로 시간과 관련하여 마지막 때 또는 특정한 때를 가리킨다. 이 낱말이 평가(결산) 내지 심판의 문맥에서 쓰이는 이유도 여기서 유래한다.(창 6:13; 렘 51:13; 암 8:2; 겔 21:30, 34 참조) 그렇다면 지금 가인과 아벨은 평가를 받을 시점에 서 있는 것이다.

위에서 보듯이 창세기 4장 4절을 킹 제임스 번역은 and(그리고)로 (우리말 번역들은 거의 다 이대로 번역함) 하였는데, 이에 따르면 가인이 바친 것이든 아벨이 드린 것이든 제물 자체의 가치가 동등하다는 뜻이다. NIV는 but(그러나)으로 시작되게 번역하였는데, 여기에는 두 사람이 드린 제물에 대한 비교의식이 들어있다. NIV의 번역은 가인이 바친 제물에는 그 자체로 이미 문제가 있다는 뉘앙스를 풍긴다. 사실 히브리 문법에 따르면(와우) 이 두 가지 번역이 다 가능하다. 와우 접속사는 순접 또는 역접의 기능을 한다. 문제는 번역자가 서로 다른 이 두 가지 의미 가운데 어느 것을 선택하느냐에 달려 있다.

우리는 '아벨과 그가 바친 예물'(4b), '가인과 그가 바친 예물'(5a)에 주목할 필요가 있다. 창 4:4-5에 따르면, 여호와 하나님은 아벨과 그 제물을 기쁘게 받아들이셨다. 가인과 그 제물을 열납하지 않으셨다. 하나님은 아벨의 제물만이 아니라 아벨 자신에게 호의를 보이셨다(샤아 엘 …). 곧 하나님께서 호의를 보이신 것은 두 가지, 아벨 그리고 그가 바치는 제물이다. 더구나 여기에 아벨이란 이름이 그가 바친 제물보다 먼저 언급된다. 이는 아벨이란 사람 자체가 그가 바치는 제물보다 더 중요하게 받아들여졌다는 뜻이다.(반드시 그런 것은 아니더라도 히브리말에서는 대체로 뒤에 나오는 말보다는 앞에 나오는 말에 더 큰 강조점이 있다)

이 사실은 아주 중요하다. 가인이 땅에서 난 곡식을 여호와께 예물로 드렸던 반면에, 아벨은 양떼 가운데서 맏배의 기름을 드렸다는 사실(4b-5a) 곧 예물의 차이보다도 더 중요한 것은 그 예물을 드리는 사람 그 자신과 그 생활모습이기 때문이다. 6절에서 하나님은 가인이 노하는 이유를 도무지 이해할 수 없다고 말씀하신다. 그리고 7절에서 '죄의 소원은 네게 있으나 너는 죄를 다스릴지니라'고 말씀하신다.

사람이 사는 사회에는 어디나 경쟁 또는 경쟁의식이 있다. 때로는 이것이 개인과 사회를 발전시키는 원동력이 되기도 한다. 그리고 이것에 지나치게 끌려가면 메마른 인간과 각박한 사회가 만들어진다. 이 과정에서 각 사람은 자신이 '피해자'라고 느끼게 되고, 이런 느낌을 받을 때마다 그 사람의 심성은 더욱 더 메말라지는 것이다. 자신이 드린 예물이 받아들여지지 않자 가인은 화가 나 고개를 떨구었다. 이는 일단 일을 그르친 자기 자신에 대해 부끄러워하는 것처럼 보였다.

더 나아가 그의 모습은 '비교와 경쟁'의 물결이 소용돌이치는 세상에 살면서 이유도 제대로 모르는 반항심에 이끌리는 우리 자신을 나타내는지도 모른다. 어떤 일에서 패배(좌절)하는 것을 결국 자신이 사랑받지 못하는 사람 또는 쓸모없는 인간이라는 표시로 과장되게 받아들이는 것이다. 이겨야만 살아남을 수 있다는 강박관념에 냉혈한으로 살아가는 사람이 이 세상에 종종 있다. 인생을 비교와 경쟁으로 바라보는 사고방식이 우리를 압도하는 순간, 우리는 도저히 납득할 수 없을 정도로 냉혹하거나 야비한 모습으로 사람을 대하기도 한다.

자신이 드린 제물이 받아들여지지 않은 상황을 인정하고 받아들여야하는 현실, 어쩌면 '2등, 3등 인생(2류, 3류 인생)'처럼 보이는 우리 자신을 가인이라 부를 수도 있을 것 같다. 끊임없이 위를 치켜보기에 남에 비해 뭔가 부족하고 처진 것 같이 보이는 자기 자신을 끌어안아야 하는 인생을 가인으로 나타낸 것이 아닐까? 어쩌면 모든 인간은 이런 한계를 지닐 수밖에 없다. 그렇다면 위와 같은 느낌이 들 때 우리는 우리 자신에게 어떻게 반응하며 살아야 할까? 조선시대 영의정을 지낸 이원익(1547-1634)은 자식들에게 집과 땅이 아니라, "志行上方 分福下比(지행상방 분복하비)"라는 말을 유산으로 물려주었다고 한다. 이를 풀어보면, "뜻과 행실은 너보다 나은 사람과 항상 비교해서 그런 사람이 되도록 노력하고, 반면에 지위와 재물은 너보다 항상 낮은 사람과 비교해서 스스로 자족하라"는 것이다.

오늘의 적용

일상생활에서 겪는 패배는 매우 당연한 것이다. 어떤 신분이나 어떤 나이에 있는지 관계없이 사람은 매 순간 좌절을 겪으며 살기 마련이다. 인생은 질병과 환난과 좌절 성공과 성취와 여유가 날줄과 씨줄로 겹쳐진 모자이크이다. 그러므로 패배(좌절)와 성공(성취)을 당연한 일 가운데 하나로 받아들이며 느긋하게 대처하는 능력을 키우는 훈련이 우리 모두에게 필요하다.

명(明)나라 때 최선(崔銑 1478-1541)이 지었다고 전해지는 육연훈(六然訓)이다.

自處超然 (자처초연) 일을 처리할 때 자기 이해관계에 집착(執着)하지 않고 초연(超然)하게 처신 한다.

處人藹然 (처인애연) 사람을 대할 때 온화하고 정다운 마음으로 맞이한다.

有事斬然(유사참연) 일을 당하면 당당하고 결단성 있게 대처한다.

無事澄然 (무사징년) 무사하고 평온할 때 맑고 잔잔한 마음을 갖는다.

得意澹然 (득의담연) 뜻대로 일이 이루어졌을 때 담담하고 고요한 마음을 갖는다.

失意泰然 (실의태연) 뜻을 이루지 못하더라도 태연자약한 마음으로 재기(再起)에 힘쓴다.

45
질투의 두 얼굴

(창 4:6)

개역개정	직역
여호와께서 가인에게 이르시되 네가 분하여 함은 어찌 됨이며 안색이 변함은 어찌 됨이냐	그리고 여호와께서 가인에게 말씀하셨다. 어찌하여 네 자신을 위하여 화가 났느냐? 그리고 어찌하여 네 얼굴이 떨어졌느냐?

이것은 분노하는 가인에게 하나님께서 그 이유를 물으시는 이야기이다. 하나님은 그 이유를 몰라서 물으셨을까? 물론 아니다. 이 물음을 통해 하나님은 가인이 자기 자신을 돌아보기를 원하셨으리라. 여기에 의문사 '어찌'(라마)가 두 차례나 쓰이는 것이 그런 사실을 보여준다.

그렇다면 가인은 무슨 이유로 분노하는가? 여기서는 동생에 대한 질투심(시기심)이 가장 큰 원인이다. 비록 본문에서 질투하다는 말(카나 qānâ)이 쓰이지는 않았어도, 가인의 마음상태와 행위에 그것이 크게 작용했을 것이다. 질투와 시기는 무엇일까? 그 이야기를 하려면 먼저 경쟁에 대한 이야기를 해야 한다.

경쟁을 부추기는 곳은 일단 빠르게 발전한다. 성과 지표가 척척 올라간다. 이것이 사람을 신나게 만든다. 사람들은 경쟁체제의 이점을 들어가며 그것을 찬양한다. 그 안에서는 탈락자나 패배자를 배척한다. 경쟁에 몰입하는 사람들은 안타깝게도 그 발전의 길이가 짧다는 것을 잊는다. 나중에는 경쟁이 사람을 괴롭힌다. 거기서 질투도 시기도 생긴다. 그런 것들은 비교와 경쟁을 먹고 자란다.

가인과 아벨 이야기, 에서와 야곱 이야기, 사울과 다윗 이야기 등도 이런 관점에서 풀어볼 수도 있다. 가인과 에서와 사울은 하나님께서 자신들에게 주신 커다란 은사를 살리는데 전심전력하지 못했다. 그 대신 질투와 시기에 사로잡혀 자신에게 이미 주어진 힘을 헛되게 사용했다. 몇 가지 예를 들어보자.

i) 모세를 시기하다 문둥병에 걸린 미리암

모세는 삼남매 중 막내였다. 첫째가 미리암이고 둘째가 아론이고 모세는 막둥이였다. 그 막내가 이스라엘의 지도자가 되어 백성들의 존경을 받는 것을 그 누이와 형은 은근히 시기했다. 그러던 차에 모세가 구스(에티오피아) 여자를 아내로 맞았다. 그들은 이 기회를 타 모세를 비방했다. 그들은 "…여호와께서 모세와만 말씀하셨느냐 우리와도 말씀하지 아니하셨느냐"(민12:2)라고 하면서 모세의 영적 권위를 깎아내렸다. 하나님께서 이들이 하는 말을 들으시고(민12:2), "너희가 어찌하여 내 종 모세 비방하기를 두려워하지 않느냐"(12:8) 하시며, 그 주모자인 미리암을 쳐 문둥병에 걸리게 하셨다. 이에 모세가 간곡히 기도하자 하나님께서 일주일 만에 고쳐 주셨지만, 미리암은 질투심의 결과가 얼마나 뼈아픈지를 톡톡히 맛보고 말았다.

ii) 다윗을 죽이려한 사울왕

불레셋의 장수 골리앗을 다윗이 물리쳤을 때, 사람들이 춤을 추며 "… 사울이 죽인 자는 천천이요 다윗은 만만이로다…"(삼상18:7) 했다. 이 말을 듣고 사울은 불쾌했다. 시기심이 불타올랐다. 이럴 때 사울이 "나라의 운명이 큰 위기에 처하였다가 그의 활약으로 승리를 거두게 되니 사람들 기분이 아주 좋아서 이런 노래를 부르는구나"하며 너그럽게 받아들였다면 아무 문제가 없었을 것이다. "인재를 적재적소에 배치하고 활용하는 것도 지도자의 능력이야"하였더라면 자기도 덩달아 올라갔을 것이다.

사울은 "이러다간 다윗이 내 왕위까지 빼앗겠구나" 하며 시기했다. 참 안타까운 일이다. 그러다보니 다윗이 아니었으면 나라가 망하고 자신은 불레셋에게 수치를 크게 당하고 죽을 뻔했던 것을 까마득히 잊어버렸다. 만사를 제쳐놓고 다윗을 죽이려고 쫓아다녔다. 그러다가 국력이 낭비되었다. 사울은 정작 숙적인 불레셋에 대한 방비를 소홀히 했다. 결국 이 전쟁에서 지자 그가 다윗을 찌르려던 바로 그 창에 자기 자신을 제물로 바쳤다.

신약성경에서 질투란 말(젤로스)은 이중의 뜻을 갖고 있다. 하나는 질투의 뜻이고 다른 하나는 열심의 뜻이다. 이 말에서 영어가 jealous(질투)와 zeolous(열심)가 나왔다. 사도 바울은 '나는 하나님께서 보여주신 열렬한 관심으로, 여러분을 두고 몹시 마음을 씁니다…'(고후11:2 표준새번역)라고 했다. 이것은 질투의 감정이 선용되는 경우이다. 고전 12:31이다:

> 너희는 더욱 큰 은사를 사모하라 내가 또한 가장 좋은 길을 너희에게 보이리라(고전 12:31)

사모하라는 말(zēloō)은 질투를 가리키는 말과 같은 뿌리에서 나왔다. 그는 하나님 영광을 드리려는 열심을 품는 것, 더욱 더 좋은 열매를 맺으려고 열심히 노력하는 것을 질투라는 말과 같은 단어로 표현했다.

당시 고린도교회 안에는 봉사와 헌신을 둘러싸고 혼란이 있었다. 교인들 사이에 각자 다른 은사를 인정해주거나 서로를 받아들이지 못했따. 그보다는 '네가 더 잘났니, 내가 더 잘났니' 하는 식으로 다른 사람을 깎아 내리곤 했다. 이것은 교회 안에서도 세상 냄새를 풍기는 수준 낮은 행태였다. 하나님은 사도 바울을 통해 그들에게 영적인 질투 곧 신앙에 합당한 질투를 하라고 강력히 권면했다. 그분은 사람의 몸을 예로 드셨다. 눈, 코, 입, 귀, 손, 발 - 이것들이 하는 역할은 다 다르더라도 그 가운데 어느 것 하나 소중하지 않은 것이 없고, 쓸모없는 것은 없다. 그러니 누구에게나 있는 감정인 질투심을 "더욱 좋은 일을 찾아 나서는 열심에 사용하라" 고 하시며, 영적으로 사용하는 질투심, 선을 이루는 질투심을 사모하라고 하셨다. 가장 좋은 것은 무엇인가? 이 말씀에 바로 이어지는 고린도전서 13장의 내용 곧 사랑이 그것이다.

사도 바울은 진정으로 행복해지기 위하여 진정으로 기뻐하기 위하여 진심으로 열매를 맺기 위하여 "더 큰 은사를 사모하라" 고 했다. 이것은 질투할 때 감정이 맹렬히 불타오르듯이, 선한 일을 이루는 일에 뜨거운 열정으로 임하라는 뜻이다. 사람은 자신이 태어날 때 하나님으로부터 받은 감정을 5년 10년도 못가서 후회할 일이 아니라, 영원한 가치와 향기를 풍기는 일에 적극적으로 사용할 때, 우리 자신이 영원한 가치와 향기를 지닌 사람이 된다.

사람에게는 감정과 이성이 있다. 감정이나 이성은 어떻게 작용하든 긍정적인 면과 부정적인 면, 창조적인 면과 파괴적인 면이라는 두 가지 얼굴이 동시에 있다. 질투심 (시기심)도 두 가지 얼굴을 갖고 있다. 성경은 질투심을 긍정적으로 창조적으로 사용하는 길을 우리에게 세 가지로 교훈한다:

i) 하나님의 더욱 좋은 뜻을 완성하기 위해 더욱 좋은 은사를 사모하며, 열심히 살아가는 질투심이다.(고전 14:1, 39 참조) 우리 자신의 상태나 환경을

불평하거나 이웃의 은사를 부러워하거나 시기하기보다는, 그 시간에 자기 은사를 계발하거나 이미 받은 것을 갈고 닦아서 영적으로 풍요로운 인생을 살아가는 데 질투심을 사용하라는 것이다. "누구는 이렇게 교회 일, 선한 일에 열심인데, 나는 뒷말이나 하거나 수수방관할 수 없지" 라는 마음이 그것이다.

> 좋은 일에 대하여 열심히 사모함을 받음(토 젤루스타이)은 내가 너희를 대하였을 때뿐 아니라 언제든지 좋으니라(갈 4:18)

ii) 하나님이 기뻐하시는 일, 정의와 평화를 세우는 데 앞장서는 질투심이다. 이것은 간절하고 성실하고 진실하게 인생을 살아가려는 자세로 이어지는 질투심이다. 왜냐하면 정의를 말하는 사람은 보다 더 정의로워야 할 것이고, 평화를 말하는 사람은 보다 더 화평한 길을 선택하며 살아야 할 것이기 때문이다.

iii) 자기 자신과 이웃에게 깊은 애정과 관심으로 이어지는 질투심이다. 이런 질투심을 가진 사람은 인생의 선한 열매를 바라보며 살아간다. 이런 사람의 마음속에는 모세의 모습이 떠오른다. "모세는 이기적인 질투심을 극복하고 거룩한 질투심을 보여주었는데, 나라고 못할 것이 무어냐" 하는 의욕이 있다. 그래서 자기 자신과 이웃을 보다 더 아끼고 이해하고 인정해주는 방향으로 질투심을 사용한다.

우리는 이 세상을 살면서 때때로 시기심, 질투심에 사로잡힌다. 이것도 하나님이 주시는 기회다. 보다 더 선한 것을 향한 의욕을 품을 기회, 보다 열매있는 길로 나설 수 있는 기회, 하나님 영광에 합당한 인생을 향한 열망을 품을 수 있는 기회이다. 질투심을 이렇게 신앙적으로, 영적으로 활용하는 사람은 결코 외롭지 않다. "내가 너희를 홀로 내버려두지 않겠다"고 말씀하신 하나님께서 거룩한 성령으로 우리를 충만한 길로 인도하실 것이기 때문이다.

질투는 인간이 타고난 품성들 가운데 하나다. 그것은 천사와 악마라는 두 얼굴을 가지고 있다. 그것은 천사 같은 사랑과 열심으로 발전하기도 하고, 악마 같은 미움과 파괴로 전개되기도 한다. 질투는 가정을 파괴하고 직장생활을 누더기로 만들고 교회를 파괴하기도 한다. 질투만큼 자기 자신을 학대하는 도구도 드물다. 이런 질투의 악마적인 얼굴을 천사의 얼굴로 바꾸는 예술(지혜)이 신앙심의 깊이를 결정한다. 고린도후서 7:10이다.

> 10 하나님의 뜻대로 하는 근심은 후회할 것이 없는 구원에 이르게 하는 회개를 이루는 것이요 세상 근심은 사망을 이루는 것이니라 11 보라 하나님의 뜻대로 하게 된 이 근심이 너희로 얼마나 간절하게 하며 얼마나 변증하게 하며 얼마나 분하게 하며 얼마나 두렵게 하며 얼마나 사모하게 하며 얼마나 열심 있게 하며 얼마나 벌하게 하였는가 너희가 그 일에 대하여 일체 너희 자신의 깨끗함을 나타내었느니라(고후 7:10-11)

오늘의 적용

투기(妬忌)와 시기(猜忌)와 질투(嫉妬)는 혼용되기도 한다. 엄격히 말하자면 그 사이에는 다음과 같은 차이가 있다. 투기는 투(妬)자가 시샘하다는 뜻으로 다른 사람이 잘 나가는 것을 샘내는 것이다. 기(忌)는 꺼리다, 미워하다는 뜻이다. 시기는 남이 잘되는 것을 보며 배 아파하고 미워하는 것이다. 질투는 우월한 사람을 부러워하면서 자기도 그렇게 되고 싶은 열망을 나타낸다. 이런 이유로 아마 칠종죄에 시기가 들어가고 질투가 빠졌으리라. 물론 질투는 언제든지 시기로 변질될 위험을 안고 있다. 탈무드는 "질투는 천 개의 눈을 가지고 있다. 그런데 그것으로는 단 한 가지도 제대로 보지 못한다."고 했다.

한 농부가 염소와 나귀를 기르고 있었다. 주인은 무거운 짐을 묵묵히 잘 나르는 나귀를 매우 사랑 했다. 염소는 주인의 이런 태도가 못마땅했다.

염소는 시기와 질투를 느껴 나귀를 해칠 계략을 꾸몄다. "나귀야, 너처럼 불쌍한 동물도 없을 거야. 주인은 네게 힘든 일만 시키니 이런 억울한 일이 어디 있겠니. 내가 한 가지 꾀를 가르쳐주지."

염소는 나귀의 귀에 입을 대고 속삭였다. "짐을 싣고 개울을 건널 때 자꾸 넘어지렴. 그러면 주인은 네 몸이 쇠약한 줄 알고 다시는 힘든 일을 시키지 않을거야."

그리하여 나귀는 개울을 건널 때 일부러 계속 넘어졌다. 주인은 평소 건강하던 나귀가 넘어지는 것을 보고 깜짝 놀라서 의사를 데려왔다. 의사는 나귀의 기력이 약해졌으니 염소의 간을 먹이면 금방 낫는다고 일러주었다. 주인은 즉시 염소를 잡아 나귀에게 염소의 간을 먹였다.(이솝 이야기)

46

죄가 너를 원하니

(창 4:7)

개역개정	직역
네가 선을 행하면 어찌 낯을 들지 못하겠느냐 선을 행하지 아니하면 죄가 문에 엎드려 있느니라 죄가 너를 원하나 너는 죄를 다스릴지니라	네가 선을 행하면 어찌 들지 못하겠느냐 선을 행하지 아니하면 죄가 문에 도사리고 있느니라. 그리고 그의 갈망은 바로 이것 곧 네게 향해 있다. 그리고 너는 이런 자 곧 너 자신을 다스리는 자가 되어라.

이것은 고개를 떨구는 가인에게 주시는 하나님 말씀이다. 아담과 하와처럼 그도 죄의 유혹에 맞닥뜨렸다. 성경에 죄란 말(카타트)이 여기서 처음 쓰였다. 가인은 그것을 극복해야만 하는 과제를 떠안았다. 그 어려운 문제 앞에 선 그를 하나님께서 찾아 오셨다.

가인의 제물이 받아들여지지 않았더라도 그는 완전히 버림받지 않았다.(창 4:6-7) 하나님은 그를 여전히 대화상대로 여기셨다. 그분은 가인에게 심판자가 아니라 목회상담자 같은 모습으로 나타나셨다.(von Rad 76; Weippert 197)

6절에는 '람마 카라 라카'(= 어찌하여 네 자신을 위하여 화가 났느냐?)와 '붜람마 납루 파네카'(= 어찌하여 네 얼굴이 떨어졌느냐?) 등 물음 두 가지가 나온다. 여기서 의문사 람마에는 꾸지람의 뜻이 들어 있다. 카인이 화를 내고 그의 안색이 변하는 것은 그 가인 자신을 살펴볼 때 이유가 약하다는 말맛이다. 화내다는 말(카라)은 '붙타다 뜨거워지다 분노가 타오르다'는 뜻이다. 마치 불길이 이글거리며 타오르듯이 이것은 화가 치밀어 올라 어찌할 줄 모르는 상태를 나타낸다.

6절의 두 가지 물음에 이어 창 4:7에는 세 번째 물음이 나온다. 위의 세 가지 물음이 다 우호적이지 않은 분위기가 들어 있다. 하나님은 그 대답을 이미 알고 계셨다. 그래서 가인이 미처 대답도 하기 전에 말씀을 이어가셨던 것이다.

7절 말씀은 해석하기가 여간 까다롭지 않다. 하로 임-테티브 스에트(= 만일 네가 선하게 행하였다면 어찌 들지 못하느냐)는 말에서 '들다'는 말(나사의 부정사 연계형)은 목적어 없이 쓰였다. 이는 용서나 제물의 봉헌 또는 제물을 받아들임을 가리키지 않는다. 이를 5절 뒷부분과 연결시켜 '얼굴'이라 보아야 하리라. 그렇다면 5-6절의 나팔(= [얼굴을] 떨구다)과 반대말이다. 이것은 "만일 네가 선을 행하기 즐긴다면 너는 네 얼굴을 흔쾌히 쳐들 수 있으리라"는 뜻이다.(von Rad 76)

너희는 성령을 따라 행하라 그리하면 육체의 욕심을 이루지 아니하리라(갈 5:16)

하나님은 가인에게 자기 자신의 능력을 깨닫게 하시며 대안을 제시하였다. 첫째로 선을 행할 능력이 그에게 있다고 하신 것이다.(Brueggemann 57) 그렇다면 혹시 가인이 평소에 선하게 행하지 않았기에 그가 바친 예물이 거절당한 것일까? 후대 예언자들은 신앙과 생활이 두동진 것 때문에 사람들이 드리는 예배와 제물을 하나님께서 역겨워하신다고 이스라엘 백성에게 경고하였다. 이것이 혹시 가인의 예를 염두에 둔 것일까?

둘째 대안은 죄가 요구하는 열망을 다스리라고 하신 것이다. 여기서 가장 어려운 것은 7절 뒷부분이다. '그리고 죄가 너를 원하는구나. 그리고 너는 이런 자 곧 너 자신을 다스리는 자가 되어라'.(직역)

7b에 '라페타흐 핫타트 로베츠'(= 죄가 문에 바짝 도사리고 있다)는 말이 있다. 소긴(A. Soggin)은 이것이 7절을 푸는 열쇠(terminus technicus)라고 보았다.(Genesis 101) 도사리다는 말(rābaṣ)은 먹잇감을 노리는 맹수의 모습을 떠올리게 한다. 이것은 언제든지 공격할 수 있게 만반의 태세를 갖추고서 가장 좋은 기회를 엿보는 것이다.

이런 뜻에서 문은 가능성(현재 상황)을 의미한다. 인간의 타락한 본성은 언제든지 죄에게 문을 열어줄 가능성 앞에 노출되어 있다. 평소 전혀 그럴 것 같지 않던 사람도 어느 날 갑자기 유혹에 넘어가곤 한다. 자기 자신도 주변 사람도 그런 그를 이해할 수 없을 정도다. 그런 것이 유혹이요, 그런 것이 사람이다. 평소 드나드는 문 앞에서 죄가 사람을 노리고 있다. 그것은 때와 조건만 맞으면 인간의 마음과 행실 안으로 재빨리 발을 들여놓는다. 자신이 드린 예물이 받아들여지지 않아 부끄러운 지금, 마음이 상한 지금이 바로 그런 때이다.

이 문장의 주어 카탓트(ḥaṭā't = 죄)는 여성명사인데, 술어인 도사리다는 말은 칼 남성 분사(로베츠)이다. 이 때문에 카숫토는 로베츠가 아카드말 rabiu에서 나왔다고 본다.(Cassuto 210; Westermann 407; Soggin 100-101) 그렇다면 이 낱말은 선과 악을 다루는 영 혹은 신적인 어떤 것을 가리킨다. 그러나 히브리 문장에서 성이나 수가 일치하지 않게 쓰이는 예가 적지 않다는 점과 본문의 흐름 안에서 볼 때, 이 분사의 주어를 '죄'로 보는 것이 타당하다.

7절에서 가장 중요한 일은 '브앗타 티므샬-뽀'를 어떻게 해석할 것이냐 이다. 다스리다(지배하다)는 뜻의 동사는 여기서 미완료형 2인칭 남성 단수이다. 이것은 약속(you shall master it 너는 그것을 다스리게 되리라) 명령(you must master it; 개역개정 너는 죄를 다스릴지니라; 공동번역개정 그러므로 너는 그 죄에 굴레를 씌워야 한다; 표준새번역 너는 그 죄를 잘 다스려야 한다) 권유형(you may master it; 천주교새번역 너는 그 죄악을 잘 다스려야 하지 않겠느냐) 등 다양한 말맛을 지닌다. 또 경고로도 들린다. '가인의 삶은 제사가 한 번 받아들여지지 않았다고 해서 완전히 끝난 것이 아니다. 가인을 찾아오신 여호와는 그의 상태를 점검하시고 그가 저지를 수도 있는 범죄를 경고하셨다.'(하경택 89)

여러 가지 해석이 이렇게 가능하게 된 것은 동사변화형 자체에서 생겨났다. 이것을 약속 도전 명령 권면 경고 그 어느 쪽으로 보든 한 가지 분명한 것이 있다. 곧 아담에게는 죄에 이끌릴 가능성만이 아니라, 그것에 대항하거나 다스릴 능력이 주어져 있다는 사실이다.

창 3:16처럼 여기에도 갈망하다는 말(təschûqâ)과 다스리다는 말(māschal)이 나란히 쓰였다. 앞엣것은 여기서 매우 부정적인 말맛을 지녔다. 반드시 다스려야만 할 대상이다.

중경외폐(中扃外閉)란 말이 있다. 마음속의 욕망을 겉으로 나타내지 않고, 외부의 사악한 것이 마음속으로 들어오지 못하게 한다는 뜻이다. 이는 죄를 행하게 하는 욕심이 생기지 않도록 마음의 문을 닫는 것이다. 淮南子(회남자) 主術訓(주술훈) 文子(문자) 上仁(상인)에 나오는 말이다.

> 또 주의 종에게 고의로 죄를 짓지 말게 하사 그 죄가 나를 주장하지 못하게 하소서 그리하면 내가 정직하여 큰 죄과에서 벗어나겠나이다(시 19:13)

하나님께서 말씀하신 두 번째 대안은 세 가지 의미로 받아들일 수 있다.(Brueggemann 57-58)

i) 죄는 굶주린 사자가 먹잇감을 노리는 것처럼 절실하게 우리를 노리고

있다. 사도 베드로는 이를 가리켜 '너희 대적 마귀가 우는 사자 같이 두루 다니며 삼킬 자를 찾나니'(벧전 5:3)라고 했다. 이에 인간은 의식적으로 하나님을 선택하고 죄의 길을 떠나야만 한다. 죄의 공격으로부터 자기 자신을 지켜내야만 한다.

ii) 죄는 가인을 자기가 다스리는 영역으로 끌어들이려는 욕구를 갖고 있다. 뷔엘레카 테슈카토(= 그리고 그의 갈망[열망]은 바로 이것 곧 네게 향해 있다)는 매우 강력한 표현이다. 이것은 이성과 의지력만으로는 조절할 수 없을 정도로 강력하다. 죄의 욕망에 이끌리는 사람은 마치 중독에 깊이 빠진 사람처럼 자기중심을 잃는 것은 물론 자신의 영혼을 파괴시키는 행동을 하게 될 것이다.

iii) 죄는 다스려질 수 있다. 다스리다는 말(마샬) 자체는 중립적인 것이다. 대체로 죄는 사람의 욕망(욕구, 의욕)과 관련이 있다. 그 결과는 전적으로 그것을 사용하는 자와 그 상대에 달려 있다. 그것이 약하면 죄에서도 멀어지기 쉽다. 그것이 강하면 강할수록 죄와 가까워지기 쉽다. 자신에게 있는 열망(욕구)을 긍정적인 방법과 목표에 따라 사용하느냐 아니냐에 따라 다스리는지 끌려가는지가 결정된다.

하나님께서는 가인이 분하게 여기는 것과 죄의 유혹 앞에 무너지는 원인이 어디에 있는가를 말씀하셨다. 하나님께서 이렇게 친절하게 상담해주셨건만 가인은 안타깝게도 선과 죄를 다스리는 문제에서 긍정적인 선택을 하지 못했다. 그는 그 문을 제대로 지키지 못하였다. 그 결과 그는 매복하고 있는 욕망을 다스리는 대신에, 그것에 지배당하고 말았다. 이에 따라 창 4:9 이하의 내용은, 창 3:9이하처럼, 심문(9-10절) 선고(11-12절) 추방(16절)으로 이어졌다.

쫓겨난 가인은 놋(= 유리[遊離 = 방황] 불행의 땅)에 머물렀다. 이것은 에덴의 동쪽이란 표현처럼(J. 스타인벡, East of Eden) 하나님으로부터 멀리 떨어져있다는 뜻일 것이다.

하나님은 가인에게 죄를 다스리라고 말씀하신다. 아담과 하와 타락 이래 모든 사람은 죄의 본성을 지키게 되었다. 건강하고 건전한 인생이냐 여부는 이런 인간적인 본성을 어떻게 다스리냐에 달려 있다. 본성을 말씀과 믿음에 입각하여 조절하는 사람과 그것을 있는 그대로 노출시키는 사람 사이에는 엄청난 차이가 있다.

사도 바울은 우리가 상대해야 할 죄의 세력은 결코 만만치 않다고 가르쳐주었다.

> 우리의 씨름은 혈과 육을 상대하는 것이 아니요 통치자들과 권세들과 이 어둠의 세상 주관자들과 하늘에 있는 악의 영들을 상대함이라(엡 6:12)

죄와 완전히 결별하고 사는 인생이 있을까? 아마 없을 것이다. 우리가 성인으로 추앙하는 성 프랜체스코, 마더 테레사, 마틴 루터 같은 분들의 의식 첫머리에는 항상 자신이 죄인이라는 것이 자리잡고 있었다. 종교개혁자들이 말하였듯이 믿음의 사람인 우리는 죄인인 동시에 의인인 것이다. 이 말을 어떻게 받아들여야 할까?

스토코프스키(L. Stokowski 1882-1977)가 미국 필라델피아 상임 지휘자로 활동할 당시(1912년~1936년) 이야기이다. 어느 날 베토벤의 오버츄어(overture)를 극장에서 공연했다. 그 공연에는 관중석 뒤쪽에서 트럼펫을 솔로로 연주하는 순서가 있었다.

그날 그 연주자는 연주에 출연할 시간에 엉뚱한 봉변을 당하고 있었다. 사전에 연락이 제대로 되지 않아서인지 극장의 직원이 트럼펫을 들고 관객석 뒤로 올라가는 연주자를 붙들었다. 그가 교향악단 단원이며 그날 연주에 참여한다는 사실을 전혀 몰랐던 것이다. 그 사람은 그의 팔을 뒤로 비틀어 꼼짝 못하게 하면서 자기에게 존재의미를 부여하며 의기양양했다. 자기가 필라델피아 교향악단의 오늘 공연에 큰일을 해냈다고 생각한 것이다, 사실 그날의 연주를 망쳐버린 장본인이면서도.

내(우리)가 신앙의 이름으로 죄를 다스리지 못하면 그 직원과 같은 역할을 하게 되리라. 하나님의 이름을 말하면 말할수록, 신앙의 이름으로 직분과 역할을 수행하면 할수록 하나님의 영광을 가리고 말 것이다.

47
일시적인 것과 영원한 것

(창 4:8-9a)

개역개정	직역
8 가인이 그의 아우 아벨에게 말하고 그들이 들에 있을 때에 가인이 그의 아우 아벨을 쳐죽이니라	8 그리고 가인이 자기 형제 아벨에게 말하였다. 그리고 그들이 그 들에 있을 때였다. 그리고 가인이 자기 형제 아벨에 거슬러 일어났다. 그리고 그가 그를 죽였다.
9a 여호와께서 가인에게 이르시되 네 아우 아벨이 어디 있느냐	9a 그리고 여호와께서 가인에게 말씀하셨다. '네 형제 아벨이 어디 있느냐?'

이것이 형 가인이 아우 아벨을 죽이는 이야기이다. 하나님께서 가인에게 이미 죄가 문 앞에서 도사리고 앉아 있으니 마음을 다스리라고 권면하셨는데도 그는 그 말씀에 따르지 못했다. 자신의 부모님이 죄의 유혹에 무너졌듯이 가인마저 그리되고 말았다.

가인이 행한 일은 성경에 나오는 형제불화의 첫 번째 경우이다. 형제 사이는 공존과 갈등의 관계던가? 창세기에는 이밖에도 에서와 야곱, 요셉과 그 형제들 등 형제들이 다투는 이야기가 나온다. 사무엘하에는 암논과 압살롬의 갈등이 그려져 있다. 누가복음 15장에도 형과 동생의 불화가 나온다. 시편 133편에는 형제자매의 우애 및 평화공존의 중요성이 잘 나타나 있다.

보라! 얼마나 좋은가, 또 얼마나 아름다운가, 형제가 모여살고 하나되는 것이!(시 133:1 직역)

형제 사이의 갈등은 동서고금에 널리 알려져 있는 일이다. 한자말에 이를 가리키는 용어가 많은 것도 그런 현실을 반영한다. 骨肉相食(골육상식) 骨肉相殘(골육상잔) 骨肉相爭(골육상쟁) 骨肉相戰(골육상전) 萁豆相煮(기두상자) 同族相殘(동족상잔) 相煮何急(상자하급) 煮豆燃豆萁(자두연두기) 煎豆燃豆萁(전두연두기) 兄弟鬩墻(형제혁장) 등이 그것이다. 이런 말들은 인간의 크고 작은 욕심이 사람이라면 마땅히 지켜야할 선을 지키지 않게 만드는 현실을 반영하고 있다.

가인은 화려하게 태어났다. 그는 아벨보다 강한 자였으며 더 오래 살았다. 이에 비해 아벨은 그 이름 그대로 안개처럼 허무하게 사라졌다. 창 4장에서 가인은 활발하게 활동하며 살아갔다. 그는 성읍을 건설하고 자기 아들 이름을 따 성읍의 이름을 에녹이라 붙였다.(창 4:17) 이렇게 잘 나가는 가인에 비해 아벨은 흔적조차 없어졌다. 세상 안에서 그 둘은 이렇게 극과 극을 달렸다.

이렇게 눈에 보이는 것이 두 사람의 사정의 전부일까? 아니다. 성경은 세상 사람의 눈에 보이지 않는 다른 세계로 우리를 안내한다. 신약성경에서 아벨은 신앙의 사람으로 인정을 받는 대신에, 가인은 악의 대명사로 되었다.(히 11:4; 유 1:11; 요일 3:13-14-15). 하나님 안에서 그들의 인생에 대반전이 일어난 것이다.

믿음으로 아벨은 가인보다 더 나은 제사를 하나님께 드림으로 의로운 자라 하시는 증거를 얻었으니 하나님이 그 예물에 대하여 증언하심이라 그가 죽었으나 그

믿음으로써 지금도 말하느니라(히 11:4)

이 세상에 사는 우리 모습과 하나님 나라에 사는 우리 모습이 이렇게 다를 수도 있다.

우리 나라 역사에서도 그런 예가 많이 있다. 1905년 11월 17일 을사늑약의 체결에 앞장섰던 다섯 사람(을사5적: 이완용 이근택 이지용 박제순 권중현)은 일제시대 내내 부귀영화를 누렸다. 오늘날까지도 그 후손들은 조상들이 남긴 대토지를 소유하고 있다. 그러나 그들의 이름은 수치스러움의 대명사다. 그들은 실패한 인생의 본보기로 우리나라 역사에 길이 남을 것이다. 그들의 후손도 자기 조상의 이름을 대대로 떳떳하게 알리지 못할 것이다.

충무공 이순신 장군은 살아 생전에 고생을 많이 했다. 천수를 누리다가 자기 집에서 편안히 숨 거두는 것을 복으로 알던 시절에 그는 적과 싸우다가 전선에서 죽었다. 오늘날 우리는 그의 인생과 이름을 존경하며 자손만대가 그를 본보기로 삼을 것이다.

믿음이 없이는 하나님을 기쁘시게 하지 못하나니 하나님께 나아가는 자는 반드시 그가 계신 것과 또한 그가 자기를 찾는 자들에게 상 주시는 이심을 믿어야 할지니라(히 11:6).

채근담 전집 1

도리와 덕에 머물며 지키는 사람은 한 때 쓸쓸하고 외로울 것이다. 권력이나 세력에 빌붙어 아부하는 사람은 영원히 불쌍하고 처량하리라. 통달한 사람은 세속을 초월하는 진리를 살펴보고, 자신이 죽은 다음에 주어질 평판을 염두에 둔다. 차라리 한 때 쓸쓸하고 외로울지언정 영원히 불쌍하고 처량하게 될 일을 선택하지 않는다.

棲守道德者(서수도덕자) 寂寞一時(적막일시) 依阿權勢者(의아권세자) 凄凉萬古(처량만고) 達人(달인) 觀物外之物(관물외지물) 思身後之身(사신후지신) 寧受一時之寂寞(영수일시지적막) 毋取萬古之凄凉(무취만고지처향)

48 네가 무엇을 하였느냐

(창 4:9b–10)

개역개정	직역
9b … 그가 이르되 내가 알지 못하나이다 내가 내 아우를 지키는 자니이까	9b … 그리고 그가 말하였다. '나는 모릅니다. 내가 그런 자 곧 내 아우를 지키는 자입니까?'
10 이르시되 네가 무엇을 하였느냐 네 아우의 핏소리가 땅에서부터 내게 호소하느니라	10 그리고 그분이 말씀하셨다. '네가 무엇을 하였으냐? 네 형제 아벨의 피의 목소리가 내게 소리치고 있다, 그 땅으로부터.'

이것은 하나님과 가인 사이에 오고 간 대화다. 가인이 아벨에게 느끼는 경쟁의식은 시기심을 낳고 시기심은 갈등으로 이어졌다. 그 갈등이 극단으로 치닫더니 결국 형이 동생을 죽이는 비극이 생겨났다. 하나님께서 가인과 미리 나눈 대화도 가인의 이런 마음을 억제시키는데 효력을 발휘하지 못했다. 이는 닫힌 마음 상태로는 아무리 좋은 말이라도 받아들이지 못하는 인간의 한계를 보여준다.

가인은 아벨과 함께 들로 나갔다. 일부 고대 사본에는 그가 아벨에게 '우리가 들로 나가자'고 말했다고 되어 있다. 거기서 가인은 아벨을 적대적으로 대했다. 그리고 그를 죽였다.

'네 아우가 어디에 있느냐?'

창세기 3:9에서처럼 이 물음은 아벨이 어디에 있는지를 몰라서 묻는 것이 아니다. 그것은 i) 말을 걸기 위해 의례적으로 묻는 물음일 수도 있으나 ii) 그보다는 인간 존재의 현주소를 묻는 물음 iii) 억울한 피 죄 없는 피를 흘린 죄악을 바로 보게 하려는 물음이라 보아야 할 것이다. 다시 말해 이는 있어야 할 자리, 곧 자신의 존재 목적과 존재 이유에 합당한 자리와 처신을 지키라는 뜻을 강력하게 피력하는 물음이다.

'내가 아우를 지키는 자니이까?'

이것은 가인이 발뺌하는 말이다. 지키다는 말(샤마르)은 창 2:15에서 아담이 에덴동산에서 반드시 해야 할 사명을 가리킨다. 창 3:24에서 그것은 거룹들이 반드시 해내야 할 일을 의미한다. 한 마디로 이 낱말은 책임(사명)과 관련이 있다. 아담과 하와가 그 신성한 책임을 감당하지 않자 에덴동산에서 추방되었다. 거룹들은 그들을 대신하여 그곳을 제대로 지켜내는 책임을 맡았다.

가인은 자기 가족(형제)를 책임져야 할 사람이었다. 그는 그 일을 거부했다. 더 나아가 아벨의 죽임에 직접적인 책임이 있는데도 그는 마치 자기와 아무 상관이 없는 듯이 말했다. 엉뚱한 구실을 대며 자기 책임을 회피한 것이다.(월튼 392) 발뺌하는 말과 책임회피는 타락한 인간이 보여주는 가장 혐오스러운 모습이다.

만일 우리가 자기가 지은 죄에 책임을 지는 것, 자기 말과 행동의 결과로 비난을 받는 것, 자신이 이웃에게 행하는 것에 대한 것한 자신의 책임을 받아들이는 것 등을 거부한다면, 우리는 하나님과 사람 앞에 진실할 수 없는 것이다.

나 살고 너 죽자든가, 나만 잘되면 만사형통이라고 생각하는 사회는 '네 이웃을 네 몸같이 사랑하라'고 하신 성경의 대강령을 외면하는 곳이다. 제로섬(zero sum) 게임은 너도 망하고 나도 망하는 길이다.

창 4:1-17을 이끄는 숫자는 7이다. 여기에 아벨이란 이름이 7번, 가인이란 이름이 14번 쓰였다. 그리고 아벨이 가인의 형제라는 사실이 7번 되풀이 언급되었다. 가인을 해치는 자에게 7배의 벌이(창 4:15) 라멕을 다치게 하는 자에게 77배의 보복이 주어지리라 했다.(창 4:24) 더 나아가 창세기 1-4장에는 하나님을 가리키는 말(엘로힘, 여호와)이 70번 쓰였다. 이를 보다 구체적으로 살펴보면 창 1:1-2:3에 35번(5x7) 창 2:4-4:26에 35번(5x7) 등장했다.(Cassuto, 191-92; Wenham 96; S. Greidanus, Preaching Christ from Genesis: Foundations for Expository Sermons 87) 가인과 관련해서 7이란 숫자가 이렇게 쓰이는 것은 그가 한 짓이 얼마나 엄청난 것인지를 강조하는 표현 기법이다.

'네가 무엇을 하였느냐?'

이 물음 역시 가인이 무슨 짓을 행하였는지 몰라서 묻는 물음이 아니다. 해서는 아니 될 짓을 한 것에 너무나도 크게 실망한 마음을 나타내는 표현이다. 이것은 책망이라기보다는 자신의 행위를 가슴 아파하며 회개하라는 부름이다.

… 네 이웃 사랑하기를 네 자신과 같이 사랑하라 나는 여호와이니라(레 19:18)

우리는 이 말씀에 따르는 거룩한 신앙인이 되어야 한다. 그러려면 '너도 살고 나도 산다, 나도 이기고 너도 이긴다'는 정신으로 윈윈게임을 하며 살아야 할 것이다. 이를 위해 사회적 약자를 배려하는 마음과 함께 이를 제도적으로 뒷받침하는 사회안전망을 구축하는 일도 필요하다.

오늘의 적용

하지 않는 것과 할 수 없는 것

사람에게는 하지 않는 것과 할 수 없는 것이 있다. 앞엣것은 무엇인가를 할 능력은 충분하지만 스스로 절제하며 포기하는 것이다. 뒤엣것은 하고 싶더라도 할 만한 힘이 없어서 못하는 것이다. 맹자(주전 372?~289?)는 불위야(不爲也) 비불능야(非不能也) 곧 '하지 않는 것이지, 하지 못하는 것이 아니다'라고 했다.

송(宋)나라 때 여조겸(呂祖謙)은 《동래박의(東來博議)》에서 인간 행위를 '감히 하지 못하는 것(불감위 不敢爲) 마땅히 해서는 안 되는 것(부당위 不當爲) 흡족히 할 만한 일이 아닌 것(부족위 不足爲) 기꺼이 하려고 하지 않는 것(불긍위 不肯爲)' 등으로 나누어 설명했다. 여기서 '불(不)'자를 빼면 '두려워하지 말고 과감히 해야 할 것, 당연히 해야 할 것, 족히 할 만한 것, 기꺼이 해야 할 것'이다. 사람이 무엇인가를 행하기 전에 자신이 하고자 하는 행위를 이런 식으로 사전에 짚어가며 행한다면 어떨까?

49
이리 갈까, 저리 갈까?

(창 4:11–12)

개역개정	직역
11 땅이 그 입을 벌려 네 손에서부터 네 아우의 피를 받았은즉 네가 땅에서 저주를 받으리니	11 그리고 이제 너는 이런 자 곧 그 땅으로부터 저주받은 자라. 그것은 자기 입을 벌리고 있다, 네 손으로부터 네 형제의 피를 받으려고.
12 네가 밭을 갈아도 땅이 다시는 그 효력을 네게 주지 아니할 것이요 너는 땅에서 피하며 유리하는 자가 되리라	12 진실로 그 땅을 경작할 때 그것이 다시는 네게 자기 힘주기를 하지 않으리라. 너는 땅에서 헤매며 방황하는 자가 되리라.

이것은 동생을 죽인 가인에게 하나님께서 말씀과 함께 그를 보호하는 표를 주시는 이야기다. 형제를 해친 그의 행동은 죽어 마땅한 죄이다. 하나님은 그가 땅에서 저주를 받게 하면서도 하나님께서 주신 생명과 창조의 역사가 계속 이어지게 하셨다.

12절과 14절에는 그가 받을 벌의 내용을 '땅에서 피하여 유리한다'고 했다. 피하다는 말(누드)은 이리 저리 이동하다, 도망치다(렘 4:1) 쫓아내다(시 36:12)라는 뜻이다. 유리하다는 말(누아)은 입술을 떨다(삼상 1:13) 흔들어 놓다(암 9:9)는 뜻이다. 이 두 동사가 모두 이리 저리 움직이며 안정되지 못한 상태를 나타낸다. 이 두 낱말 중 어느 것도 유목민의 생활양식을 나타내는 뜻으로 쓰인 적이 없다.(Westermann 419)

11-12절은 단순한 저주나 형벌선언이라기보다는 오히려 자업자득이라는 표현이 더 알맞다.(Westermann 416) 사람은 화도 복도 다 자기 스스로 불러들인다. 이것은 어느 정도 사실이다. 이에 '하늘이 만든 재앙은 오히려 피할 길이 있어도 자기가 스스로 만든 재앙은 피할 길도 살아날 길도 없다'(서경[書經] 상서, 태갑)고 한 것이다.

실제로 사람은 잃는 것이 얻는 것보다 훨씬 더 많아지는 행동을 할 수 있다. 특히 죄를 짓는 일이 그렇다. 그것을 통해 사람은 자기가 원하는 뜻을 이루는 등 부분적으로 얻는 것도 있다. 물론 그 결과는 항상 쓰다. 죄를 산수로 계산하면 항상 마이너스로 끝난다. 그래서 '사람을 잃고 짐승을 얻는다'(득수이실인 得獸而失人)는 말이 나왔다.(國語-晋語 7-5)

징벌과 행함의 결과가 결합된 창세기 3장을 꼭 닮았다. 가인이 받을 저주, 곧 영적으로 이미 죽은 그의 상태를 말씀한다. 그는 농사를 짓는 사람이었다. 그런데 그 농토가 그에게 제대로 된 수확을 주지 않게 되었다.(12절)

큰 틀에서 보면 창 4:1-18은 창 2-3장에 이어지는 이야기이다. 더 큰 틀에서 보자면, 원역사(창 1-11장)에 속한다. 아래와 같이 창 2-3장과 4장의 짜임새를 살펴보면, 창 3장과 4장에 나타난 인간의 타락이 얼마나 중대한 것인지를 짐작할 수 있다.(K. Heyden, Die Sünde Kains. Exegetische Beobachtungen zu Gen 4,1-16, BN 118(2003), 103-104):

창 2:4b-15 세상과 인간의 창조및 에덴동산 거주	첫 시 작	창 4:1-5 가인과 아벨이 태어남, 그들이 장성하여 예배드림

창 2:16 열매를 먹지 말라 하심	경 고	창 4:6이하 가인을 향한 경고
창 3:1-7 금지된 과실을 먹음	금지된 행위	창 4:8 가인이 아벨을 죽임
창 3:9 '네가 어디 있느냐?'	물음: '어디?'	창 4:9 '네 동생 아벨이 어디 있느냐?'
창 3:13 '네가 무엇을 하였느냐?'	물음: '무엇?'	창 4:10 '네가 무엇을 하였느냐?'
창 3:14 뱀에게 저주하심	저 주	창 4:11 가인이 저주를 받음
창 3:15-19 죄를 범한 뱀, 남과 여에게 임한 하나님의 처벌	결 과	창 4:12이하 범죄한 가인에게 뒤따라온 결과 및 그가 하는 말
창 3:21 가죽옷을 지어 입히심	하나님의 배려	창 4:15 가인을 보호하는 표식
창 3:23 에덴 동산에서 쫓겨남	추 방	창 4:16 가인이 동방으로 쫓겨남

"인생은 나그네길 어디서 왔다가 어디로 가느냐 …" 유행가 가사 가운데 한 구절이다. '오늘도 걷는다마는 정처 없는 이 발길' - 이런 노래도 있다.

죄를 지은 인생은 진정한 휴식(안정)이 없는 고달픈 인생이다. 스스로 떳떳하지 못한 일을 하며 사는 인생에게는 진정한 평안이 없다. 이런 뜻에서 믿음 안에서 바르고 참되게 살라는 요구는 단순한 윤리가 아니다. 하나님을 바로 섬기며, 하나님의 뜻에 겸손히 무릎 꿇으며 사는 것이야말로 사람이 자신에게 주어진 인생을 편안하게 사는 데 가장 좋은 지름길이다.(마

11:28 참조)

이는 말씀을 전하는 사람에게도 해당되는 말이다. 성경말씀에 들어있는 역동적이며 다양한 혹은 새로운 설교의 주제를 찾아내는 일은 시간을 들이며 공력을 쏟는 이에게 주어지는 선물이다. 이를 위해서도 설교자에게 영적 휴식과 영적 안정이 절대로 필요하다. 가인의 경우처럼 자기 것으로 만들려는 마음, 이기려는 마음이 가득 찬 곳에는 안정도 휴식도 없는 '놋'만이 기다리고 있기 때문이다.

오늘의 적용

영화 아마데우스에 나오는 이야기이다. 살리엘은 궁중 작곡가다. 아주 훌륭한 재능을 가져 많은 사람들이 인정하는 재능으로 궁중 작곡가가 되었다. 그의 곡을 연주할 때 수많은 사람들이 모여들었다. 그러한 살리엘이 불행하게 된 것은 자기보다 더 재능이 있다고 생각하는 모차르트를 발견하고서부터다.

그는 모차르트만 생각하면 시기심 때문에 견딜 수 없었다. 그 시기심이 하나님께 까지 불평으로 이어진다. 자기는 곡 하나 작곡하려면 기도하고 목욕재계하고 금식하며 경건해야 한다,. 그런데도 그의 곡은 평범하다. 큰 호응을 받지 못했다.

모차르트를 보니까 놀아가면서 작곡하는 것 같이 보였다. 그런데도 놀랍고 감동적인 비상한 음악이 나온다. 그는 견딜 수가 없었다. 하나님이 자기같이 경건한 자에게는 이런 재능을 주고 모차르트는 경건치도 않는 데 놀라운 재능을 주신 것 때문에 견디지 못하였다. 실제 사실과는 다르지만 영화에서는 가인이 아벨을 죽이듯이 살리엘이 모차르트를 죽인다.

그는 '하나님 당신이 그 따위 녀석에게 그 재능을 주셨기 때문에 제가 죽였습니다' 라고 말했다. 하나님을 향해 분노하는 살리엘의 마지막 얼굴은 마귀의 그것과 닮았다. 각자에게 주어진 재능에 감사함이 없고 다른 사람과 늘 비교의식 속에 산 결과가 그렇다.

50
보호받는 피조물

(창 4:13–15)

개역개정	직역
13 가인이 여호와께 아뢰되 내 죄벌이 지기가 너무 무거우니이다	13 그리고 가인이 여호와께 말씀드렸다. '제 죄악이 감당하기에 너무 큽니다.
14 주께서 오늘 이 지면에서 나를 쫓아내시온즉 내가 주의 낯을 뵈옵지 못하리니 내가 땅에서 피하며 유리하는 자가 될지라 무릇 나를 만나는 자마다 나를 죽이겠나이다	14 보십시오. 주님께서 나를 쫓아내셨습니다, 오늘 그 땅의 얼굴에서. 그리고 저는 주님 얼굴로부터 숨겨졌습니다. 그리고 그 땅에서 헤매고 방황하는 자가 되었습니다. 그리고 저를 만나는 자마다 저를 죽일 것입니다.'
15 여호와께서 그에게 이르시되 그렇지 아니하다 가인을 죽이는 자는 벌을 칠배나 받으리라 하시고 가인에게 표적을 주사 그를 만나는 모든 사람에게서 죽임을 면하게 하시니라	15 그리고 여호와께서 그에게 말씀하셨다. '그러므로 가인을 죽이는 자마다 일곱 배나 보복을 당할 것이다.' 그리고 여호와께서 가인을 위해 표적을 해 주셨다, 그를 찾는 자마다 그를 치지 못하도록.

이것은 자신에게 내려질 처벌이 너무 무겁다고 하소연하는 하는 가인을 하나님께서 다독이시는 이야기이다. 고대사회에는 흔히 말하는 탈리온 법

이 널리 적용되었다. 지금까지 발굴된 것들 가운데 세 번째로 오래된 고대 바빌로니아의 함무라비 법전(주전 1792-1750)이 있다. 거기에 "자식이 아버지를 때리면 그 손을 잘라버린다, 다른 사람의 뼈를 부러뜨리면 그 사람의 뼈도 부러뜨린다, 어떤 사람이 다른 사람의 이를 부러뜨리면 그의 이를 부러뜨린다, 황소나 양, 나귀나 돼지 혹은 배를 훔쳤을 경우 그것이 신전의 것이라면 30배로 갚아야 한다. 다른 사람의 것이라면 10배로 갚아야 하며 만일 갚을 수 없으면 처형당한다" 등의 조항이 있다. 하나님은 가인에게 흔히 '눈에는 눈 이에는 이'라고 하는 그런 것보다 훨씬 관대한 형벌을 내리셨다.

그런데도 가인은 그것이 너무 무겁다고 하소연했다. 죄벌이란 말(아온)은 본디 바른 기준에서 벗어난 죄(출 20:5)을 가리킨다. 이 낱말을 '죄'로 옮긴 번역을 몇 개만 살펴보자.

칠십인역: 메이존 헤 아이티아 무 투 아프에테나이 메(나의 죄는 내가 감당하기에는 너무나 큽니다. 직역: … 내가 감당할 수 있는 것보다 더 큽니다)

라틴어역(Vulgata): Maior est iniquitas mea quam ut veniam merear

루터역: Meine Sünde ist grösser, denn dass sie mir vergeben werden möge.

Cassuto: My iniquity is too great to be forgiven.

만일 이 번역에 따른다면 가인은 자기 죄가 얼마나 엄중한지를 알고 회개하는 것이다. 이럴 경우 그가 살 길은 하나님의 용서와 용서받은 사람다운 처신이다. 그런 사람은 척박한 현실(놋)로 내몰려지더라도 절망하지 않는다.

하늘이 나에게 복을 박하게 내려준다면 나는 나의 덕을 두텁게 하여 이를 맞이할 것이다. 하늘이 나에게 몸의 수고를 심하게 시키거든 나는 내 마음을 되도록 편안히 하여 수고로운 내 몸을 보충할 것이다. 하늘이 만일 나의 처지를 곤경으로 몰아넣는다면 나는 나의 도를 더욱 높여 막힌 길을 뚫어 나가리라.(채근담 전집 90)[3]

오늘날 개역개정을 비롯하여 성경번역본 대부분과 성경학자들은 이 낱말을 처벌 곧 죄를 지은 대가로 받아야할 벌로 풀이했다.(삼상 28:10 참조)

루터역(1984년 개정판): Meine Strafe ist zu schwer, als dass ich sie tragen könnte.

이에 따르면 가인은 자기 죄를 회개하는 대신에 자기에게 가해질 형벌을 두려워하며 탄원하는 것이다. 이럴 경우 가인이 기대할 것은 오직 벌의 경감 곧 하나님의 자비밖에 없다.

위에서 보았듯이 13절이 탄식인가, 죄의 고백인가를 놓고 학자들 사이에 의견이 갈린다. 초기 번역서(칠십인역, 타르굼, 웅겔로스, 불가타 등)와 마틴 루터는 이 부분을 '죄'란 뜻으로 옮겼다.

이런 혼선은 한편으로는 여기 사용된 낱말의 의미에서 생겨났다. 아온이란 말이 죄(허물)란 뜻과 처벌(형벌)이란 뜻을 동시에 가지고 있기 때문이다. 게다가 이에 이어지는 동사 나사도 받아들이다, 감당하다는 뜻과 더불어 (죄를) 제거하다, 용서하다는 뜻이 함께 들어 있기 때문이다.(Ruppert 205) 그

---

3) 天薄我以福 吾厚吾德 以迓之(천박아이복 오후오덕 이아지) 天勞我以形 吾逸吾心 以補之(천로아이형 오일오심 이보지) 天阨我以遇 吾亨吾道 以通之 天且我奈何哉(천액아이우 오형오도 이통지 천차아내하재)

혼선의 또 다른 이유는 부정사형으로 쓰인 동사 나사의 의미상의 주어가 누구냐에서 비롯되었다. 칠십인역 등은 그것을 하나님으로 보았고, 현대 학자들은 가인으로 보았다.

하나님은 자기 동생 아벨을 죽인 가인을 추방하기에 앞서, 그 이마에 표(오트 'ôt)를 해 주셨다. 이 표가 가인에게는 하나님의 보호아래 있다는 의식으로 마음 든든함을, 그 주변 사람에게는 하나님의 보호 아래 있는 사람을 함부로 건드릴 수 없음, 곧 한 사람의 인생을 향한 경외심을 심어주었을 것이 분명하다.(참조 벧전 3:21 물은 예수 그리스도께서 부활하심으로 말미암아 이제 너희를 구원하는 표니 곧 세례라 이는 육체의 더러운 것을 제하여 버림이 아니요 하나님을 향한 선한 양심의 간구니라)

20 율법이 들어온 것은 범죄를 더하게 하려 함이라 그러나 죄가 더한 곳에 은혜
가 더욱 넘쳤나니 21 이는 죄가 사망 안에서 왕 노릇 한 것 같이 은혜도 또한 의
로 말미암아 왕 노릇 하여 우리 주 예수 그리스도로 말미암아 영생에 이르게 하
려 함이라(롬 5:20-21)

성경은 거듭해서 강조하기를 하나님은 속죄의 하나님, 용서의 하나님이라고 한다.(요일 1:9 만일 우리가 우리 죄를 자백하면 그는 미쁘시고 의로우사 우리 죄를 사하시며 우리를 모든 불의에서 깨끗하게 하실 것이요) 그러므로 용서받은 자라는 의식을 안고 살아가는 것은 자기 자신에게는 물론 이웃에게 보다 더 너그러운 사람이 되는 데 반드시 필요하다. 특히 더 많은 성과와 결실을 항상 요구하는 현대사회에서, 그리고 누군가를 향한 원망과 불평을 쏟아 넣기 쉬운 현대사회에서 너그러움과 여유는 각 사람의 인생에 풍요로움을 준다.

오늘의 적용

다음 말씀을 외우며 인생을 보호하시며 선하게 인도하시는 하나님을 깊이 만나자.

하나님이 그 아들을 세상에 보내신 것은 세상을 심판하려 하심이 아니요 그로 말미암아 세상이 구원을 받게 하려 하심이라(요 3:17)

우리가 아직 죄인 되었을 때에 그리스도께서 우리를 위하여 죽으심으로 하나님께서 우리에 대한 자기의 사랑을 확증하셨느니라(롬 5:8)

1 그러므로 이제 그리스도 예수 안에 있는 자에게는 결코 정죄함이 없나니
2 이는 그리스도 예수 안에 있는 생명의 성령의 법이 죄와 사망의 법에서 너를 해방하였음이라 (롬 8:1-2)

51
에덴의 동쪽

(창 4:16–17)

개역개정	직역
16 가인이 여호와 앞을(여호와의 얼굴로부터) 떠나서 에덴 동쪽 놋(유리함) 땅에 거주하더니	16 그리고 가인은 떠났다, 여호와 얼굴로부터. 그리고 그는 살았다, 놋 지방에 곧 에덴의 동쪽에.
17 아내와 동침하매 그가 임신하여 에녹을 낳은지라 가인이 성을 쌓고 그의 아들의 이름으로 성을 이름하여 에녹이라 하니라	17 그리고 가인은 아내를 알았다. 그리고 그 여인은 임신을 했다. 그리고 그녀는 에녹을 낳았다. 그리고 그는 도시를 건설하는 자가 되었다. 그리고 그는 그 도시 이름을 정했다, 자기 아들 이름 에녹에 따라서.

이것은 가인이 자기 거주지에서 쫓겨나는 이야기다. 일찍이 범죄 한 아담과 하와는 에덴동산에서 추방당했다. 그들은 선물로 받은 곳에서 주어질 혜택을 더 이상 누릴 자격을 상실했다. "이같이 하나님이 그 사람을 쫓아내시고 에덴 동산 동쪽에 그룹들과 두루 도는 불 칼을 두어 생명 나무의 길을 지키게 하시니라"(창 3:24)

이번에는 가인이 그런 모양새다.(창 4:16) 그는 에덴 동쪽에 살던 부모님의 마을에서 쫓겨나 또 다른 동쪽으로 갔다. 그곳 이름이 놋이다. 그 이름(말)은 방황하다는 뜻이다. 이는 12, 14절의 유리하다는 말(누드, 누아)에서 나왔다. 유리(流離)하다는 말은 정신적으로 정처가 없거나 실제생활에서 떠돌이가 된다는 뜻이다. 휴식도 없고 쉼터도 없다는 뜻이다. 물론 24시간 무엇인가를 한다는 뜻은 아니다. 고요하고 한가로운 여유가 없다는 뜻이다.

그곳은 에덴의 맞은 편, 곧 에덴과 비교적 가까운 곳에 있다. 정확이 말하자면 에덴의 동쪽이었다. 창조의 7일이 끝나고 그 다음에 일어난 창 3-4장의 일을 가리켜 사람들은 '제8일째' 란 말로 표현하기도 하고, 에덴의 동쪽으로 나타내기도 한다. 이는 우리가 제8일째에 속한 사람이 되거나 에덴의 동쪽(아담과 하와가 쫓겨나 사는 곳)에 속한 사람이 되지 말자는 것을 강조하는 말이다.

전에 하나님은 사람을 휴식(안식), 경작(노동), 창조세계의 보전을 위해 에덴으로 인도하셨다.(창 2:15) 놋은 에덴 동산의 첫 번째 요소인 휴식이 빠진 곳이다.(창 4:16) 가인은 놋 곧 휴식 없는 생활을 하게 되었다.

마음을 여유롭게 가지고 쉴 수 있는 사람만이 바람과 꽃과 눈과 달의 풍취를 맛볼 수 있다. 쫓기는 마음으로는 눈앞에 아무리 아름다운 꽃이 있어도 이쁜 줄도 모르고 향기도 모른다. 허둥지둥하는 몸짓으로는 별들이 총총하고 달빛이 교교해도 그런 줄도 모르고 지나친다. 자기 곁에 귀한 사람이 있어도 귀한 줄 모르고 그냥 떠나보낸다. 먼 데서 훌륭한 사람을 찾거나 주변 사람을 이용대상으로만 삼고자 한다.

가인은 도시를 건설했다. 그는 사람 이름을 따 도시 이름을 정하는 첫 번째 사람이었다.(에녹 = 아들 이름, 도시 이름) 나중에 서양에는 빌립보(필립)처럼 어떤 사람의 이름을 따 도시 이름을 짓는 경우가 적지 않았다. 율곡 이이(栗谷 李珥), 열수 정약용(洌水 丁若鏞) 등 자신이 태어나거나 사는 곳 이름을 따 자신의 호를 짓는 예가 우리나라에도 아주 많았다.

에녹(카녹)이란 이름의 유래 혹은 뜻을 밝히기가 쉽지 않다. 만일 이 말이

'봉헌하다, 바치다'(카난)에서 나왔다면, 이는 설립자 또는 설립과 관계가 깊다.(이집트말에서 이 낱말은 무엇인가를 건설할 때 신에게 바치는 제물을 가리킨다) 가인 아벨 에녹의 이름에서 우리는 인간이 피조물이요, 유한한 존재인 동시에, 문화와 역사를 세워가는 자라는 사실을 확인할 수 있다.

에덴의 동쪽에서도 사람의 일상생활은 변함없이 계속되었다. 가정에 아이가 태어났다. 생활의 안전을 위해 든든한 성을 쌓았다. 그것을 큰 업적으로 여겨 오래 오래 기억되게 하려고 아들 이름을 따 성의 이름을 지었다.

창세기 4장에는 성읍을 건설하는 가인을 비롯해 문명 및 문화를 발달시키는 그 후손들의 이야기가 있다. 우리는 그들의 업적을 얼마만큼 기억하며, 어느 정도 평가하는가? 그들은 적어도 기독교인에게는 별로 비중있게 받아들여지지 않는다. 무슨 까닭일까? 그들이 하나님과 거리를 두고 살았다는 것이 가장 큰 이유이다.

사람이 이 세상에 사는 동안에는 혹시 업적이나 공로로 평가 받을지 모른다. 그러다가 세월이 지나면 그런 것을 별로 기억해주지 않는다. 다만 몇몇 사람만이 오래 오래 기억될 뿐이다. 인생에는 성공이나 성취보다 가치있고 중요한 것이 참 많다. 성공하지 않아도 행복하고 성취한 것이 없어도 존재 그 자체로 사람과 인생의 가치를 존중하는 것이 신앙이다.

영웅이나 위인만 기억해 주는 것은 깊은 신앙이 아니다. 평범한 일상을 평범하면서도 담박하게 살아가는 사람이 훌륭한 사람이다. 그런 사람을 소중히 여기며 그런 사람들과 함께 평화롭게 살아가는 것이 신앙이다.

하나님은 아담과 하와도 에덴의 동쪽으로 보내시더니 가인을 그보다 조금 더 동쪽으로(키드마 ← 케뎀) 보내셨다. 그 뜻은 동쪽방향(지역)인 동시에 '… 앞에'이다. 태양은 항상 동쪽에서 뜬다. 하루 중 가장 먼저 빛이 비추는 곳이다. 그렇다면 하나님은 죄의 어두운 그늘에 묻혀 있는 그들에게 빛을 비추어주시려는 것일까? 이것은 빛이신 하나님 '앞에' 살아가라는 뜻일 수도 있다. 더 나아가 동쪽에서 떠오르는 태양의 장엄한 모습을 매일같이 바라보며 자기 인생의 어두운 그늘에 하나님께서 비추시는 은혜의 빛으로 치유와 회복을 경험하며 살라는 뜻일 수도 있다.

오늘의 적용

여유와 휴식이 없이 바쁘게만 돌아가는 우리 인생에서 우리는 무엇을 찾고, 무슨 의미를 발견할 것인가?

한때 쉼과 놀이가 게으름처럼 여겨지곤 했다. 바쁘게 돌아가는 주변 환경에서 여유를 부리다가는 뒤쳐질까봐 조바심을 내곤 했다. 그렇게 앞만 바라보고 살다가 어느 순간 때 늦은 후회를 하는 사람도 있었다.

창조의 마지막 날(일곱째날) 하나님은 안식하셨다. 그러므로 안식(쉼)이 없는 것이 곧 혼돈이요, 벌이요, 심판이다. 나(우리)의 일상생활에서 안식(휴식, 쉼)은 어디 갔는가?

52

하나님의 창조 안에 사는 사람들

(창 4:18–22)

개역개정	직역
18 에녹이 이랏을 낳고 이랏은 므후야엘을 낳고 므후야엘은 므드사엘을 낳고 므드사엘은 라멕을 낳았더라	18 그리고 에녹에게 이랏이 낳아졌다. 그리고 이랏은 므드야엘을 낳았다. 그리고 므드야엘은 므드사엘을 낳았다. 그리고 므드사엘은 라멕을 낳았다.
19 라멕이 두 아내를 맞이하였으니 하나의 이름은 아다요 하나의 이름은 씰라였더라	19 그리고 라멕은 자기를 위하여 취하였다, 두 여인을. 그 하나의 이름은 아다였다. 그리고 둘째의 이름은 씰라였다.
20 아다는 야발을 낳았으니 그는 장막에 거주하며 가축을 치는 자의 조상이 되었고	20 그리고 야다가 야발을 낳았다. 그는 이런 자였다, 곧 천막에 거주하는 자와 목축하는 자의 아버지였다.,
21 그의 아우의 이름은 유발이니 그는 수금과 퉁소를 잡는 모든 자의 조상이 되었으며	21 그리고 그의 동생 이름은 유발이었다. 그는 이런 자였다, 곧 수금과 피를 부는 자 모두의 아버지였다.
22 씰라는 두발가인을 낳았으니 그는 구리와 쇠로 여러 가지 기구를 만드는 자요 두발가인의 누이는 나아마였더라	22 그리고 씰라도 역시 이런 자였다, 곧 두발가인을 낳았다. 그는 놋쇠와 철로 된 기구 모두를 벼리었다. 그리고 두발가인의 누이는 나아마였다.

이것은 가인의 집안에 대가 이어지는 한편 각종 문화가 발달하는 이야기이다. 아담과 하와만 등장하던 창세기 2-3장과 달리 창세기 4장에는 사람의 이름이 많이 나온다.

창 2:7에 따르면 사람은 흙(아파르 민 하아다마 = 흙의 먼지, 흙을 정제한 고운 가루)으로 지어졌다. 그래서 사람을 가리키는 말(아담)도 땅, 흙이라는 낱말(아다마)에서 유래하였다. 하나님은 '너는 흙으로 돌아갈 것이니라. 이는 네가 흙에서 취하여졌기 때문이며, 너는 진정 흙이기 때문이라' (창 3:19 직역)고 사람에게 말씀하셨다.

이를 더욱 강하게 표현한 곳은 시편 90:3이다.(직역: 주님은 사람을 티끌로까지 되돌아가게 하신다. 그리고 말씀하신다: "인생들아, 되돌아가거라") 성경은 창세기 2-3장의 아파르보다 그 의미가 훨씬 낮은 수준의 낱말인 따카를 사용했다. 이는 인간이 유한하고 보잘 것 없는 존재라는 사실을 더욱 강조한 것처럼 보인다. 이 말 자체가 산산 조각나고 부수어진 상태를 나타내기 때문이다. 성경에서 이 말은 상한 자, 통회하는 자라는 뜻으로도 쓰였다.(시 34:18; 90:3; 사 53:5; 57:15; 참조 마 5:4 애통하는 자)

다른 한편 이는 하나님의 놀라운 능력과 은총을 표현한 것이다. 그런 보잘 것 없는 재료로도 하나님은 피조물 가운데 으뜸이라 부를 수 있는 인간을 창조해내셨으니 그렇다. 어떤 면에서 보면 인간이야말로 모든 피조물 가운데 가장 형편없고 가장 못난 짓을 하기도 한다. 또 다른 면에서 보면 인간은 참으로 멋지고 훌륭하기도 하다.

창 4:1-2에 나오는 가인과 아벨이라는 이름은, 성경의 위와 같은 가르침에 따라, 인간이 피조물이자 유한하고 연약한 존재인 것을 잘 보여주었다.

가인이란 이름은 카인에서 왔다. 이는 이 이야기가 이름의 유래를 밝히려는 뜻에서 기록된 것(명칭원인론, Namenätiologie)이라고 해설하고 싶어 하는 사람들이 말하듯이 카나(= 얻다, 사다)에서 온 것이 아니다. 카인-카나(카니티)를 언어놀이(figura etimologica)로 보려는 유혹도 이 이름의 유래를 카나에서 찾게 하는데 일조하였다.(ESV처럼)

아라비아 말에서 카안은 구성하다, 모양을 만들다(gestalten formen bilden)란 뜻이다.(Cassuto 180; Westermann 394) 이것이 창조하다(만들다)는 뜻으로 쓰이는 곳은 창 14:19, 22; 출 15:16; 신 32:6; 시 78:54; 139:13; 잠 8:22 등이다.

이것이 명사형으로 쓰일 때에는 '제련사, 제철공'이란 뜻이다. 이 말은 지명(수 15:57)이나 어떤 족속(族屬)의 유래를 나타내기도 하였다.(이를테면 두발가인. 참조 민 24:22; 삿 4:11; 창 4:17이하) 사무엘하서 21:16에 쓰인 말(카인)은 무기로 쓰는 창, 곧 손으로 모양을 만들어 낸(카인) 것을 가리켰다.(참조 창 4:22 두발가인) 그러므로 가인이라는 말은 만들어진 존재, 곧 사람은 피조물이라는 뜻이다.

성경 특히 창세기에 나오는 사람 이름에는 대부분 그 의미(기원)를 밝히는 설명이 덧붙여졌다. 아벨의 경우에는 그런 설명이 없다. 학자들은 그 말(헤벨)의 어원을 쫓아서 숨결, 허무, 무상(無常)을 뜻한다고 보았다.(시 39:5 참조) 시리아말(hebl)에서 이것은 '먼지'를, 아랍 말(habil, habalat)에서 이것은 어리석음 수증기(기체) 덧없음을 각각 가리킨다. 유대아람어에서 이것은 따뜻한 숨결, 수증기, 덧없음을 나타낸다. 히브리말에서 이것은 무상하고 헛된 것이다. 이에 따라 학자들은 그 말의 뜻을 숨결, 허무, 무상(無常) 등으로 풀이하였다. 이는 가인, 곧 피조물 중에 하나인 인간을 가리키는 말과 함께 인생이 유한하다는 사실을 지적한다. 창세기 4장에서, 아벨이란 말에는 항상 아히브(=그의 형제[동생])라는 꼬리표가 붙어 있다. 이는 가인과 아벨이 뗄레야 뗄 수 없는 관계, 곧 피조물인 인간과 허무한 인생은 불가분리의 관계라는 사실을 보여준다.

우리는 가인과 아벨이라는 이름의 뜻을 염두에 두고 피조물인 우리, 유한한 인생을 사는 우리를 되돌아 볼 수 있을 것이다. 공동묘지 비문들 가운데 유한한 인생에 대한 경각심을 불러일으키는 글들이 이미 널리 알려져 있다: "오늘은 나, 내일은 너." "나 어제 너와 같았으나, 너 내일 나와 같으리라." "오래 살다 보면 이런 일이 생길 줄 알았다"(I knew if I stayed around long enough, something like this would happen)," "나 하늘로 돌아가리라" 등이 그것이다.

창세기 4:20-21에는 라멕이 아내 아다와 씰라에게서 낳은 자녀 세 사람의 이름이 나온다.

> 20 아다는 야발(jabal)을 낳았으니 그는 장막에 거주하며 가축을 치는 자의 조상이 되었고 21 그의 아우의 이름은 유발(jubal)이니 그는 수금과 퉁소를 잡는 모든 자의 조상이 되었으며 22 씰라는 두발가인(tubal-qajn)을 낳았으니 그는 구리와 쇠로 여러 가지 기구를 만드는 자요 두발가인의 누이는 나아마(naamah)였더라.

야발, 유발, 두발가인이라는 이름의 뿌리는 모두 야발(jabal)'이다(우가릿어 jbl). 이 말은 본디 '생산하다 가져오다 이끌다 인도하다'(produce, bring, carry, lead, conduct) 라는 뜻이다. 그 이름들은 보이지 않는 가능성을 눈에 보이는 실용적인 것으로 만들어내는(이끌어 내는) 통찰력과 능력을 가리켰다. 두발가인의 누이 나아마는 친절하다 긍정하다 즐겁다 사랑스럽다는 뜻이다.(← 나암) 여기 나오는 이름들에는 모두 다 하나님이 주신 생명을 축하하고 기뻐하며 선하게 활용하려는 뜻이 들어 있다.

창세기 1-4장에는 피조물이요 유한한 인생이더라도 인간은 일을 하는 존재로 태어났다. 그 일로 이루어지는 긍정적인 측면을 다음과 같이 다섯

가지로 요약할 수 있다:

① 창조주 하나님과 함께 자기 인생과 세상을 '보시기에 좋았더라'는 모습으로 만들어 가는 일; ② 다른 피조물(특히 자연세계)을 섬기는 일; ③ 동료를 돕는 일(아담을 원조/ 후원하는 하와); ④ 인생을 즐겁게 살아가며, 가능성을 현실로 만드는 일(꿈은 아름답고 유익하게 이루어진다!); ⑤ 자녀를 낳아 후손(종족)을 번성하게 하는 일.

오늘의 적용

내 이름의 뜻은 무엇인가? 우리에게 이름을 주신 하나님께 영광을 돌리며 살고자 하는 우리가 드릴 기도는 '하나님, 내 이름의 뜻을 제대로 살리며 살게 도와주세요' 이다.

흙먼지(티끌)로 지어진 한계를 지닌 피조물이자 유한한 인생인 우리는 자칫 허무주의나 쾌락주의에 빠질 수도 있다. 다른 한편 유한한 수명과 능력을 하나님께서 선물로 주신 기회요 도전으로 받아들일 수도 있다. 나(우리)는 어느 쪽에 더 가까운가?

53
가해자의 삶은 고단하다

(창 4:23–24)

개역개정	직역
23 라멕이 아내들에게 이르되 아다와 씰라여 내 목소리를 들으라 라멕의 아내들이여 내 말을 들으라 나의 상처로 말미암아 내가 사람을 죽였고 나의 상함으로 말미암아 소년을 죽였도다 24 가인을 위하여는 벌이 칠 배일진대 라멕을 위하여는 벌이 칠십칠 배이리로다 하였더라	23 그리고 라멕이 자기 아내들에게 말하였다. 아다와 실라여, 내 음성을 들어라. 라멕의 아내들이여, 내 말을 들으라. 진실로 내게 상처 입힌 자를 내가 죽였도다. 그리고 나를 상하게 한 어떤 소년을.(죽였도다) 진실로 가인에게서 받는 보복이 일곱 배라면 라멕에게서는 칠십칠 배로다.

이것은 라멕이 부르는 노래이다. 하와가 창조되었을 때 아담이 부른 노래에 이어 성경에 두 번째 나오는 노래이다. 이 노래의 분위기는 매우 음산하다, 마치 헤르만 헷세가《데미안》에서 다음과 같이 노래했듯이. "그때 나는 카인이었고, 그 표적을 지닌 나는 그것을 치욕이 아닌 훈장이라고 자만했었다. 내가 죄악과 불행으로 인해 아버지보다, 선하고 경건한 사람들보다 더 높은 곳에 있다고…"

이 노래는 히브리 시의 기본 운율인 2 · 2박자로 되어 있다. 이것은 한 구절 안에서 앞부분과 뒷부분이 짝을 이루는 형식으로 기록되었다.(천사무엘,

창세기, 116)

전반부	후반부
아다와 씰라여(아다 뷔칠라) 내 소리를 들으라(쉐마안 콜리)	라멕의 아내들이여(네쉐 레메크) 내 말을 들으라(하젠나 이므라티)
나의 상처로 말미암아(키…레피츠이) 내가 사람을 죽였고(이쉬 하그라티)	소년을 죽였도다(뷔에레드), 나의 상함으로 말미암아(르합브라티)
가인을 위하여는(육캄 카인) 벌이 칠배일진대(키 쉬브아타임)	라멕을 위하여는(웨레메크) 벌이 칠십칠배이리로다(쉬브임 뷔시브아)

이 노래(시)는 아주 흥겹고 경쾌한 운율로 되어 있으면서도 그 내용에는 피 냄새가 물씬 풍긴다. 하나님의 형상대로 지음 받은 인간의 생명을 마구 해치겠다는 것이다. 이런 것을 자랑스럽게 말하는 그는 과연 어떤 사람일까?

포악한 자여 네가 어찌하여 악한 계획을 스스로 자랑하는가 하나님의 인자하심은 항상 있도다(시 52:1)

이제도 너희가 허탄한 자랑을 하니 그러한 자랑은 다 악한 것이라(약 4:16)

23a는 아다와 실라 및 라멕의 아내들, 상처와 상함 그리고 사람과 소년이 각각 동격으로 쓰였다. 이는 비슷한 용어를 되풀이 쓰면서 의미를 강조하는 문학기법이다.

23b의 '죽이다'는 말로 하라그가 쓰였다. 희생제물로 바치려고 동물을 죽일 때에는 샤카트, 사람을 살해할 때에는 보통 라차흐가 쓰이는데 반해 이 말은 동식물을 가리지 않고 무차별하게 살해하는 것을 가리킨다.(민 31:7, 8; 수 8:24; 삼하 10:18 등) 본문에서 이것은 칼 완료형이다. 이를 과거(완료)로 풀이하면 이미 살해했다는 것이고, 미래로 풀이하면 장차 그리 하겠다는 다짐(위협)이다. 문법으로는 이 둘이 다 가능하다.

여기서는 실제 행동보다도 살해 동기가 매우 중요하다. 그가 입은 상처는 큰 것이 아니다. 아마 상처 입은 것보다는 기분 나쁜 정도가 더 컸으리라. 그는 자기가 기분 나쁘다고 해도 도에 넘치는 보복을 했다. 비록 옳은 것은 아니더라도 사람이니까 이럴 수가 있다. 이에 하나님께서는 '내 사랑하는 자들아 너희가 친히 원수를 갚지 말고 하나님의 진노하심에 맡기라 기록되었으되 원수 갚는 것이 내게 있으니 내가 갚으리라'(롬 12:19)라고 하셨다.

보복(복수)의 억제(조절)의 수준은 사회 및 인격의 성숙도에 비례한다. 기분이 나쁘다고 해서, 자기에게 해가 되었다고 해서 분풀이하듯 복수하는 곳에는 안정도 평화도 없다. 그런 데에는 감정과 욕망만이 넘실거릴 뿐이다.

라멕이 인용하는 '가인의 일곱 배'는 살인죄를 저지른 목숨까지도 아끼시는 하나님의 뜻이 들어있는 표현이다. 그가 언급하는 '칠십칠 배'는 자기만 최고로 알고 남의 목숨에는 개의치 않는 무자비의 극치이다. 이는 하나님의 말씀(자비와 보호)마저 자신의 기분풀이(보복)를 위해 악용하는 것이다.(24절)

가인의 도시에는 문화가 꽃피어났다. 농사는 야발(20절) 음악과 예술은 유발(21절) 기계는 두발-가인(22절) 법은 라멕(23-24)이 발전시켰다. 라멕의 세 아들인 야발, 유발, 두발-가인은 다 비슷한 이름으로서 모두 '야발' 곧

'생산하다 가져오다 이끌다 인도하다'라는 뿌리(어근)에서 나왔다. 라멕은 '강한 자'라는 뜻이 있다. 이들은 다 보이지 않는 가능성을 실용적인 것으로 이끌어 내는 통찰과 능력을 가진 자들이었다. 흥미롭게도 예술이 살인자의 활력과 연관된다. 프로이드는 '욕망과 문화'에 관해 쓰면서 욕망이 없는 문화는 없으며, 욕망이 순화되고 다스려지지 않는 문화가 없다고 보았다.(서인석?) 4:7절의 '욕망'이 예술과 도시의 발달 배후에 있었다.

우리에게 있는 공격적인 마음은 인간의 본성에 속하기도 하며 인간에게 있는 지능의 작용이기도 하다. 균형 잃은 인간의 지능, 지능의 잘못된 사용, 그리고 인간의 상상력 때문이다. 인간의 지능이 사랑과 감사의 마음으로 균형을 이루지 못하면, 파괴적인 영향을 줄 수 있다. 재난을 부를 수 있다. 바로 그런 예가 4:23-24절이다:

> 아다와 씰라여 내 목소리를 들으라 라멕의 아내들이여 내 말을 들으라 나의 상
> 처로 말미암아 내가 사람을 죽였고 나의 상함으로 말미암아 소년을 죽였도다 24
> 가인을 위하여는 벌이 칠 배일진대 라멕을 위하여는 벌이 칠십칠 배이리로다

라멕은 조그만 상처(펫짜)를 입은 데 대한 보복으로 살인을 했다.(살인을 하겠다고 했다) 좀 더 구체적으로 말하자면 그는 조그만 상처를 입었다고 해서 생명을 빼앗는 보복을 한 것이다. 그것도 용사들끼리의 당당한 싸움이 아니다. 그가 죽인 사람은 자기와 상대도 되지 않는 소년이었다. 그는 자신이 받은 상처에 대한 복수심으로 가득 차 있으며, 그를 반대하고 대적하는 자에 대한 노기로 가득 차 있다. 그가 지닌 복수심은 그 경계선을 이미 넘어섰다.

이런 뜻에서 '눈에는 눈으로, 이에는 이로'라는 탈리온 법은 오히려 인간

적이라 말할 수 있을 정도다. 책상머리에 앉아서 이상적인 인간상을 그리는 사람들 눈에는 이 법이 아주 비인간적인 법처럼 들린다. 이는 자기가 당한 것, 그 만큼만 되갚아주라는 법이다. 실생활에서 인간의 현실을 있는 그대로 체험한 사람은 이 정도만 보복하기가 얼마나 어려운 지 잘 안다. 그러므로 이것도 나름대로 인간과 그 생명을 보호하려는 차원에서 만들어진 법이다. 물론 간디가 말한대로 '눈에는 눈으로'라는 법이 작동된다면 세상 사람 모두가 다 눈이 멀게 될 것이다. 이에 예수님은 말씀하신다.

> 또 네 이웃을 사랑하고 네 원수를 미워하라 하였다는 것을 너희가 들었으나 44 나는 너희에게 이르노니 너희 원수를 사랑하며 너희를 박해하는 자를 위하여 기도하라(마 5:43-44)

동서고금을 막론하고 인간의 행복을 말하는 사람들은 모두가 다 한 목소리로 주장하는 내용이 있다. 곧 욕망을 절제하는 사람, 또는 욕망을 조절하는 사람이 진정한 행복을 누린다는 것이다. 예를 들어 플라톤은 사람이 행복하게 살려면, 다음과 같은 다섯 조건이 필요하다고 말했다:

첫째, 갖고 싶은 량보다 조금 부족한 듯한 재산; 둘째, 모든 사람이 칭찬하기에는 약간 부족한 용모; 셋째, 자신이 자만하고 있는 명예보다 절반 밖에 남들이 알아주지 않는 정도의 명예; 넷째, 겨루어서 한 사람에게는 이기고, 두 사람에게는 질 정도의 체력; 다섯째, 연설을 하고 청중의 절반은 손뼉을 치지 않는 말솜씨.

플라톤이 손꼽은 행복의 조건이 지닌 공통점은 '조금 부족하게' 살라는 것이다. 조금 모자란 듯이 그래서 조금 더 나은 내일을 추구하고 싶어지는 마음. 그것이 바로 행복의 비결이라고 플라톤은 말했다. 나(우리)는 어떻게 생각하는가?

이 세상 사람들은 모두가 행복하기를 원한다. 어떤 사람은 인간이 하는 모든 행동의 밑바닥에는 '행복해지고 싶은 동기'가 깔려 있다고 말할 정도이다. 톨스토이는 〈세 개의 의문〉 이란 글에서 인생론과 행복론을 이렇게 이야기하였다: i) 이 세상에서 가장 중요한 시간은 언제인가? ii) 이 세상에서 가장 필요한 사람은 누구인가? iii) 이 세상에서 가장 중요한 일은 무엇인가?

이 질문에 대해 톨스토이의 대답은 이렇다: i) 이 세상에서 제일 중요한 시간은 현재다; ii) 이 세상에서 가장 필요한 사람은 현재 내가 만나고 있는 사람이다; iii) 이 세상에서 가장 중요한 일은 현재 내 옆에 있는 사람에게 선을 행하는 일이다.

사람이 행복해지려면, 그 중심이 자기 자신에게 있지 않게 하는 것부터 시작해야 한다. 하나님으로부터 내려오는 행복, 하나님으로부터 받은 행복을 다른 사람들에게 전해주는 사람이 될 때 사람 행복하다. 용혜원 시인은 '나로 인해 누군가가 행복해질 수 있다면 그것은 놀라운 축복입니다. 우리가 베푸는 말 한마디, 작은 선물, 작은 친절, 감사한 일 때문에 누군가가 행복해질 수 있다면, 우리는 이 땅에 살아갈 의미가 있습니다.'라고 했다.

가인의 후예인 라멕은 약간 받은 피해에 커다란 가해로 보복하며 살았다. 그 삶이 얼마나 고단하였을까? 우리 옛말에 '맞은 사람은 두 다리 뻗고 자도, 때린 사람은 웅크리고 잔다'는 말이 있다. 그렇다. 겉보기엔 가해자가 이기는 것 같으나, 그 마음 깊은 곳엔 회오리바람이 그치지 않는 법이다.

오늘의 적용

옛 중국의 삼국지연의에 따르면 조비가 동생 조식을 들볶으며 일곱 걸음을 떼기 전에 짓게 시다. 그 제목은 칠보시(七步詩)이다.

콩대를 태워서 콩을 삶으니
콩이 솥 안에서 눈물을 흘리네
본래 한 뿌리에서 태어났건만
서로 들볶는 것이 어찌 그리 심한지

하나님은 오늘 우리에게 물으신다: 아담아 (사람아) 네가 어디에 있느냐? 이는 나의 형제자매, 나의 이웃과 나는 어떤 관계에 있느냐는 물음이다.

54
다시 시작이다

(창 4:23–24)

개역개정	직역
25 아담이 다시 자기 아내와 동침하매 그가 아들을 낳아 그의 이름을 셋이라 하였으니 이는 하나님이 내게 가인이 죽인 아벨 대신에 다른 씨를 주셨다 함이며	25 그리고 아담이 다시 자기 아내를 알았다. 그리고 그녀가 아들을 낳았다. 그리고 그녀는 그의 이름을 셋이라고 불렀다. 왜냐하면 (그녀가) '하나님께서 헤벨 대신에 나를 위하여 다른 씨를 주셨다. 가인이 그를 죽였다'고 (생각했기) 때문이다.
26 셋도 아들을 낳고 그의 이름을 에노스라 하였으며 그 때에 사람들이 비로소 여호와의 이름을 불렀더라	26 그리고 셋은 이런 자 곧 그도 또한 아들을 낳았다. 그리고 그가 그의 이름을 에노쉬라 불렀다. 그때 여호와의 이름으로 부르는 것이 시작되었다.

이것은 셋과 에노스가 태어나는 이야기이다. 여기서 하늘과 땅의 역사를 알려주는 첫 번째 톨레도트가 마무리된다. 첫 번째 부부인 아담과 하와는 죄를 지었다. 첫 번째 형제인 가인과 아벨의 관계는 비극으로 끝났다. 첫 번째 사회관계에 있던 인간들 곧 가인의 후손들은 피바람을 일으켰다.

여기서 우리는 묻는다. 인간 역사는 이렇게 굴러갈 것인가? 그 대답은 물론 '아니다'이다. 하나님은 아담과 하와에게 가인과 아벨을 대신할 아들을 낳게 하셨다. 셋 그리고 그 아들 에노스를 세상에 보내셨다.

창세기 4장은 아기의 탄생으로 시작하고(1-2절) 끝난다.(25-26) 이와 관련하여 앞(1절)과 뒤(24절)에 알다는 말(야다. 여기서는 동침하다는 뜻)이 쓰였다. 이와 함께 나오는 부사 오드(= 다시)는 본디 예전에 있었던 어떤 일(상태)로 되돌린다는 말맛이다. 아담과 하와는 가인과 그 후손이 저지르는 죄와 폭력을 보며 현실을 뒤로 되돌려 다시 시작하려는 뜻을 가지고 있었던 것일까?

자식이 태어날 때마다 하와가 그 이름을 지어주었다. 창세기에는 아버지가 생존해 있는데도 어머니가 아들 이름을 짓는 경우가 종종 있다.(창 4:1; 29:32-35; 30:24; 35:18) 하와는 첫 아들을 낳자 남자(ʾîš)를 얻었다며 좋아했다. 셋을 낳자 그녀는 씨(zeraʿ)를 얻었다고 했다. 이는 하나님께서 그녀에게 주신 약속을 상기시킨다.(창 3:15) 씨란 말 속에는 생명을 향한 무한한 가능성이 들어있다.(Hamilton, Genesis 242)

셋(셑)이란 이름도 그것과 맥이 통한다. 이 말은 본디 '놓다 정리하다 임명하다'는 뜻이다. 그는 하나님께 경건한 예배를 드렸던 아벨을 대신하여 이 세상에 놓여진 사람이다. 그는 살인과 폭력으로 점철된 타락한 세상을 정리하고자 하나님께서 아담과 하와에게 주신 사람이다. 그는 여호와의 이름을 부르는 에노스(에노쉬)를 낳았다. 나중에 새로운 창조의 역군이 된 노아도 그의 계보에서 태어났다. 그래서일까? 아담과 하와는 태어난 셋을 보고 '하나님께서 내게(나를 위하여) 다른 씨를 주셨다'라고 고백했다.

여기서 에노스(에노쉬 ʾenôš)라는 말과 '그 때에 사람들이 비로소 여호와의 이름을 불렀더라'는 말이 평범하지 않다. 우가릿말('nš)과 아카드말(enēšu)에서 이것은 연약하다, 부서지기 쉽다는 뜻이다. 에노스(에노쉬)라는 말은 욥기에 18번, 시편에 13번 등 구약성경에 여러 차례 나왔다. 구약성경에서 이 말은 아담, 이쉬(잇샤)와 함께 사람을 가리키는 대표적인 낱말이다. 그 뜻은 본디 '죽을 수밖에 없는 또는 힘겹게 살아가는' 유한한 인생(인간)을 가리키는 말이었다.

> 인생은 그 날이 풀과 같으며 그 영화가 들의 꽃과 같도다(시 103:15)

> 이 땅에 사는 인생에게 힘든 노동이 있지 아니하겠느냐 그의 날이 품꾼의 날과 같지 아니하겠느냐(욥 7:1)

때로 이 말은 아담과 비슷한 의미로 쓰이거나 인간의 강한 면모를 나타내기도 한다.

> 하나님이여 내게 은혜를 베푸소서 사람이 나를 삼키려고 종일 치며 압제하나이다(시 56:1)

> 여호와여 사람(아담)이 무엇이기에 주께서 그를 알아 주시며 인생(에노쉬)이 무엇이기에 그를 생각하시나이까 4 사람(아담)은 헛것 같고 그의 날은 지나가는 그림자 같으니이다(시 144:2-3)

사람은 죽음을 눈앞에 둔 순간에 가장 진지해진다고 한다. 그리고 죽을 수밖에 없는 존재라는 사실을 의식할 때에도 역시 아주 숙연해진다. 사람은 그럴 때마다 심판에 대한 두려움과 아울러 해야 할 것을 아직 마무리 짓지 못한 아쉬움, 그리고 주님을 만날 뵐 기대감과 소망 등 여러 가지 감정이 엇갈릴 것이다. 더 나아가 죽어 하나님을 만날 그 때를 대비하며 스스로 삼가고 조심하며, 열정과 의욕을 영적으로 올바르게 불태우고자 할 것이다. 이런 사람에게 인간의 한계(유한성)는 기회요 도전인 것이다.

이렇게 죽음을 의식하는 셋은 아들을 낳고, 그 이름을 에노쉬(사람)라고 붙였다. 에노쉬는 비로소 여호와의 이름을 불렀다. 이는 예배를 드렸다는 뜻이다.(창 12:8; 13:4; 21:33; 26:25 참조) 하나님을 떠났던 아담의 후손이 다시 하나님 품으로 되돌아 온 것이다. 하나님 안에서 묵은 것을 청산하고 새롭게 시작할 때 사람들은 예배를 드렸다.(창 12:8; 13:4; 26:25; 35:3 등) 새로운 생활이 필요하고, 도약과 전진이 필요하며, 회개와 갱신이 필요할 때 사람들은 하나님께 예배를 하나님의 뜻을 되새기곤 했다.

셋은 이제 신앙의 역사를 다시 시작했다. 그는 창조주 하나님과 함께 개척하며 건설하는 새로운 인생의 문을 열었다.

자신의 한계를 마음깊이 인정하지 않는 사람, 자신이 한번은 죽을 수밖에 없는 유한한 인생이라는 사실을 철저하게 의식하지 않는 사람은 진지하게 하나님을 찾지 못한다. 그래서 자기는 착하게, 의롭게 살고 있다고 자처하는 사람이 복음을 온전히 받아들이기 참 어렵다. 자수성가한 사람도 진지한 신앙을 갖기가 쉽지 않다. 자칫 자기 능력과 노력을 하나님 은혜보다 더 크게 받아들이기 때문이다.

러시아의 작가 톨스토이는 55세 되던 해 예수 그리스도를 인격적으로 구주와 주님으로 영접하였다. 어린 시절에 떠났던 교회로 되돌아온 그는 〈신앙론〉에 이런 글을 남겼다.

"나는 나의 55년의 인생동안 최초의 15년의 소년기를 제외하곤 참 안식을 누리지 못하고 살아왔다. 내 나이 18세 되던 해 나의 친구가 내게 찾아와 신이 인간을 만든 것이 아니라, 인간이 신을 만든 것이라고 한 말에 나는 설득되어 어릴 적 배워 온 나의 신앙을 떠났다. 나는 종교를 포기하는 것이 자유를 얻는 것이라고 생각했다. 당시 나에게 있어 종교는 속박 그 이상의 아무것도 아닌 것으로 생각되었기 때문이었다. 그러나 이제 내 나이 55세인 나는 내가 스스로 버린 어머니 같은 신앙의 품으로 돌아왔다. 나는 단순히 종교로 돌아온 것이 아니다. 나의 구주인 그리스도께로 돌아온 것이다. 그 안에서 처음으로 나는 안식을 발견했다"

천상병 시인은 〈귀천〉에서 이렇게 노래하였다: '나 하늘로 돌아가리라 … 아름다운 이 세상 소풍 끝내는 날 / 가서, 아름다웠다고 말하리라.'

오늘의 적용

씨앗 한 알

씨앗 한 알
그 속에서 얼마나 많은 생명이 들어 있을까
생명은 씨앗의 크기와 아무 상관이 없다
엄지손톱만큼 큰 작두콩 씨나
눈에 보일락 말락 작디 작은 겨자씨나
다 같이 엄청난 생명을 품고 있다.

씨알 하나
추위를 지나며
물기를 받아들이며
어둠에 묻히다가
결국 빛으로 나아간다

씨알 하나
참 대단하다
딱딱한 땅에서도 고개를 쳐들며 나오고
콘크리트 길바닥도 뚫고 나온다
잎이 되고 꽃이 되고 씨앗이 된다.

"내가 진실로 진실로 너희에게 이르노니 한 알의 밀이 땅에 떨어져 죽지 아니하면 한 알 그대로 있고 죽으면 많은 열매를 맺느니라"(요 12:24)

- Gesenius, W., Hebräisches und Aramäisches Handwörterbuch über die Schriften des Alten Testaments(GM), Berlin/ Heidelberg, (1810) (1917[17]) 2013[18]
- Delitzsch, F., Die Genesis Leipzig, Dörffling & Franke, 1872[4] (1852)
- Fabry, H.-J., Theologische Wörterbuch zum Alten Testament I-IX(ThWAT), Stuttgart, Verlag W. Kohlhammer, 1972-1995
- Jenni, E.-Westermann, C., Theologisches Handwörterbuch zum Alten Testament(THAT), Gütersloher Verlagshaus 1-2. 2004[6] (1971)
- Koehler & Baumgartner, Hebraisches Und Aramaisches Lexikon: Zum Alten Testament I, II(HAL) Leiden, 1995[3] (1953)
- Gunkel, H., Genesis. übersetzt und erklärt, Göttingen. 1910[3], 1967[7]
- Zimmerli, W.: 1. Mose 1-11. Urgeschichte(ZBK), Zürich 1967[3] 1984[4]
- Schmidt, W. H., Die Schöpfungsgeschichte. Der Priesterschrift. Zur Überlieferungsgeschichte von Genesis 1,1-2,4a und 2,4b-3,24, 1967[2]
- von Rad, G. Das 1. Buch Mose Genesis(ATD), Göttingen, V&R, 1987[12](1972)

- Mathews, K. A., Genesis 1-11:26(The New Americam Ccommentary), Nashville, 1996.
- Soggin, A., Das buch Genesis: kommentar, Darmstadt, 1997.
- van der Toorn, K., Dictionary od deities and demons in the Bible(DDD), Brill, 1999.
- Westermann, C.: Genesis 1-11. BK AT I/1. Neukirchen-Vluyn, 1999[4] (1974)
- Cassuto, U., A Commentary on the Book of Genesis part one(Gn 1-6:8), The Magness Press, 1978[3]
- 김이곤, 신의 약속은 파기될 수 없다. 창세기의 현대적 이해, 한국신학연구소, 1980.
- Brueggemann, W(옮김), Genesis. Interpretation: A Bible Commentary for Teaching and Preaching. Atlanta, Georgia: John Knox Press, 1982
- Kraus, H.-J., Geschichte der historisch-kritischen Erforschung des Alten Testament, Neukirchener Vluyn, (1956) 1988[4]
- Wenham, G. J.(박영호 옮김), Genesis 1-15(WBC), Zondervan, (1987) 2006
- Hamilton, Victor P., The Book of Genesis: Chapters 1-17. New International Commentary on the Old Testament. Grand Rapids, Michigan: Eerdmans, 1990.
- Ruppert, L., Genesis., Ein kritischer und theologischer Kommentar. Bd. 1-4, Würzburg 1992–2008
- 장일선, 구약성서와 현대생활, 대한기독교서회, 1995
- Seebass, H., Genesis I: Urgeschichte(1:1-11:24), Neukirchen-Vluyn,

1997

- Merters, H. A., Handbuch der Bibelkunde, Düsseldorf, 1997[2]
- Löning, Karl & Erich Zenger, To Begin With, God Created: Biblical Theologies of Creation, Liturgical Press, 2000
- 천사무엘, 창세기, 대한기독교서회, 2001
- 월튼, J. H., 창세기(NIV 적용주석), 성서유니온선교회, 2007(2001)
- Hughes, R. K., Genesis. Beginning and Blessing, Crossway, Wheaton/ Illinois, 2004.
- Hamilton, Victor P., Handbook on the Pentateuch, Rand Rapids Michigan, 2005[2]
- Zenger, E.(u. a.), Einleitung in das Alte Testament, Stuttgart, 20088
- Mckeown, J., Genesis. The Two Horizons Old Testament Commentary, Grand Rapids, Michigan, 2008
- 목회와신학 편집부 엮음, 창세기 어떻게 설교할 것인가? 두란노, 2008
- 월튼, J. H.(강성열 옮김), 창세기 1장과 고대 근동 우주론, 새물결 플러스, 2017 (2011)
- 방석종, 창세기 역주. 구약성경 본문비평 및 번역비평, 전통문화연구회, 2011
- 하경택, 정경적 관점에서 본 창세기(1-12장). 장로회신학대학교 출판부, 2013
- Wenham, G. J., Rethinking Genesis 1-11. Gateway to the Bible, Eugene, Oregon, 2015
- Sarfati, J. D., The Genesis Account. A theological, historical and scientific commentary on Genesis 1-11, Creation Ministries

International(USA), 2015.

• 김창주, 창세기 마루, 서울, 목회와경건연구소, 2017

일러두기

성경본문은 따로 표기하지 않는 한 모두 개역성경에 따릅니다.

창세기 원역사와 손잡고 거닐기 1

다시 시작이다

초판 1쇄 인쇄 _ 2018년 11월 6일
초판 1쇄 발행 _ 2018년 11월 13일

지은이 _ 정현진
펴낸곳 _ 바이북스
펴낸이 _ 윤옥초
책임편집 _ 김태윤
책임디자인 _ 이민영

ISBN _ 979-11-5877-066-2 03230

등록 _ 2005. 7. 12 | 제 313-2005-000148호

서울시 영등포구 선유로49길 23 아이에스비즈타워2차 1005호
편집 02)333-0812 | 마케팅 02)333-9918 | 팩스 02)333-9960
이메일 postmaster@bybooks.co.kr
홈페이지 www.bybooks.co.kr

책값은 뒤표지에 있습니다.

책으로 아름다운 세상을 만듭니다. — 바이북스

* 바이북스 플러스는 기독교 신앙의 본질을 담아내려는 글을 선별하여 출판하는 브랜드입니다.